汽修工案头必备书系

汽车电工基础：
认知·拆装·检测

主　编　周立新　吴　放

副主编　黄桂胜　万新平　李盛文　区玉姬

参　编　张文焘　赵　博　张霞峰　谢望晖

　　　　毛诗柱　苏子东　李小龙　尹同录

　　　　黎　英

机械工业出版社

本书是一本全面介绍汽车电工基础知识和技能的实用手册，涵盖了汽车电气系统的核心知识及检测维修操作技能。本书共包含10章，从汽车电工常用工具、设备及维修注意事项入手，介绍了汽车电工基础、汽车电气系统的基本组成及故障诊断、汽车电气检查与测试，并逐步深入到汽车被动安全装置，汽车总线系统、发动机电子控制系统、汽车电气维修、发动机电气故障诊断与排除、底盘电气故障诊断与排除、自动变速器检查。本书内容兼具系统性和实用性，不仅提供了丰富的理论知识，还结合了大量的实际操作案例，使读者能够直观掌握汽车电气系统原理、故障诊断方法和维修流程。

本书可供汽车售后维修技师阅读和学习，也可作为职业院校及培训机构汽车电工技术、汽车检测与维修等专业的教学或参考用书。

图书在版编目（CIP）数据

汽车电工基础：认知·拆装·检测／周立新，吴放主编． -- 北京：机械工业出版社，2025. 3. --（汽修工案头必备书系）． -- ISBN 978-7-111-77934-6

Ⅰ. U463.6

中国国家版本馆 CIP 数据核字第 2025Q7K703 号

机械工业出版社（北京市百万庄大街 22 号　邮政编码 100037）
策划编辑：母云红　　　　　　　　　责任编辑：母云红　刘　煊
责任校对：甘慧彤　张雨霏　景　飞　封面设计：马精明
责任印制：单爱军
中煤（北京）印务有限公司印刷
2025 年 6 月第 1 版第 1 次印刷
184mm×260mm · 17 印张 · 2 插页 · 410 千字
标准书号：ISBN 978-7-111-77934-6
定价：99.00 元

电话服务　　　　　　　　　　　网络服务
客服电话：010-88361066　　　机 工 官 网：www.cmpbook.com
　　　　　010-88379833　　　机 工 官 博：weibo.com/cmp1952
　　　　　010-68326294　　　金 书 网：www.golden-book.com
封底无防伪标均为盗版　　　机工教育服务网：www.cmpedu.com

前 言 / PREFACE

　　汽车作为现代社会的重要交通工具，其电气系统在保障车辆功能与性能中发挥着至关重要的作用。从简单的灯光系统到复杂的发动机电子控制系统，汽车电工技术贯穿于车辆的每个角落，成为汽车维修和保养工作中不可或缺的部分。在这一背景下，掌握汽车电工基础知识是每一位汽车技术人员的必备技能。

　　本书旨在以通俗易懂的语言和清晰的结构，为读者提供一条循序渐进的学习路径。从电工工具的选择与使用，到电气系统的基本原理与检测方法，再到实际维修中的操作技巧，本书力求覆盖汽车电工技术的主要领域，帮助读者从零开始，逐步掌握相关知识和技能。本书不仅适用于在校学习汽车电工技术的学生，更能为汽车维修技师提供实用的指导和参考。

　　本书分为 10 章，内容由浅入深，既注重基础概念的讲解，也强调实际操作能力的培养。此外，书中还配有丰富的案例和图示，以便读者能更直观地理解和学习相关内容。在编写过程中，我们尽量采用贴近实际工作场景的示例，力求理论和实践并重。无论是初学者，还是希望进一步提升技能的从业者，都能从本书中获得启发和帮助。

　　在此，向所有参与本书编写和审稿的同仁，以及为本书提供帮助的朋友们表示衷心的感谢！希望这本书能为广大读者带来实用价值，也诚挚欢迎读者朋友提出宝贵的意见与建议。

编　者

目 录 / CONTENTS

第 1 章
汽车电工常用工具、设备及维修注意事项

一、汽车电工常用工具

1. 试灯

试灯主要用于检验导线和电气设备是否带电（图 1-1）。

2. 螺丝刀

螺丝刀主要用于紧固或拆卸螺栓（图 1-2）。

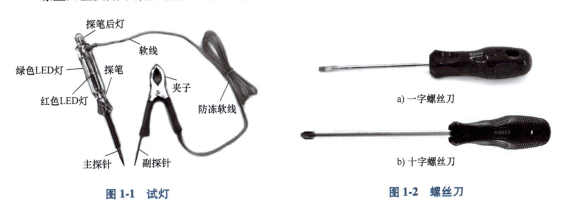

图 1-1　试灯

a) 一字螺丝刀

b) 十字螺丝刀

图 1-2　螺丝刀

3. 钢丝钳

钢丝钳主要用于弯绞导线、紧固螺母、剪切导线、剪切钢丝（图 1-3）。

4. 尖嘴钳

尖嘴钳主要用于剪断细小金属丝、夹持螺钉等较小元件、弄弯导线（图 1-4）。
尖嘴钳适用于在狭小的工作空间操作。

5. 斜口钳

斜口钳主要用于剪断较粗的金属丝、线材及电线电缆（图 1-5）。

图 1-3　钢丝钳

图 1-4　尖嘴钳

图 1-5　斜口钳

6. 剥线钳

剥线钳主要用于剥落小直径导线绝缘层（图 1-6）。

7. 电工刀

电工刀主要用于切削电线线头（图 1-7）。

图 1-6　剥线钳

图 1-7　电工刀

8. 热缩管

热缩管直接套在电缆上，用火枪或喷灯使其热缩，成形后可以起到很好的绝缘保护作用（图 1-8）。

使用热缩管时，其规格型号必须与电缆保持一致。使用同型号的热缩管，在热缩管收缩到一定程度后，可以与电缆紧密接触，起到很好的密封保护作用。

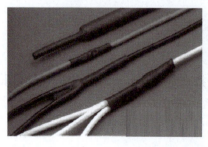

图 1-8　热缩管

9. 热风枪

热风枪主要用于加热热缩管，使其收缩（图 1-9）。

10. 电烙铁（锡焊）

电烙铁主要用于焊接元件或线束（图 1-10）。

图 1-9　热风枪　　　　　　　　　　　　图 1-10　电烙铁

二、汽车电工常用设备

1. 电流表

电流表是用来测量电路中电流大小的一种仪表（图 1-11）。电流表分为直流电流表和交流电流表两类；按使用方法可分为固定式和携带式；按量程可分为千安（kA）表、安培（A）表和毫安（mA）表等。

2. 电压表

电压表主要用于测量电路中的电压（图 1-12）。

图 1-11　电流表　　　　　　　　　　　　图 1-12　电压表

3. 万用表

万用表又称多用表，具有多种用途、多种量程，并具备携带方便等优点，是最常用的一种电工测量仪表（图1-13）。其基本功能是测量直流电流、直流电压、交流电压和电阻。有的万用表还可以测量交流电流、电容、电感及晶体管的参数等。

图1-13　万用表

4. 绝缘电阻表

绝缘电阻表（兆欧表）主要用于测量大电阻，如电气设备的绝缘电阻值（图1-14）。

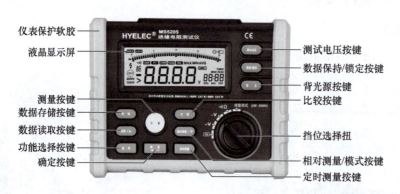

图1-14　绝缘电阻表

5. 蓄电池测试仪

蓄电池测试仪可检测蓄电池的电压及容量（图1-15）。

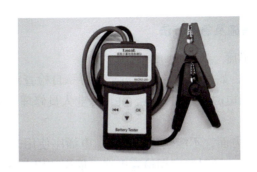

图 1-15　蓄电池测试仪

三、汽车电工维修注意事项

1. 电工安全操作规范

1）装卸发电机和起动机时，应在汽车电源总开关断开、切断电源后进行，未装电源开关的，卸下的电源接头应包扎好。

2）汽车内的线路接头必须拉牢，并用胶布扎好，穿孔而过的线路要加橡胶护套。

3）需要起动发动机检查电路时，应注意车下有无其他人工作，预先打好招呼，挂入空挡，挂驻车制动然后起动。

4）装蓄电池时，应在底部垫上橡胶材料，蓄电池之间也应用木板塞紧。

5）配制电解液时，应穿戴橡胶防水鞋和橡胶手套，戴防护眼镜，将硫酸慢慢注入蒸馏水内，同时用玻璃棒不断搅拌，以达到散热的目的，严禁将水注入硫酸内。

6）充电时将蓄电池盖打开，电解液温度不得超过 45℃。

7）蓄电池应用放电叉测量，不可用钳子及其他金属件测试，防止发生爆炸。

2. 电流对人体的危害

如果电气设备使用不当、安装不合理、设备维护不及时或使用时违反操作规程等，都可能造成人身伤亡的触电事故。

（1）触电事故

触电事故是电流通过人体造成的，触电的伤害程度主要取决于通过人体电流的大小、途径和时间。实验证明，0.6～1.5mA 的电流通过人体时，人会感觉手指发麻、发抖；50～80mA 的电流通过人体，会使人呼吸困难、心室开始颤抖。电流通过人体的途径中以两手间通过的情况最危险。通电时间越长，人体电阻越小，危险越大。

（2）安全电压

一般情况下，36V 以下的电压不会造成人体伤亡，称为安全电压。工程上规定有交流 36V、12V 两种和直流 48V、24V、12V、6V 四种。为了减少触电事故，要求所有工作人员经常接触的电气设备全部使用安全电压，而且环境越潮湿，使用安全电压的等级越低。例如：汽车一般使用 24V、12V 电源供电。

3. 预防触电的安全措施及急救方法

（1）预防触电的安全措施

1）在接触带电物方面，如果没有专业知识，不要私自检查或修理电路、用电器，不要随意连接电线，发现电器漏电时要及时断电，并请专业人员修理，不能用带水的湿布或湿手接触电源、开关或灯泡。

2）在用电器安全使用方面，不能超负荷用电，电插座使用时需要注意负载量，不能同时使用几个大功率的用电器，同时要定期检查电线、插座和用电器是否存在线路老化和漏电问题。

3）正确处理电着火问题，一旦发现电着火，首先要切断电源，然后再灭火。

（2）触电方式

我国采用三相三线制和三相四线制供电方式，因此，触电有两相触电、单相触电两种常见类型。

1）两相触电。当人的双手或人体的某两部位接触三相电中的两根相线时，人体承受线电压，环路电阻为人体电阻加接触电阻，这时，将有一个较大的电流通过人体。这种触电方式是最危险的一种触电方式（图1-16）。

2）单相触电。

① 三相四线制单相触电。人体的一个部位接触一根相线，另一部位接触大地。这样，人体、大地、中线、一相电源绕组就形成回路。人体承受相电压，构成了三相四线制单相触电（图1-17）。

图 1-16　两相触电

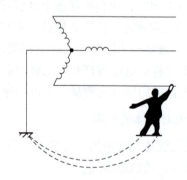

图 1-17　三相四线制单相触电

② 三相三线制单相触电。输电线路与大地均属于导体。因此，两者间存在电容，当人体某部位接触相线时，人体、大地、导体对地构成环路，引起触电事故。这种触电方式，环路电流与对地电容大小有关。导线越长，接地电容越大，对人体的危害越大（图1-18）。

（3）触电急救

万一发现有人触电时，应当及时抢救。首先，应迅速切断电源或用绝缘器具（如木棒、干扁担、干布带、

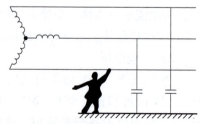

图 1-18　三相三线制单相触电

干衣服等）迅速将电源线断开，使伤员脱离电源。如果伤员未脱离电源，救护人员必须用绝缘的物体分隔（如隔着干衣服等）才能接触伤员的肌体，使伤员脱离电源。如果伤员在高空作业，还必须预防在脱离电源时摔下而导致摔伤。

伤员脱离电源被救下后，如果是一度昏迷，尚未失去知觉，则应使伤员在空气流通的地方静卧休息；如果是呼吸暂时停止，心脏停止跳动，伤员尚未真正死亡，或者虽有呼吸，但是比较困难，这时必须毫不迟疑地用人工呼吸和心脏按压进行抢救。

1）人工呼吸。将伤员伸直仰卧在空气流通的地方，解开领口、衣服、裤带，再使其头部尽量后仰，鼻孔朝天，使舌根不致阻塞气道，救护人员用一只手捏紧伤员鼻孔，用另一只手的拇指和食指扳开伤员嘴巴，先取出伤员嘴里的东西，然后救护人员紧贴着伤员的口吹气约 2s，放松 2s，如图 1-19 所示。依次吹气和放松，连续不断地进行，如果扳不开嘴巴，可以捏紧伤员的嘴巴，紧贴着鼻孔吹气和放松。

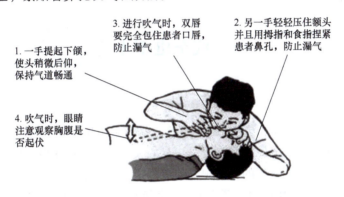

图 1-19　人工呼吸

在进行人工呼吸的过程中，若发现伤员表现出有好转的体征时（如眼皮闪动或嘴唇微动）应停止人工呼吸数秒钟，让其自行呼吸；如果还不能完全恢复呼吸，必须把人工呼吸进行到能正常呼吸为止，人工呼吸必须坚持长时间地进行，直至医生确认出现明显的死亡症状为止。

2）心脏按压法。将伤员平放在木板上，头部稍低，救护人员站在伤员一侧，将一手的掌根放在伤员胸骨下端，另一只手叠于其上，靠救护人员的体重，向胸骨下端用力加压，使其陷下 4~5cm 左右，随即放松，让胸廓自行弹起，如此有节奏地压挤，每分钟 60~80 次，如图 1-20 所示。急救如有效果，伤员的肤色即可恢复，瞳孔缩小，颈动脉搏动可以摸到，自发性呼吸恢复，此时可停止心脏按压。心脏按压法可以与人工呼吸法同时进行。

图 1-20　心脏按压法

2

第 2 章

汽车电工基础

一、汽车电工术语

1. 电压

电压（Voltage），也被称作电势差或电位差，是衡量单位电荷在静电场中由于电势不同所产生的能量差的物理量。电压在某点至另一点的大小等于单位正电荷因受电场力作用从某点移动到另一点所做的功，电压的方向规定为从高电位指向低电位的方向。电压的国际单位为 V（伏特，简称伏），常用的单位还有 mV（毫伏）、μV（微伏）、kV（千伏）等。

2. 电流

电磁学上把单位时间里通过导体任一横截面的电量称为电流（Electric current），电流符号为 I，单位是 A（安培）。

导体中的自由电荷在电场力的作用下做有规则的定向运动就形成了电流。

3. 电阻

导体对电流的阻碍作用就叫该导体的电阻。电阻（Resistance，通常用"R"表示）是一个物理量，在物理学中表示导体对电流阻碍作用的大小。导体的电阻越大，表示导体对电流的阻碍作用越大。不同的导体，电阻一般不同，电阻是导体本身的一种性质。导体的电阻通常用字母 R 表示，电阻的单位是欧姆，简称欧，符号为 Ω。

4. 线圈和电感

（1）线圈

1）单层线圈。单层线圈是用绝缘导线一圈接着一圈地绕在纸筒或胶木骨架上的。如晶体管收音机的中波天线线圈。

2）蜂房式线圈。如果所绕制的线圈平面不与旋转面平行，而是相交成一定的角度，这种线圈称为蜂房式线圈。而其旋转一周，导线来回弯折的次数，常称为折点数。蜂房式绕法的优点是体积小、分布电容小，而且电感量大。蜂房式线圈都是利用蜂房绕线机来绕制的，折点越多,分布电容越小。

3)铁氧体磁心和铁粉心线圈。线圈的电感量大小与有无磁心有关。在空心线圈中插入铁氧体磁心,可增加电感量和提高线圈的品质。

4)铜心线圈。铜心线圈在超短波范围应用较多。通过旋动铜心在线圈中的位置可改变电感量,这种调整方式比较方便、耐用。

5)色码电感器。色码电感器是具有固定电感量的电感器,其电感量标示方法同电阻一样以色环来标记。

6)阻流圈(扼流圈)。限制交流电通过的线圈称为阻流圈,分为高频阻流圈和低频阻流圈。

7)偏转线圈。偏转线圈是显像管电视机扫描电路输出级的负载,偏转线圈应满足以下要求:偏转灵敏度高、磁场均匀、Q 值高、体积小、价格低。

(2)电感

通电导体产生的磁效应叫电磁感应,简称电感。电感元件是一种储能元件。

电感元件一般是指螺线圈,由导线一圈接着一圈地绕在绝缘管上制成,导线彼此之间互相绝缘,而绝缘管可以是空心的,也可以包含铁心或磁粉心。

常用的电感元件有固定电感器,阻流圈,行、帧振荡线圈,偏转线圈等。

电感的感应电压如图 2-1 所示。

电感只能对非稳恒电流起作用,两端电压正比于通过它的电流的瞬时变化率(导数),比例系数就是它的"自感"。用 L 表示,单位有 H(亨利)、mH(毫亨利)、μH(微亨利),$1H = 1 \times 10^3 mH = 1 \times 10^6 \mu H$。

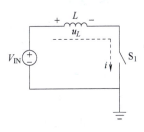

图 2-1 电感的感应电压

5. 电流密度

在单位横截面积上通过的电流大小称为电流密度,单位为 A/mm^2。

6. 电位

在电场中,单位正电荷从 a 点移到参考点时,电场力所做的功,称为 a 点对参考点的电位。

7. 电动势

单位正电荷由低电位移向高电位时非静电力对它所做的功称为电动势,用字母 E 表示,单位为 V。

8. 电阻率

电阻率又称电阻系数,是衡量物体导电性能好坏的一个物理量,用字母 ρ 表示,单位为 $\Omega \cdot m$。其数值是指导体的长度为 1m、截面积为 $1mm^2$ 的均匀导体在温度为 20℃时所具有的电阻值,该数值即为该导体的电阻率。

9. 电阻的温度系数

电阻的温度系数是表示物质的电阻率随温度而变化的物理量,其数值为温度每升高 1℃时,电阻率的变化量与原来的电阻率的比值,用字母 d 表示,单位为 1/℃。

10. 电导

物体传导电流的能力叫电导。电阻值的倒数就是电导，用字母 G 表示，单位为 S（西门子）。

11. 自感

当闭合回路中的电流发生变化时，由这个变化电流所产生的、穿过回路本身的磁通随之发生变化，在这一回路中将产生感生电动势，这种现象称为自感现象。这种感生电动势叫作自感电动势。穿过回路所包围面积的磁通与产生此磁通的电流之间的比例系数，叫作回路的自感系数，简称自感。其数值为单位时间内，电流变化一个单位时由自感而引起的电动势，用字母 L 表示，单位为 H。

12. 互感

两只相邻线圈，当任一线圈中的电流发生变化时，会在另一只线圈中产生感生电动势，这种电磁感应现象叫互感。由此产生的感生电动势称为互感电动势，用字母 M 表示，单位为 H。电感即自感与互感的统称。

13. 电容

用绝缘介质隔开的两个导体就会构成一个电容器。在单位电压作用下，电容器两个极板上所储存的电荷量叫作该电容器的电容，用字母 C 表示，单位为 F（法拉）。

14. 感抗

交流电流过具有电感的电路时，电感有阻碍交流电流过的作用，这种作用称为感抗，用 XL 表示，单位为 Ω。

15. 容抗

交流电流过具有电容的电路时，电容有阻碍交流电流过的作用，这种作用称为容抗，用 XC 表示，单位为 Ω。

16. 阻抗

交流电流过具有电阻、电感、电容的电路时，它们阻碍交流电流通过的作用统称为阻抗。

17. 直流电和交流电

直流电：大小和方向不随时间变化的电流称为直流电。交流电：大小和方向随时间周期性变化的电流称为交流电。

18. 正弦交流电和非正弦交流电

正弦交流电：随时间按正弦规律变化的交流电流称为正弦交流电。非正弦交流电：随时间不按正弦规律变化的交流电流称为非正弦交流电。

19. 脉动直流电

大小随时间变化而方向不变的电流称为脉动直流电。

20. 频率

交流电流 1s 内电流方向改变的次数称为频率，用字母 f 表示，单位为 Hz（赫兹）。

21. 周期

交流电每变化一次完整循环所需的时间称为周期，用字母 T 表示，单位为 s（秒）。

22. 瞬时值

交流电在任一瞬间的值称为瞬时值，用小写字母表示，如 i、u、e 分别表示电流、电压及电动势的瞬时值。

23. 最大值

瞬时值中的最大幅度的值称为最大值，用带下标 m 的大写字母表示，如 I_m、U_m、E_m 分别表示电流、电压及电动势的最大值。

24. 有效值

若某一交流电通过某一电阻经过一定时间所产生的热量，等于某一直流电通过同一电阻在同一段时间内产生的热量，则该直流电的数值就称为交流电的有效值，即交流电的有效值就是与它的热效应相当的直流值。用大写字母 I、U、E 分别表示电流、电压及电动势的有效值。

25. 平均值

交流电的平均值是指某段时间内流过电路的总电荷与该段时间的比值。正弦交流电的平均值通常指正半周内的平均值。

26. 电功

电流所做的功叫电功，用符号 W 表示，单位为 J（焦耳）和 kW·h（千瓦时）。

27. 电功率

单位时间内（1s）电流所做的功叫作电功率，用符号 P 表示，单位为 W 或 kW。

28. 瞬时功率

交流电路中任一瞬间的功率称为瞬时功率，用符号 P_t 表示，单位为 W 或 kW。

29. 有功功率

正弦交流电路的瞬时功率在一个周期内的平均值，称为有功功率，用字母 P_a 表示，单位为 W 或 kW。

30. 视在功率

电流 I 和电压 U 的有效值的乘积称为视在功率，用字母 S 或 P_s 表示，单位为 V·A 或 kV·A。

31. 无功功率

具有电感或电容的电路中，在半周期的时间里，电源的能量变成磁场（或电场）的能量储存起来；而在另半周期的时间里，又把储存在磁场（或电场）内的能量释放出来送还电源。

它只与电源进行能量交换而没有消耗能量。与电源交换能量的速率的振幅值叫作无功功率，用字母 Q 或 P_r 表示，单位为 var（乏）或 kvar（千乏）。

32. 功率因数

无功功率与视在功率的比值称为功率因数 $\cos\phi$。

33. 效率

能量在转换或传递的过程中总要消耗一部分，即输出小于输入，输出能量与输入能量的比值叫作效率，用字母 η 表示。

34. 相电压和线电压

相电压：三相电路中，相线与中性线之间的电压称为相电压。线电压：三相电路中，相线与相线之间的电压称为线电压。

35. 相电流和线电流

相电流：三相电路中，流过每相上的电流称为相电流。线电流：三相电路中，三根端线中的电流称为线电流。

36. 损耗电场

把电荷（或带电体）引入其他带电体周围的空间时，将会受到力的作用，就是说在带电体周围存在损耗电场。

37. 电场强度

电场强度为表示电场强弱的物理量，其数值等于单位正电荷在该点处所受的作用力，方向是正电荷受力的方向，用字母 E 表示，单位为 V/m。

38. 击穿

电介质在电场的作用下发生剧烈放电或导电的现象叫击穿，绝缘强度又称击穿电场强度。

39. 介电常数

介电常数为表示物质绝缘能力特性的一个系数，用字母 ε 表示，单位为 F/m。相对介电常数：任一物质的介电常数 ε 与真空介电常数 ε_0 的比值称为相对介电常数，用符号 ε_r 表示。

40. 二极管

二极管是用半导体材料（硅、硒、锗等）制成的一种电子元件。

二极管有两个电极，正极，又叫阳极；负极，又叫阴极。给二极管两极间加上正向电压时，二极管导通，加上反向电压时，二极管截止。二极管的导通和截止，则相当于开关的接通与断开。

二极管具有单向导电性能，导通时电流方向是由阳极通过二极管流向阴极。

41. 晶体管

晶体管，全称应为半导体晶体管。它用于将微弱信号放大成更大幅度的电信号，也用作非接触开关。晶体管是基本的半导体元件之一，可以放大电流，是电子电路的核心元件。晶体管制作在半导体衬底上，具有两个彼此非常接近的 PN 结。两个 PN 结将整个半导体分成三部分，中间部分是基极区，两侧是发射区和集电极区，以 PNP 或 NPN 方式排列。

二、电 路 基 础

1. 简单电路

（1）电路组成

电路是由电源、开关、用电器、导线组成的。

（2）电路的常见状态

1）通路。通路指处处接通的电路，电路中有电，用电器正常工作（图 2-2）。

2）开路（断路）。开路指断开的电路，电路中无电流，用电器不工作（图 2-3）。

图 2-2　电路通路

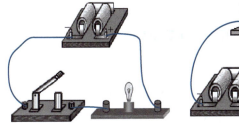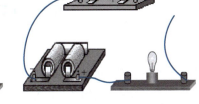

图 2-3　电路开路

3）短路。

① 电源短路：直接把导线接在电源两极，电路会有极大的电流，可能把电源烧坏，这种情况是绝对不允许的（图 2-4）。

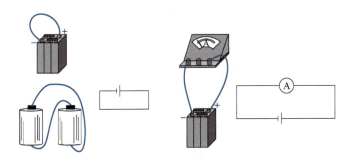

图 2-4　电源短路

② 用电器局部短路：导线直接接在该用电器两端，电流经过短接导线，不经用电器不损坏用电器（图 2-5）。

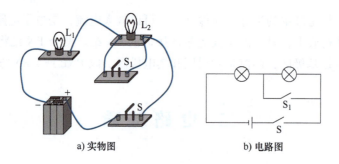

a) 实物图　　　　　　　b) 电路图

图 2-5　用电器局部短路

2. 串联电路

把用电器逐个顺次连接起来的电路，称为串联电路（图 2-6）。

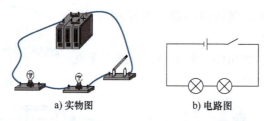

a) 实物图　　　　　　　b) 电路图

图 2-6　串联电路

3. 并联电路

把用电并列地连接起来的电路，称为并联电路（图 2-7）。

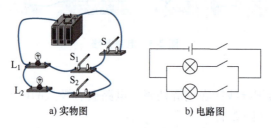

a) 实物图　　　　　　　b) 电路图

图 2-7　并联电路

4. 电路保护装置

（1）电路保护装置的作用及种类

汽车电路保护装置串联在汽车电路中，当电路出现短路或超负荷时，自动切断电源，以免损坏电源和汽车里的各种电器。

汽车电路保护装置的种类包括：熔断器、易熔线、金属片式断路器、按钮式断路器。

（2）熔断器

熔断器的主要器件是熔丝，串联在其所保护的电路中（图 2-8）。

图 2-8　熔丝

熔断器为一次性器件，在使用时应注意以下几点。

1）熔断器熔断后，必须先查找故障原因，并彻底排除。

2）更换熔断器时，一定要与原规格相同，特别是不能使用比规定容量大的熔断器，否则将失去保护作用。

3）熔断器支架与熔断器接触不良会产生电压降低和发热现象。因此，特别要注意检查支架有无氧化现象和脏污。若支架有脏污或氧化物，需用细砂纸打磨光，使其接触良好。

（3）易熔线

易熔线通常串接在电源线路和通过电流较大的线路中，用于保护总体线路和重要的电气线路（图 2-9）。如北京切诺基设有 5 条易熔线，分别保护充电电路、预热加热器、雾灯、灯光及辅助电路。

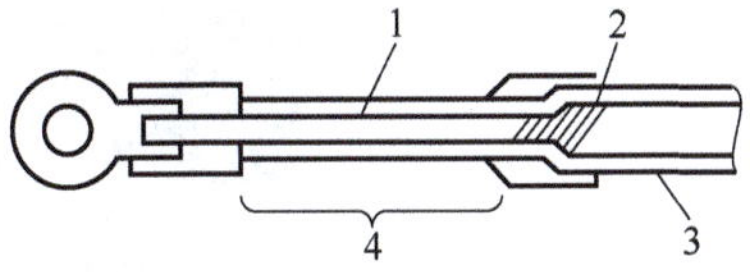

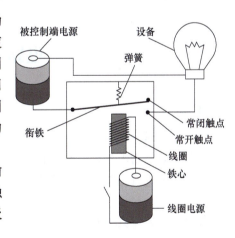

图 2-9 易熔线

1—细导线　2—接合片　3—电路导体
4—当出现过大电流时，这部分易熔线将熔断

（4）断路器

断路器用于正常工作时容易过载的电路中，其原理是利用双金属片受热变形使触点分离。

1）自恢复式断路器。自恢复式断路器会在电路过载时变形自动切断线路，冷却后自动复位，如此往复直到电路不过载。

2）按压恢复式断路器。按压恢复式断路器在电路故障排除后，需按下按钮手动复位。

5. 继电器

继电器是一种电控制器件，是当输入量（激励量）的变化达到规定要求时，在电气输出电路中使被控量发生预定的阶跃变化的一种电器。它的控制系统（又称输入回路）和被控制系统（又称输出回路）之间具有互动关系，通常应用于自动化的控制电路中。它实际上是用小电流去控制大电流运作的一种"自动开关"。

继电器的线圈通过电流时，带铁心的线圈会输出对应的磁场，把衔铁吸附住，动触点会从常闭触点这边，移动到常开触点一侧，相当于常开触点吸合了（图 2-10）。

图 2-10 继电器工作原理

6. 开关

汽车中电路开关的作用是接通和断开电路，具有控制、保护、隔离、接地等几种主要的作用，保障汽车用电的安全性。

控制：根据电网或其他电能电路运行需要，把某部分设备或线路投入或退出运行，即在正常负荷电流条件下，接通或断开电路，这种作用称为控制（图 2-11）。

驾驶员侧车窗升降
左后窗升降
后视镜调节
前排乘客侧车窗升降
车窗锁定
右后窗升降

图 2-11　汽车驾驶员侧玻璃升降器开关

保护：当电力线路或电气设备发生故障时将故障部分从电网快速切除，保证电网中的无故障部分正常运行，这种作用称为保护。

隔离：退出运行或需要进行检修的电力线路，及设备从电网中切除（断开电源）后，还必须可靠地与电源隔离开来，使之与电源形成一个明显的分离，防止在误操作和过电压情况下接通电源，以保证设备和检修人员的安全，这种作用称为隔离。

接地：电力线路和电力设备在检修之前，除断开电源和隔离电源外，还要把三相短接接地，其作用一是对地泄放掉电力线路和电力设备上的残余电荷；二是使电力线路和电力设备与地保持零电位，以防万一突然来电造成人身安全事故。

三、电路中的导线、插接器

1. 导线

（1）汽车线束的分类

汽车线束是指由各种电线、插接器、保护套等组成的电子线路组件，它具有集成、规整、易安装等优点，能够在车内部分及车身内部和外部传输电能，以及信号、指令等各种信息。

汽车上主要有以下几种线束。

1）发动机线束，连接发动机上的各种传感器和执行器，围绕在发动机的周围（图 2-12）。

2）仪表板线束，与车身或者底盘线束连接，沿着管梁连接仪表板上的各种电器件如组合仪表、空调开关、收放机、点烟器等（图 2-13）。

3）车身线束，一般是从驾驶室的左侧贴着地板行走，连接油箱传感器和后尾灯（图 2-14）。

4）车门线束，连接车门内板上的所有电器件，如中控锁，玻璃升降器，扬声器等（图 2-15）。

5）前围线束，从驾驶室过来，沿着翼子板和前保险杠骨架连接前围的电器件如侧转向灯和前组合灯，喇叭、电子风扇等（图 2-16）。

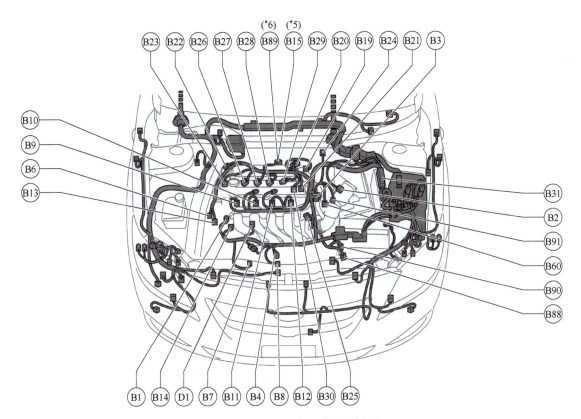

图 2-12　发动机线束（彩图见插页）

B1、B14—发电机总成　B2—质量空气流量计　B3—E.F.I. 发动机冷却液温度传感器　B4—起动机总成　B6—发动机机油压力开关总成　B7—压缩机带轮总成　B8—起动机总成　B9—1 号喷油器总成　B10—2 号喷油器总成　B11—3 号喷油器总成　B12—4 号喷油器总成　B13—曲轴位置传感器　B15—氧传感器（B1 S1）　B19—清污 VSV　B20—VVT 传感器（排气侧）　B21—VVT 传感器（进气侧）　B22—凸轮轴正时机油控制阀总成（排气侧）　B23—凸轮轴正时机油控制阀总成（进气侧）　B24—氧传感器（B1 S2）　B25—带电动机的节气门体总成　B26—1 号点火线圈总成　B27—2 号点火线圈总成　B28—3 号点火线圈总成　B29—4 号点火线圈总成　B30—静噪滤波器（点火）　B31—ECM　B60—倒车灯开关总成　B88—驻车挡/空挡位置开关总成　B89—空燃比传感器（B1 S1）　B90—电子控制变速器电磁阀　B91—变速器转速传感器　D1—爆燃控制传感器（B1）

＊5—1ZR-FE

＊6—2ZR-FE

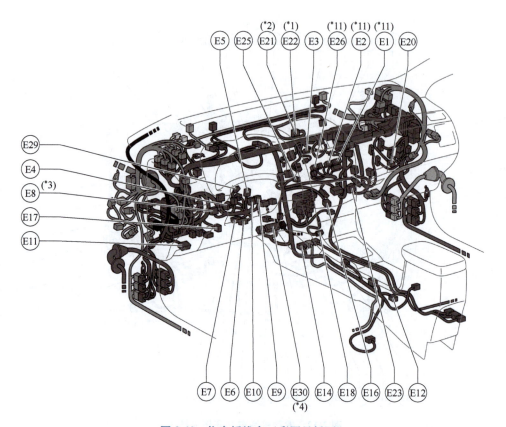

图 2-13 仪表板线束（彩图见插页）

E1、E2—导航接收器总成　E3—放大器天线总成　E4—点火或起动机开关总成　E5—未锁止警告开关总成　E6、E7—螺旋电缆分总成　E8—前照灯变光开关总成　E9、E10—风窗玻璃刮水器开关总成　E11—DLC3　E12—驻车制动开关总成　E14—中间气囊传感器总成　E16—加热器或辅助通风装置控制总成　E17—2 号车外后视镜开关总成　E18—点烟器总成　E20—杂物箱灯总成　E21—收发器钥匙 ECU 总成　E22—识别码盒　E23—带风扇的鼓风机电动机分总成　E25—车内温度传感器　E26—导航接收器总成　E29—收发器钥匙放大器　E30—空调放大器总成

* 1—带智能上车和起动系统

* 2—不带智能上车和起动系统

* 3—带自动灯控

* 4—自动空调

* 11—带导航系统

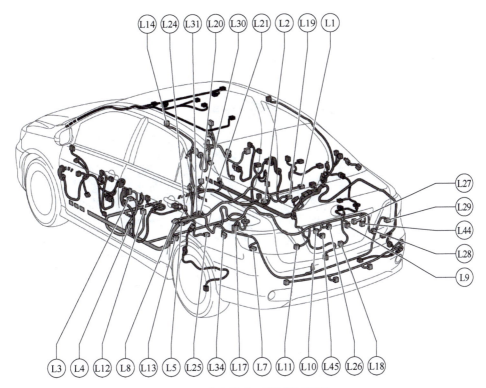

图 2-14 车身线束（彩图见插页）

L1—右后扬声器总成　L2—左后扬声器总成　L3—左前车门门控灯开关总成　L4—左前座椅外安全带总成　L5—左后车门门控灯开关总成　L7—左后组合灯总成　L8—中央制动灯总成　L9—右侧牌照灯总成　L10—左侧牌照灯总成　L11—左后灯总成　L12—左前侧气囊传感器总成　L13—左后侧气囊传感器总成　L14—左侧窗帘式安全气囊总成　L17—燃油泵燃油表传感器总成　L18—行李舱门锁总成　L19—1 号行李舱灯总成　L20—静噪滤波器（制动灯）　L21—后窗除雾器（背窗玻璃）　L24—二极管（1 号行李箱灯总成）　L25—后电子钥匙振荡器　L26—行李舱门开启器开关总成　L27—行李舱门锁锁芯总成　L28—右后灯总成　L29—右后组合灯总成　L30、L31、L34—接线插接器　L44—中央制动灯总成　L45—电视摄像机总成

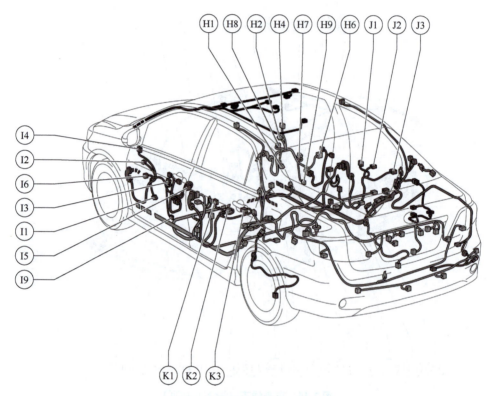

图 2-15 车门线束（彩图见插页）

H1—右前 1 号扬声器总成　H2—右侧车外后视镜总成　H4—右前 2 号扬声器总成　H6—右前车门门锁总成　H7—右前电动车窗升降器开关总成　H8—右前电动车窗升降器电动机总成　H9—右前车门门控灯总成　I1—左前 1 号扬声器总成　I2—左侧车外后视镜总成　I3—电动车窗升降器主开关总成　I4—左前 2 号扬声器总成　I5—左前车门门锁总成　I6—左前电动车窗升降器电动机总成　I9—左前车门门控灯总成　J1—右后电动车窗升降器开关总成　J2—右后车门车窗升降器分总成　J3—右后车门门锁总成　K1—左后电动车窗升降器开关总成　K2—左后车门车窗升降器分总成　K3—左后车门门锁总成

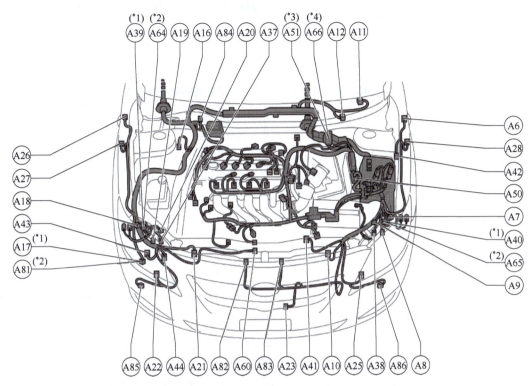

图 2-16 前围线束（彩图见插页）

A6—左侧转向信号灯总成　A7—左前转向信号灯（左侧前照灯总成）　A8—左前示宽灯（左侧前照灯总成）
A9—左侧前照灯光束高度调整电动机（左侧前照灯总成）　A10—左前气囊传感器　A11—风窗玻璃刮水器电动机总成　A12—制动液液位警告开关（制动主缸储液罐分总成）　A16—空调压力传感器　A17—风窗玻璃清洗器电动机和泵总成　A18—右前转向信号灯（右侧前照灯总成）　A19—右前示宽灯（右侧前照灯总成）
A20—右侧前照灯光束高度调整电动机（右侧前照灯总成）　A21—右前气囊传感器　A22—右侧雾灯总成
A23—环境温度传感器　A25—左侧雾灯总成　A26—右侧转向信号灯总成　A27—右前转速传感器　A28—左前转速传感器　A37—右前照灯总成（远光）　A38—左前照灯总成（远光）　A39—右侧前照灯总成
（近光）　A40—左侧前照灯总成（近光）　A41—冷却风扇 ECM　A42—遥控门锁蜂鸣器　A43—前照灯清洗器控制继电器　A44—前照灯清洗器喷嘴电动机和泵总成　A50—ECM　A51—制动器执行器总成　A60—发动机盖锁总成　A64—右侧前照灯总成（近光）　A65—左侧前照灯总成（近光）　A66—制动器执行器总成
A81—风窗玻璃清洗器电动机和泵总成　A82—低音喇叭总成　A83—高音喇叭总成　A84—警报喇叭总成
A85—1 号右前超声波传感器　A86—1 号左前超声波传感器

*1—HID 型

*2—除 HID 型外

*3—带 VSC

*4—不带 VSC

（2）汽车导线规格

汽车导线规格见表 2-1 和表 2-2。

表 2-1　低压导线标称截面积允许负载电流值

导线标称截面积/mm²	1.0	1.5	2.5	3.0	4.0	6.0	10	13
允许负载电流值/A	11	14	20	22	25	35	50	60

表 2-2　12V 电气系统主要线路导线标称截面积推荐用途

导线标称截面积/mm²	用途	导线标称截面积/mm²	用途
0.5	尾灯、顶灯、指示灯、仪表灯、牌照灯、刮水器、时钟、燃油表、冷却液温度表、油压表等电路	1.5~4.0	其他 5A 以上电路
0.8	转向灯、制动灯、停车灯、断电器等电路	4~6	柴油车电热塞电路
1.0	前照灯、电喇叭（3A 以下）电路	6~25	电源电路
1.5	前照灯、电喇叭（3A 以上）电路	16~95	起动电路

（3）汽车线束颜色

线束的颜色分为单色线和双色线颜色。线束颜色用途也有规定，一般是车厂自订的标准。我国行业标准只是规定主色，例如规定单黑色专用于搭铁线，红单色用于电源线，不可混淆（表 2-3）。汽车线束常用的导线种类有国标、德标、美标等几大系列。

表 2-3　线束常用颜色明细表

序号	英文缩写	中文	英文
1	W	白	WHITE
2	B	黑	BLACK
3	Y	黄	YELLOW
4	G	绿	GREEN
5	O	橙	ORANGE
6	R	红	RED
7	P	粉	PINK
8	V	紫	VIOLET
9	L	蓝	BLUE
10	Br	棕	BROWN
11	Gr	灰	GREY
12	Lg	浅绿	LIGHT GREEN

双绞线是两根金属线依距离周期性扭绞组成的电信传输线。采用一对互相绝缘的金属导线互相绞合的方式，可以抵御一部分外界电磁波干扰，当然更主要的是降低了自身信号的对外干扰（图 2-17）。

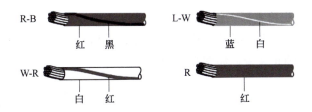

R-B 红 黑

L-W 蓝 白

W-R 白 红

R 红

图 2-17 双绞线（彩图见插页）

汽车上应用双绞线的系统很多，如电喷系统、影音娱乐系统、安全气囊系统、CAN 网络等。双绞线分为屏蔽双绞线、非屏蔽双绞线。其中屏蔽双绞线在双绞线与外层绝缘封套之间有一个金属屏蔽层。屏蔽层可减少辐射，防止信息泄露，也可阻止外部电磁干扰，使用屏蔽双绞线比同类的非屏蔽双绞线具有更高的传输速率。

2. 插接器

（1）汽车线束插接器的作用

汽车线束插接器起到在电子设备和电器之间疏通电路、接通电流的作用，汽车插接器在电路内被阻断处或孤立不通的电路之间，架起沟通的桥梁，从而使电流流通，使电路实现预定的功能（图 2-18）。

（2）断开阳插接器和阴插接器

断开插接器时，只能拉插接器自身，而不可拉拽线束（图 2-19）。

提示：断开前，先检查要断开的是哪类插接器。

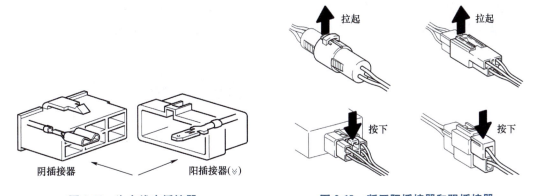

阴插接器 阳插接器(∨)

拉起 拉起

按下 按下

图 2-18 汽车线束插接器

图 2-19 断开阳插接器和阴插接器

（3）更换插接器端子

1）断开插接器。

2）脱开辅助锁止装置或端子挡块。松开端子锁止夹或从插接器上拆下端子前，必须先脱开锁止装置。使用专用工具解锁辅助锁止装置或端子挡块（图 2-20）。

小心：不要从插接器体上拆下端子挡块。

① 非防水型插接器。

提示：探针的插入位置根据插接器形状（端子数等）

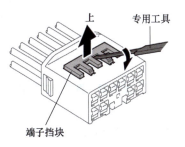

上 专用工具

端子挡块

图 2-20 解锁端子挡块

而改变，因此插入前应先检查插入位置。

范例1：将端子挡块拉到暂时锁止位置，如图2-21所示。

范例2：打开辅助锁止装置，如图2-22所示。

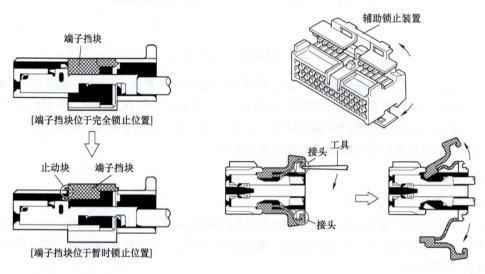

图2-21　将端子挡块拉到暂时锁止位置　　　　图2-22　打开辅助锁止装置

② 防水型插接器。端子挡块颜色根据插接器体颜色不同而不同。

例如：端子挡块：插接器体。黑色或白色：灰色。黑色或白色：深灰色。灰色或白色：黑色。

范例1：将端子挡块拉到暂时锁止位置的类型（拉起型）。将专用工具插入端子挡块检修孔（▲标记）并将端子挡块拉到暂时锁止位置，如图2-23、图2-24所示。

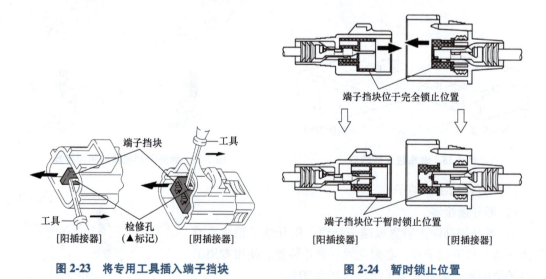

图2-23　将专用工具插入端子挡块　　　　图2-24　暂时锁止位置

注意：探针插入位置应根据插接器形状（端子数量等）而改变，因此插入前应先检查插入位置。

范例 2：如图 2-25 所示，将工具直接插入端子挡块的检修孔内的类型。将端子挡块向下推到暂时锁止位置，如图 2-26 所示。从端子松开锁止凸耳，并从后部拉出端子，如图 2-27 所示。

3）将端子安装到插接器上。插入端子，如图 2-28 所示。

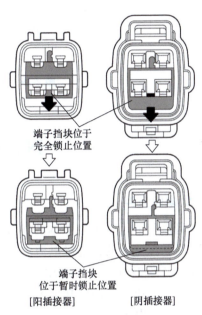

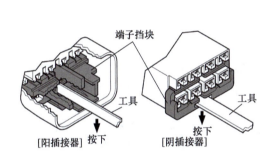

图 2-25　将工具直接插入端子挡块的检修孔内

图 2-26　将端子挡块向下推到暂时锁止位置

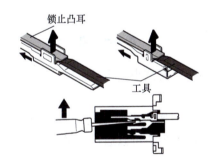

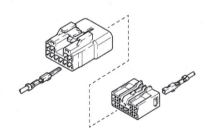

图 2-27　从端子松开锁止凸耳，并从后部拉出端子

图 2-28　插入端子

注意：
① 确保端子被正确定位。
② 插入端子直到锁止凸耳紧固锁止。
③ 将带端子挡块的端子插到暂时锁止位置。

4）将辅助锁止装置或端子挡块推至完全锁止位置，连接插接器（图 2-29）。

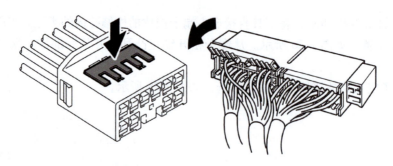

图 2-29　将端子挡块推至完全锁止位置

四、常用电子元器件

1. 电阻元件

电阻是电子元件中最基本的元件之一，它是用来控制电流流动的，是对电流产生阻碍作用的电子元件（图 2-30）。在电路中，电阻通常被用来限制电流的大小，以保护其他电子元件不受过大电流的损害。电阻的另一个作用是阻碍电流的流动，使电流通过时受到一定的阻力，从而降低电路的功率。

电阻通常由一根或多根电阻丝或薄膜组成，这些电阻丝或薄膜被包裹在一个绝缘材料中。当

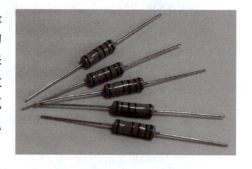

图 2-30　电阻元件

电流通过电阻时，电阻会产生电阻力，这个电阻力会使电流减小一定的程度。电阻的电阻值通常用欧姆（Ω）表示，欧姆是电阻的单位。

电阻的工作原理是基于欧姆定律的，欧姆定律是指电阻的电阻值等于电压与电流之比。这意味着当电压不变时，电流越小，电阻越大。电阻的电阻值可以通过测量电阻的电压和电流来确定。

电阻的种类有很多，包括固定电阻、可变电阻、热敏电阻、光敏电阻等。固定电阻是最常见的电阻类型，它的电阻值是固定的，不能改变。可变电阻是一种可以改变电阻值的电阻，它通常用于调节电路中的电流和电压。热敏电阻是一种电阻，它的电阻值随着温度的变化而变化。光敏电阻是一种特殊电阻，它的电阻值随着光线强度的变化而变化。

2. 电感元件

电感元件是一种储能元件，电感元件的原始模型为导线绕成圆柱线圈（图 2-31）。当线圈中通以电流 i 时，在线圈中就会产生磁通量 Φ，并储存能量。表征电感元件（简称电感）产生磁通，存储磁场的能力的参数，也叫电感，用 L 表示，它在数值上等于单位电流产生的磁通。电感元件主要是电感器（电感线圈）和各种变压器。

电感就是将导线绕制成线圈形状，当电流流过时，在线圈（电感）两端就会形成较强的磁场。由于电磁感应的作用，它会对电流的变化起阻碍作用。

因此，电感对直流电呈现很小的电阻（近似于短路），对交流电呈现出的阻抗较高，其阻值的大小与所通过交流电的频率有关。

同一电感元件，通过交流电的频率越高，呈现的阻值越大。

3. 电容元件

电容元件是一种被设计用来存储和释放电荷的电子元器件（图 2-32）。它由两个导体板组成，这些导体板之间通过一个电介质隔开。常见的电介质材料包括陶瓷、塑料和金属铝等。电容元件根据其结构和材料的不同，可以分为多种类型，如固定电容器、变容电容器和可调电容器等。

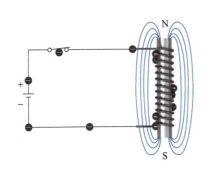

图 2-31　电感元件

图 2-32　电容元件

电容元件在电子电路中具有广泛的应用。以下是一些常见的电容元件的作用。

存储电荷：电容元件的主要功能之一是存储电荷。当电容元件处于充电状态时，电荷积累在导体板之间的电介质中。这使得电容元件能够在需要时释放储存的电荷。

滤波器：电容元件被广泛用作电子电路中的滤波器。通过调整电容值可以改变电容元件对不同频率电信号的响应，从而使其在电路中起到滤除噪声和稳定信号的作用。

延迟器：电容元件还可用作延迟器，通过控制电荷的存储和释放来延迟电信号的传输。这在某些应用中非常有用，例如音频设备中的相位移器和调制器。

耦合器：电容元件常被用作信号耦合器，将一个电路的信号传递到另一个电路中。它在放大器和调节器等电路中起到了重要的作用。

传感器：某些电容元件可以被用作传感器，利用电容值的变化来检测环境条件或物体属性的变化。例如，湿度传感器和接近开关常使用电容元件来实现。

能量储备：由于电容元件具有存储电荷的能力，它们也被广泛用作能量储备装置。例如，在一些电子设备中，电容元件可用来提供短暂的备用电源，以保证在电源中断时仍能维持设备的正常运行。

4. 半导体元件

半导体元件是导电性介于良导电体与绝缘体之间，利用半导体材料特殊电特性来完成特定功能的电子器件。它可用来产生、控制、接收、变换、放大信号和进行能量转换（图 2-33）。

图 2-33　半导体元件

半导体元件使用的半导体材料是硅、锗或砷化镓，它可用作整流器、振荡器、发光器、放大器、测光器等器材。为了与集成电路相区别，有时也把它们称为分立器件。绝大部分二端器件（即晶体二极管）的基本结构是一个 PN 结。

5. 压电元件

压电元件是指通过施加力（压力）产生电压（压电效应），或与之相反，通过施加电压产生变形（逆压电效应）的元件（图 2-34）。

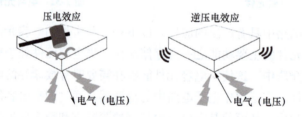

图 2-34　压电的效果

压电元件使用具有压电效应的压电材料。施力时，正离子（+）、负离子（-）的位置会移动，产生正电荷（+）和负电荷（-）的偏移（电极化），从而产生电压（图 2-35）。

压电效应的主要用途是用作传感器的部件，逆压电效应的主要用途是用作执行机构的部件。

6. 磁阻元件

磁阻是指含有永磁体的磁路中的一个参量，源于磁路中存在漏磁。利用永磁体来产生一工作磁场时，需要有永磁体、高导磁软磁体和适当大小的空隙三部分，总称为磁路。永磁体提供磁通，经过软磁体连接后在空隙处产生磁场。磁路中的总磁通量是守恒的，但在空隙处的磁通密度相对降低，因有部分磁通在非空隙处流失，称之为漏磁，这导致在磁路中出现磁阻。

磁阻元件是用一种在外施磁场的作用下，可以改变其自身磁阻值的材料制作而成的元件。磁阻元件共分为四种，除了半导体磁阻元件之外，还包括有用强磁体薄膜生成的各向异性磁阻、巨磁阻和隧道磁阻。

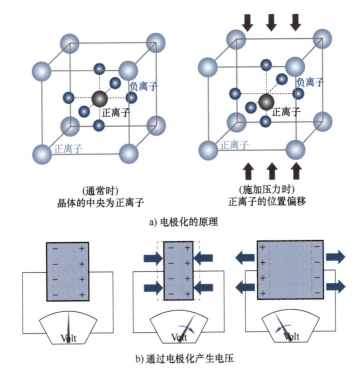

(通常时)
晶体的中央为正离子

(施加压力时)
正离子的位置偏移

a) 电极化的原理

b) 通过电极化产生电压

图 2-35　压电的工作过程

五、汽车电路术语和符号

1. 图形符号

（1）图形符号的种类

图形符号是用于电气图或其他文件中的表示项目或概念的一种图形、标记或字符，是电气技术领域中最基本的工程语言。

汽车电路图中常用的图形符号，可分为 7 类：限定符号（表 2-4）；端子和导线的连接符号（表 2-5）；触点与开关符号（表 2-6）；电器元件符号（表 2-7）；仪表符号（表 2-8）；传感器符号（表 2-9）；电气设备符号（表 2-10）。

表 2-4　限定符号

序号	名称	图形符号	序号	名称	图形符号
1	直流	—	6	中性点	N
2	交流	~	7	磁场	F
3	交直流	≈	8	搭铁	⊥
4	正极	+	9	交流发电机输出接线端	B
5	负极	−	10	磁场二极管输出端	D+

表2-5　端子和导线的连接符号

序号	名称	图形符号	序号	名称	图形符号
1	接点	●	10	插头和插座	
2	端子	○	11	多极插头和插座（示出的为三极）	
3	可拆卸的端子				
4	导线的连接	○—○			
5	导线的分支连接		12	接通的连接片	
6	导线的交叉连接		13	断开的连接片	
7	导线的跨越		14	边界线	—·—·—
8	插座的一个极		15	屏蔽（护罩）	
9	插头的一个极	▬	16	屏蔽导线	

表2-6　触点与开关符号

序号	名称	图形符号	序号	名称	图形符号
1	动合（常开）触点		11	旋转操作	
2	动断（常闭）触点		12	按动操作	
3	先断后合的触点		13	一般机械操作	
4	中间断开的双向触点		14	钥匙操作	
5	双动合触点		15	热执行器操作	
6	双动断触点		16	温度控制	θ
7	单动断双动合触点		17	压力控制	P
8	双动断单动合触点		18	制动压力控制	BP
9	一般情况下手动控制		19	液位控制	
10	拉拔操作		20	凸轮控制	

（续）

序号	名称	图形符号	序号	名称	图形符号
21	联动开关		30	热敏开关动合触点	
22	手动开关的一般符号		31	热敏开关动断触点	
23	定位（非自动复位）开关		32	热敏自动开关动断触点	
24	按钮开关		33	热继电器触点	
25	能定位的按钮开关		34	旋转多挡开关位置	
26	拉拔开关		35	推拉多挡开关位置	
27	旋转、旋钮开关		36	钥匙开关（全部定位）	
28	液位控制开关		37	多挡开关、点火、起动开关，瞬时位置为 2 能自动返回到 1（即 2 不能定位）	
29	机油滤清器报警开关		38	节流阀开关	

表 2-7　电器元件符号

序号	名称	图形符号	序号	名称	图形符号
1	电阻器		6	分路器	
2	可变电阻器		7	滑动触点电位器	
3	压敏电阻器		8	仪表照明调光电阻	
4	热敏电阻器		9	光敏电阻	
5	滑线式变阻器		10	加热元件、电热塞	

（续）

序号	名称	图形符号	序号	名称	图形符号
11	电容器		24	电感器、线圈、绕组、扼流圈	
12	可变电容器		25	带磁心的电感器	
13	极性电容器		26	熔丝	
14	穿心电容器		27	易熔线	
15	半导体二极管一般符号		28	电路断电器	
16	单向击穿二极管，电压调整二极管（稳压管）		29	永久磁铁	
17	发光二极管		30	操作器件一般符号	
18	双向二极管（变阻二极管）		31	一个线圈电磁铁	
19	晶闸管		32	两个线圈电磁铁	
20	光敏二极管		33	不同方向线圈电磁铁	
21	PNP 型晶体管		34	触点常开的继电器	
22	集电极接管壳晶体管（NPN 型）		35	触点常闭的继电器	
23	具有两个电极的压电晶体				

表 2-8　仪表符号

序号	名称	图形符号	序号	名称	图形符号
1	指示仪表	⊙	5	电阻表	Ω
2	电压表	V	6	功率表	W
3	电流表	A	7	油压表	OP
4	电压电流表	V/A	8	转速表	n

（续）

序号	名称	图形符号	序号	名称	图形符号
9	温度表	θ	12	时钟	
10	燃油表	Q	13	数字式时钟	
11	车速里程表	v			

表 2-9　传感器符号

序号	名称	图形符号	序号	名称	图形符号
1	传感器的一般符号	*	8	空气流量传感器	AF
2	温度表传感器	θ	9	氧传感器	λ
3	空气温度传感器	θa	10	爆燃传感器	K
4	冷却液温度传感器	θw	11	转速传感器	n
5	燃油表传感器	Q	12	速度传感器	v
6	油压表传感器	OP	13	空气压力传感器	AP
7	空气质量传感器	m	14	制动压力传感器	BP

表 2-10　电气设备符号

序号	名称	图形符号	序号	名称	图形符号
1	照明灯、信号灯、仪表灯、指示灯		5	预热指示器	
2	双丝灯		6	电喇叭	
3	荧光灯		7	扬声器	
4	组合灯		8	蜂鸣器	

（续）

序号	名称	图形符号	序号	名称	图形符号
9	报警器、电警笛		26	变换器、转换器	
10	元件、装置、功能元件		27	光电发生器	
11	信号发生器		28	空气调节器	
12	脉冲发生器		29	滤波器	
13	闪光器		30	稳压器	
14	霍尔信号发生器		31	点烟器	
15	磁感应信号发生器		32	热继电器的驱动器件	
16	温度补偿器		33	间歇刮水继电器	
17	电磁阀一般符号		34	防盗报警系统	
18	常开电磁阀		35	天线一般符号	
19	常闭电磁阀		36	发射机	
20	电磁离合器		37	收音机	
21	用电动机操纵的怠速调整装置		38	内部通信联络及音乐系统	
22	过电压保护装置		39	收放机	
23	过电流保护装置		40	电话机	
24	加热器（除霜器）		41	传声器一般符号	
25	振荡器		42	点火线圈	

（续）

序号	名称	图形符号	序号	名称	图形符号
43	分电器		60	风扇电动机	
44	火花塞		61	刮水电动机	
45	电压调节器	U	62	天线电动机	
46	转速调节器	n	63	直流伺服电动机	
47	温度调节器	θ	64	直流发电机	
48	串励绕组		65	星形联结的三相绕组	
49	并励或他励绕组		66	三角形联结的三相绕组	
50	集电环或换向器上的电刷		67	定子绕组为星形联结的交流发电机	
51	直流电动机		68	定子绕组为三角形联结的交流发电机	
52	串励直流电动机		69	外接电压调节器与交流发电机	
53	并励直流电动机		70	整体式交流发电机	
54	永磁直流电动机		71	蓄电池	
55	起动机（带电磁开关）		72	蓄电池组	
56	燃油泵电动机、洗涤电动机		73	蓄电池传感器	
57	晶体管电动燃油泵		74	制动灯传感器	
58	加热定时器		75	尾灯传感器	
59	点火电子组件		76	制动器摩擦片传感器	

（续）

序号	名称	图形符号	序号	名称	图形符号
77	燃油滤清器积水传感器	W	81	带时钟自记车速里程表	
78	三丝灯泡		82	带时钟的车速里程表	
79	汽车底盘与吊机间电路集电环与电刷		83	门窗电动机	M
80	自记车速里程表	v	84	座椅安全带装置	

（2）图形符号的使用原则

在满足条件的情况下，应首先采用最简单的形式，但图形符号必须完整。

在同一份电路图中同一类型元器件应采用同一种形式的图形符号。

符号方位不是固定的，在不改变符号意义的前提下，符号可根据图面布置的需要旋转或成镜像放置，但文字和指示方向不得倒置。

图形符号中一般没有端子代号，如果端子代号是符号的一部分，则端子代号必须画出。

导线符号可以用不同宽度的线条表示，如电源线路（主电路）可用粗实线表示，控制、保护线路（辅助电路）则可用细实线表示。

一般连接线不是图形符号的组成部分，方位可根据实际需要布置。

符号的意义由其形式决定，可根据需要进行缩小或放大。

图形符号表示的是无电压、无外力的常规状态。

图形符号中的文字符号、物理量符号，应视为图形符号的组成部分。当用这些符号不能满足标注时，可按有关标准加以补充。

电器图中若未采用规定的图形符号，必须加以说明。

2. 文字符号

文字符号是由电气设备、装置和元器件的种类（名称）字母代码和功能（与状态、特征）字母代码组成的。文字符号用于电气技术领域中技术文件的编制，也可标注在电气设备、装置和元器件上或其近旁，以表明电气设备、装置和元器件的名称、功能、状态和特征。

（1）基本文字符号

基本文字符号见表2-11。它分为两类。

1）单字母符号。单字母符号是按拉丁字母将各种电气设备、装置和元器件划分为23大类，每大类用一个专用单字母符号表示，如"C"表示电容器类，"R"表示电阻类等。

2）双字母符号。双字母符号是由一个表示种类的单字母符号与另一字母组成，其组合形式应以单字母符号在前而另一字母在后的次序列出，如："R"表示电阻，"RP"表示电位器，"RT"表示热敏电阻；"G"表示电源、发电机、发生器，"GB"表示蓄电池，"GS"表示同步发电机、发生器，"GA"表示异步发电机。

表 2-11 基本文字符号

电气设备、装置和元器件种类	举例	基本文字符号	
		单字母	双字母
组件部件	电桥	A	AB
	晶体管放大器		AD
	集成电路放大器		AJ
	印刷电路放大器		AP
非电量到电量变换器或 电量到非电量变换器	送话器、扬声器、晶体换能器	B	
	压力变换器		BP
	温度变换器		BT
电容器	电容器	C	
数字集成电路和器件	数字集成电路和器件	D	
其他元器件	发热器件	E	EH
	照明灯		EL
保护器件	熔丝	F	FU
	限压保护器件		FV
发生器 发电机 电源	发生器	G	GS
	发电机		GA
	蓄电池		GB
信号器件	声响指示	H	HA
	光指示器		HL
	指示灯		HL
继电器 接触器	交流继电器	K	KA
	双稳态继电器		KL
	接触器		KM
	簧片继电器		KR
电感器	感应线圈	L	
电动机	电动机	M	
模拟元件	运算放大器、混合模拟/数字器件	N	
测量设备 试验设备	指示器件信号发生器	P	
	电流表		PA
	（脉冲）计数器		PC
	电压表		PV
电阻器	变阻器	R	
	电位器		RP
	热敏电阻器		RT
	压敏电阻器		RV

（续）

电气设备、装置和元器件种类	举例	基本文字符号	
		单字母	双字母
控制、记忆、信号电路的 开关操作、选择器	控制开关、选择开关	S	SA
	按钮开关		SB
	压力传感器		SP
	位置传感器		SQ
	温度传感器		ST

（2）辅助文字符号

辅助文字符号表示电气设备、装置和元器件，以及线路的功能、状态和特征（表2-12）。如"SYN"表示同步，"L"表示限制左或低，"RD"表示红色，"ON"表示闭合，"OFF"表示断开等。

表2-12　辅助文字符号

序号	文字符号	名称	序号	文字符号	名称
1	A	电流	21	DC	直流
2	A	模拟	22	DEC	减
3	AC	交流	23	E	搭铁
4	A AUT	自动	24	EM	紧急
5	ACC	加速	25	F	快速
6	ADD	附加	26	FB	反馈
7	ADJ	可调	27	FW	正；向前
8	AUX	辅助	28	GN	绿
9	ASY	异步	29	H	高
10	B BRK	制动	30	IN	输入
11	BK	黑	31	INC	增
12	BL	蓝	32	IND	感应
13	BW	向后	33	L	左
14	C	控制	34	L	限制
15	CW	顺时针	35	L	低
16	CCW	逆时针	36	LA	闭锁
17	D	延时（延迟）	37	M	主
18	D	差动	38	M	中
19	D	数字	39	M	中间线
20	D	降低	40	M MAN	手动

（续）

序号	文字符号	名称	序号	文字符号	名称
41	N	中性线	57	S	信号
42	OFF	断开	58	ST	起动
43	ON	闭合	59	S SET	复位，定位
44	OUT	输出	60	SAT	饱和
45	P	压力	61	STE	步进
46	P	保护	62	STP	停止
47	PE	保护搭铁	63	SYN	同步
48	PEN	保护搭铁与中性线共用	64	T	温度
49	PU	不保护搭铁	65	T	时间
50	R	记录	66	TE	无噪声（防干扰）、搭铁
51	R	右	67	V	真空
52	R	反	68	V	速度
53	RD	红	69	V	电压
54	R RST	复位	70	WH	白
55	RES	备用	71	YE	黄
56	RUN	运转			

第3章

汽车电气系统的基本组成及故障诊断

一、汽车电气系统的基本组成

1. 汽车电源系统

汽车电源系统主要由蓄电池和发电机组成（图3-1）。

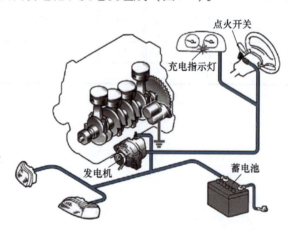

图3-1　汽车电源系统

（1）蓄电池

1）蓄电池的作用。

① 发动机起动时，向起动机和点火系统供电。

② 发动机低速运转时，向用电设备和发电机励磁绕组供电。

③ 发动机中、高速运转时，将发电机剩余电能转化为化学能储存起来。

④ 发电机过载时，协助发电机向用电设备供电。

⑤ 相当于一个大电容器，能吸收电路中出现的瞬时过电压，保护电子元件，保持汽车电气系统电压的稳定。

蓄电池的外形如图3-2所示。

2）蓄电池的结构。铅酸蓄电池主要由正（负）极板、隔板、电解液、外壳、蓄电池盖和极桩等组成（图 3-3）。

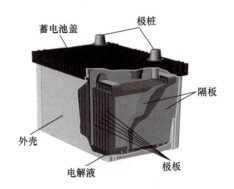

图 3-2　蓄电池外形 　　　　　　　　图 3-3　铅酸蓄电池的结构

① 极板。极板是蓄电池的核心部件，在蓄电池充、放电过程中，电能与化学能的转换就是通过正、负极板上的活性物质与电解液中的硫酸进行电化学反应来实现的。

② 隔板。为避免正、负二极板彼此接触而导致短路，正负极板间用绝缘的隔板隔开。

③ 电解液。电解液的作用是与极板上的活性物质发生电化学反应，进行电能和化学能的相互转换。

④ 外壳。蓄电池外壳用于盛放电解液和极板组。

⑤ 蓄电池盖。蓄电池盖用来封闭蓄电池，有硬质橡胶盖和聚丙烯塑料盖两种。

⑥ 极桩。蓄电池各单格电池串联后，两端的正负极桩穿出蓄电池盖，用于连接外电路。

3）蓄电池的工作原理。蓄电池在放电时，电解液中的硫酸逐渐减少，水逐渐增多，电解液密度减小（图 3-4）；蓄电池在充电时，电解液中的硫酸逐渐增多，而水逐渐减少，电解液密度增大（图 3-5）。

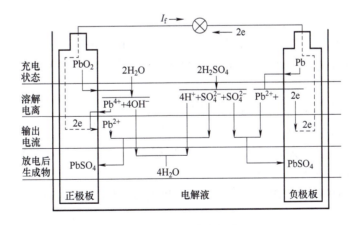

图 3-4　蓄电池的放电过程

在充放电时，电解液密度发生变化，主要是正极板的活性物质发生化学反应的结果，因此要求正极板处的电解液流动性好。

蓄电池放电终了时，极板上尚有 70% ~ 80% 的活性物质没有起作用。

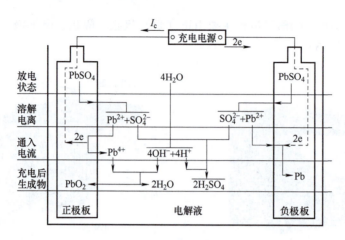

图 3-5　蓄电池的充电过程

（2）发电机

1）交流发电机的作用。交流发电机是汽车的主要电源之一，它与电压调节器互相配合工作，其主要任务是对除起动机以外的所有用电设备供电，并向汽车上的蓄电池充电。交流发电机的型号构成如图 3-6 所示。

图 3-6 中第一部分为产品代号。

图 3-6 中第二部分为电压等级代号。

图 3-6 中第三部分为电流等级代号。

图 3-6 中第四部分为设计序号。

图 3-6 中第五部分为变型代号。

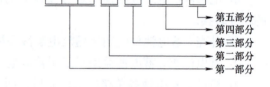

图 3-6　交流发电机的型号构成

2）交流发电机的分类

① 按总体结构划分可分为以下几类。

普通交流发电机。这种发电机既无特殊装置，也无特殊功能，使用时需要配装电压调节器。

整体式交流发电机。发电机和调节器制成一个整体的发电机。

带泵的交流发电机。例如发电机和汽车制动系统用真空助力泵安装在一起的发电机。

无刷交流发电机。不需要电刷的发电机。

永磁交流发电机。转子磁极为永磁体的发电机。

② 按输出电压划分可分为 14V 和 28V 两大类。

③ 按发电机的输出电流划分有很多种，主要有 25A、35A、55A、70A、75A、80A、90A、100A、110A、120A、140A、150A 等。

3）交流发电机的结构。汽车上的交流发电机大多采用三相同步交流发电机，其外形和结构如图 3-7 所示。

① 定子总成。定子总成用来产生和输出三相交流电，又叫电枢，主要由定子铁心和定子绕组组成，如图 3-8a 所示，图 3-8b 是定子绕组与整流和负载连接的示意图。

② 转子总成。转子的作用是用来产生磁场。它由两块爪（鸟嘴）形磁极、磁轭、励磁绕组、集电环及转子轴等组成，如图 3-9 所示。

图 3-7　三相同步交流发电机的外形和结构

1—前端盖　2—转子　3—定子绕组　4—定子铁心　5—后端盖
6—调节器盖　7—调节器护罩　8—集电环

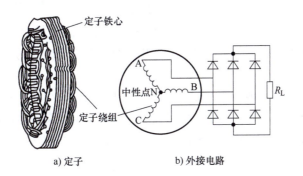

a) 定子　　　　　　b) 外接电路

图 3-8　定子及外接电路

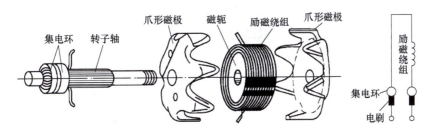

图 3-9　转子总成

③ 整流器。整流器的作用是将定子绕组输出的三相交流电，通过三相桥式整流变成直流电输出（图 3-10）。整流器由正整流板和负整流板组成。

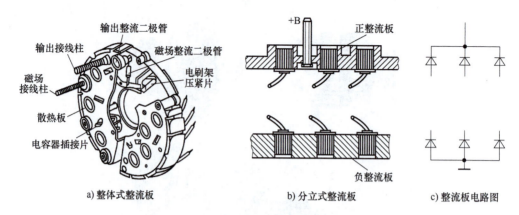

a) 整体式整流板　　　　　b) 分立式整流板　　　　c) 整流板电路图

图 3-10　整流器

④ 前后端盖。前后端盖是交流发电机的安装基础，用来固定定子、支承转子总成并封闭内部构造。

⑤ 电刷与电刷架。电刷的作用是通过集电环给励磁绕组提供电流（图 3-11）。

⑥ 带轮。发电机由发动机通过其前端安装的带轮带动。

4）交流发电机的工作原理。

① 工作原理。当外电路通过电刷使励磁绕组通电

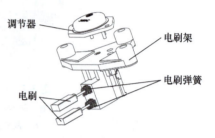

图 3-11　电刷与电刷架

时，便产生磁场，使爪形磁极被磁化为 N 极和 S 极。当转子旋转时，磁通交替地在定子绕组中变化，根据电磁感应原理可知，定子的三相绕组中会产生交变的感应电动势。这就是交流发电机的发电原理。

由原动机（即发动机）拖动直流励磁的同步发电机转子，以转速 n 旋转，三相定子绕组便感应交流电动势。定子绕组若接入用电负载，发电机就有交流电能输出，经过发电机内部的整流桥将交流电转换成直流电从输出端子输出，如图 3-12 所示。

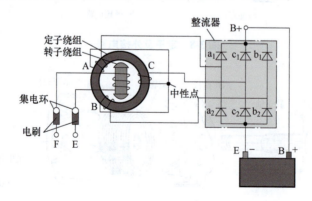

图 3-12　交流发电机工作原理

当点火开关闭合后，首先由蓄电池提供电流。电路电流流向为：

蓄电池正极→充电指示灯→调节器触点→励磁绕组→搭铁→蓄电池负极。此时，充电指

示灯由于有电流通过，所以会亮。

但发动机起动后，随着发电机转速提高，发电机的端电压也不断升高。当发电机的输出电压与蓄电池电压相等时，充电指示灯由于两端电位差为零而熄灭，指示发电机已经正常工作，励磁电流由发电机自己供给。发电机中三相绕组所产生的三相交流电动势经整流桥整流后，输出直流电，向负载供电，并在发电量过剩时向蓄电池充电。

② 励磁方式。除了永磁式交流发电机不需要励磁以外，其他形式的交流发电机都需要励磁，因为它们的磁场都是电磁场，必须给励磁绕组通电才会有磁场产生而发电，否则发电机将不能发电。将电流引入励磁绕组使之产生磁场称为励磁。交流发电机的励磁电路如图 3-13 所示，励磁方式有自励和他励两种。

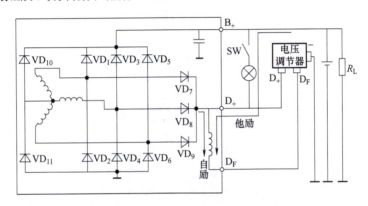

图 3-13　交流发电机的励磁电路

他励：在发电机转速较低时（发动机未达到怠速转速），自身不能发电，需要蓄电池供给发电机励磁绕组电流，使励磁绕组产生磁场来发电。这种由蓄电池供给磁场电流发电的方式称为他励发电。

自励：随着转速的提高（一般在发动机达到怠速时），发电机定子绕组的电动势逐渐升高并能使整流器二极管导通，当发电机的输出电压高于蓄电池电压时，发电机就能对外供电了。当发电机能对外供电时，就可以把自身产生的电能供给励磁绕组，这种自身供给磁场电流发电的方式称为自励发电。交流发电机励磁过程是先他励后自励。当发动机达到正常怠速转速时，发电机的输出电压一般高出蓄电池电压 1~2V 以便对蓄电池充电。不同汽车的励磁电路各不相同，但都有一个共同特点，就是励磁电路都必须由点火开关控制。

2. 起动系统

汽车起动系统由蓄电池、点火开关、起动继电器、起动机等组成（图 3-14）。起动系统的作用是通过起动机将蓄电池的电能转换成机械能，带动发动机运转、起动。

1）起动机的组成。起动机一般由直流电动机、传动机构、电磁开关等组成（图 3-15、图 3-16）。

直流电动机主要是产生电磁转矩。传动机构主要是起动时，使小齿轮与飞轮齿圈啮合，将起动机转矩传给发动机飞轮；起动后，使起动机脱开飞轮齿圈。电磁操纵机构主要是控制起动机的运转和传动机构的啮合与分离。

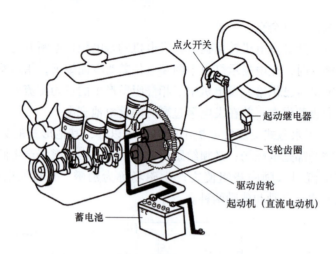

图 3-14　汽车起动系统的组成

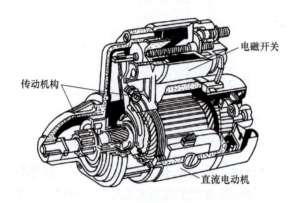

图 3-15　起动机的组成

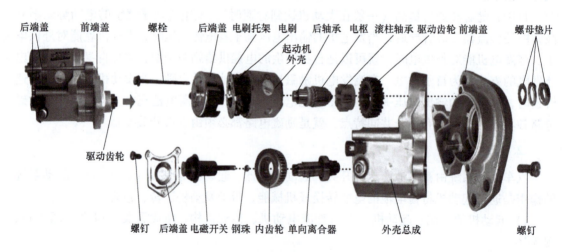

图 3-16　起动机分解图

2）起动机的分类。根据起动机的传动机构和控制装置的不同，起动机可以分为以下三种。

① 惯性啮合式起动机（基本不采用）。

② 强制啮合式起动机（基本不采用）。

③ 电磁啮合式起动机（应用于各种汽车）。

强制啮合式起动机又可以分为以下两种。

① 直接操纵式。

② 电磁操纵式。

3）串励式直流电动机的结构，如图 3-17 所示。

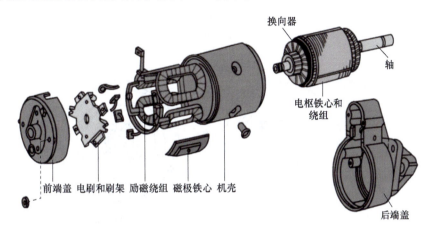

图 3-17　串励式直流电动机结构

① 电枢（转子）。电枢主要由电枢轴、电枢绕组、铁心和换向器组成（图 3-18）。它的作用是产生电磁转矩。电枢铁心由硅钢片叠压而成，内以花键固定在电枢轴上。铁心槽内嵌电枢绕组，为了获得较大的电磁转矩，流经电枢绕组的电流很大（一般汽油发动机为 200～600A，柴油发动机可达 1000A），因此，电枢绕组都用较粗的矩形截面裸铜线绕制。

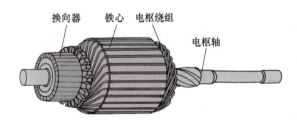

图 3-18　电枢（转子）

换向器的作用是将电流引入电枢绕组并使不同磁极下导线中的电流方向保持不变。换向器由平面呈燕尾形的铜片（换向片）围合而成。换向片与换向片之间以及换向片与轴之间用云母片绝缘。

② 磁极。磁极的作用是建立电动机的磁场。它由外壳、磁极铁心、励磁绕组等部分组成。外壳内壁装有 4 个磁极（有些是 2 个磁极），在其上装有励磁绕组，相对的是同极，相邻的是异极。励磁绕组用扁而粗的铜线（或小截面铜线并联的方法）绕成。励磁绕组采用串联或并联，一端与外壳上的绝缘接柱（即磁场接柱）相连，另一端与正电刷相连，如图 3-19所示。

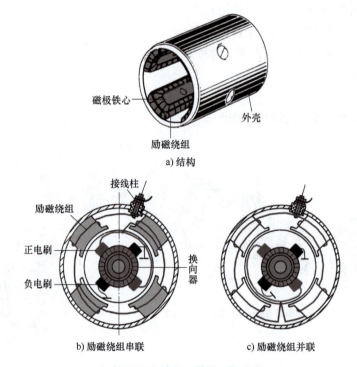

a) 结构

b) 励磁绕组串联　　　　　c) 励磁绕组并联

图3-19　磁极及励磁绕组的联结方式

③ 电刷组件。电刷组件由电刷、电刷架和电刷弹簧组成。电刷用铜粉和碳粉（或石墨）混合后压制而成（图3-20）。一般有4组，相对的两组电刷为同极。两组负电刷搭铁，两组正电刷接励磁绕组，它们在电刷弹簧的作用下紧密地与换向片接触。

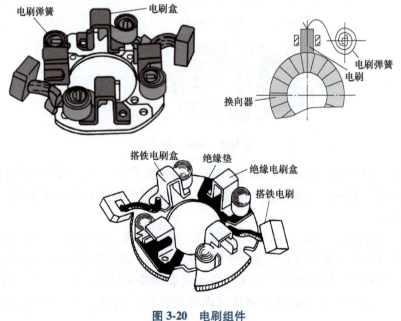

图3-20　电刷组件

④ 直流电动机的工作原理。将通电导线放入磁场中，导线会在磁场力的作用下做有规律的运动（其运动方向可以用电动机左手定则来判断），这是直流电动机能够转动的基本道理。

一个线圈的电动机，虽能旋转，但转动力量小，转速也不稳定，而且在某些位置时不能转动。所以，实际使用的电动机都是由较多的线圈配上相应换向片构成的，同时采用多对电磁铁来产生较强的磁场。但它们工作原理还是一样的。

直流电动机线圈初态，如图 3-21 所示。

受力分析：由左手定则得 *ab* 受力向上，*cd* 受力向下。这两个力不是平衡力。

运动分析：在这两个力作用下，线圈做顺时针转动。

线圈到了 90°，如图 3-22 所示。

受力分析：此时换向片与电刷没接触，线圈不受力。

运动分析：由于惯性，线圈将继续转动。

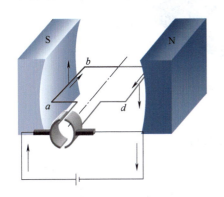

图 3-21　直流电动机线圈初态

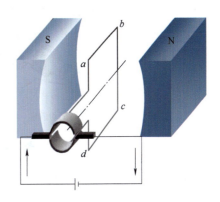

图 3-22　线圈到了 90°

线圈绕过了 90°后，如图 3-23 所示。

换向器：线圈转过 90°后，换向器换向，线圈上电流发生变化。

受力分析：线圈转过 90°后 *ab* 受力向下，*cd* 受力向上。

运动分析：线圈继续顺时针转动。

线圈到了 270°，如图 3-24 所示。

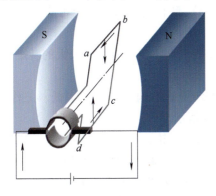

图 3-23　线圈绕过了 90°后

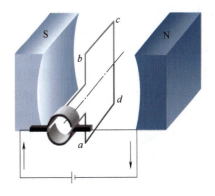

图 3-24　线圈到了 270°

受力分析：线圈转到270°时，换向片又和电刷没接触，线圈不受力。

运动分析：由于惯性线圈继续转动。

换向器：此时，换向器又换向，电流方向也变化，线圈仍继续顺时针转动。

4）传动装置（啮合机构——离合器）的结构如图3-25所示。离合器有多种形式，通常汽车起动机普遍采用超越式离合器［当离合器的动力输出部分（内环或外环）转速比动力源（内环或外环）还快时，离合器处于分离状态，此时内外环间没有任何联动关系］。

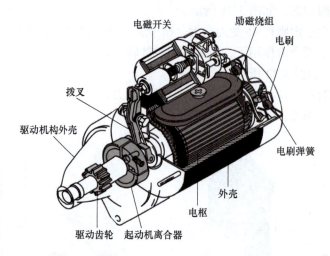

图 3-25　传动装置结构

① 离合器的作用。在起动发动机时，将起动机产生的动力传给飞轮，以带动发动机起动。当发动机起动后，迅速将发动机与起动机间的动力切断，避免起动机超速旋转而损坏。

② 离合器的工作情况。发动机起动时，使起动机的驱动齿轮和发动机飞轮齿环啮合，将电动机的转矩传给飞轮；发动机起动后，其转速大于起动机，起动机上的超越式离合器反向打滑，自动切断动力传递，防止起动机被发动机带动，超速旋转而被破坏。断开点火起动机控制开关，起动机的驱动齿轮和发动机飞轮齿环脱开。

③ 离合器的类型如下。

滚柱式单向离合器：滚柱式单向离合器（图3-26）具有结构简单、能可靠地传递中小转矩等优点，因而在汽油发动机中被广泛应用。

摩擦片式单向离合器：摩擦片式单向离合器的结构复杂，但它能传递较大的转矩，工作十分可靠，因此在柴油发动机上得到应用。

扭簧式单向离合器：扭簧式（弹簧式）单向离合器的结构简单、成本低、工作可靠，因而在柴油发动机中被广泛应用，如图3-27、图3-28所示。

5）减速齿轮。减速齿轮将电动机的旋转力传输到小齿轮，并且通过减慢电动机转速来增加转矩。减速齿轮以1/4~1/3的减速比来降低电动机的转速，如图3-29所示。

6）控制装置（电磁开关）。控制装置的作用是控制驱动齿轮和飞轮的啮合与分离，如图3-30所示。电磁开关主要由电动机开关和磁力线圈组成。磁力线圈的作用是用电磁力来操纵啮合器和电动机开关工作。

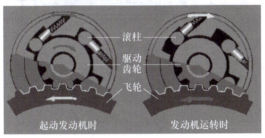

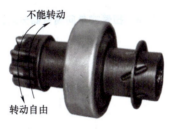

图 3-26　滚柱式单向离合器

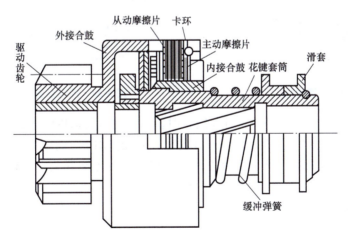

图 3-27　扭簧式单向离合器剖视图

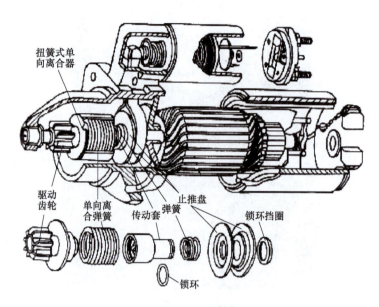

图 3-28　扭簧式单向离合器分解图

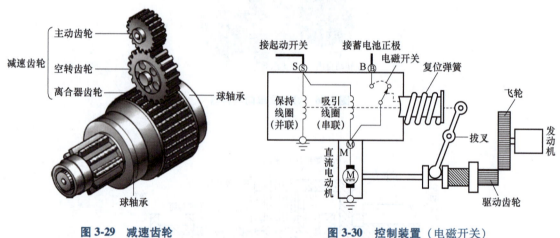

图 3-29　减速齿轮　　　　　　**图 3-30　控制装置**（电磁开关）

　　7）起动机的工作原理。当点火开关闭合时，蓄电池为起动机供电，接触片接通。直流电动机中有电流通过，磁极产生磁场，转子部分在磁场作用下，将电能转变为机械能，即产生电磁转矩。拨叉推动驱动齿轮与发动机的飞轮啮合。当电磁开关中电磁吸力相互抵消时，接触片断开，电动机电路断开，如图 3-31 所示。

3. 点火系统

（1）点火系统的分类

　　汽油机点火系统主要有：传统点火系统（图 3-32）和计算机控制的点火系统（图 3-33）两大类型。

　　传统点火系统又可分为磁电机点火系统和蓄电池点火系统。

　　磁电机点火系统：电能是由磁电机本身提供的，其结构复杂，低速时点火性能差，一般只用于无蓄电池的机动车上。

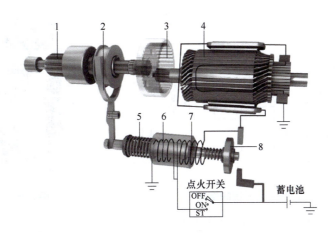

图 3-31　起动机的工作原理

1—驱动齿轮　2—拨叉　3—内啮合减速齿轮　4—电枢
5—回位弹簧　6—保持线圈　7—吸引线圈　8—接触片

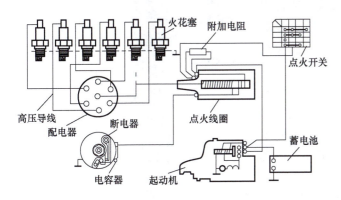

图 3-32　传统点火系统

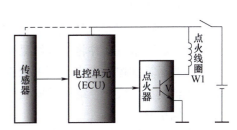

图 3-33　计算机控制的点火系统

蓄电池点火系统：又称有触点点火系统，其结构简单、工作可靠，在汽车上得到广泛应用。蓄电池点火系统按采用的电子控制元件可分为电子点火系统和微机控制点火系统。传统的点火系统是汽车上的蓄电池或发电机向点火系统提供电能，机械触点控制点火时刻，点火时刻的调节采用机械式自动调节机构，储能方式为电感储能。

由于电子技术在汽车上的广泛应用，点火系统也有了突破性的进步，现在轿车上常用的电子点火系统主要是微机控制点火系统。

（2）微机控制点火系统

1）微机控制点火系统的组成。微机控制的点火系统主要由传感器、电子控制单元（ECU）、执行器（点火器、点火线圈、火花塞等）组成（图3-34）。

① 电子控制单元（ECU）。电子控制单元是点火控制系统的中枢，它的作用是接收上述各有关传感器信号，并按照特定的程序进行判断、运算后，给点火电子组件输出最佳点火提前角和初级电路导通时间的控制信号（图3-35）。在现代发动机集中控制系统中，点火系统仅是集中控制系统的一个子系统。

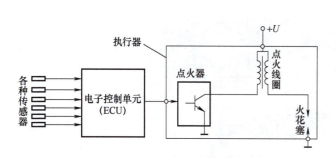

图 3-34　微机控制点火系统的组成

图 3-35　电子控制单元

② 点火线圈。点火线圈是将低压电变为高压电的主要部件，是汽车点火系的高压电源（图 3-36）。与微机控制电子点火系统所匹配的点火线圈为专用高能点火线圈，一般采用闭磁路，能量损失小，对外电磁干扰小。初级线圈用较粗的漆包线，通常用直径 0.5~1mm 的漆包线绕 200~500 匝；次级线圈用较细的漆包线，通常用直径 0.1mm 左右的漆包线绕 15000~25000 匝。

③ 传感器。传感器不断地检测与点火有关的发动机工作状况信息，并将检测结果输入电子控制单元，作为运算和控制点火时刻的依据。各车型使用的传感器类型、数量、结构及安装位置不同，但其作用大同小异。

④ 点火器。对于常用的旋转式点火器，1 号接线柱为电源火线；2 号接线柱接点火系统；3 号接线柱接辅助电器；4 号接线柱为接起动电路（表 3-1）。

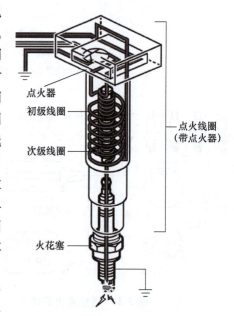

图 3-36　点火线圈

表 3-1　点火器连接

接线柱	挡位			
	1	2	3	4
0	○			
Ⅰ	●———●———●			
Ⅱ	●———●————————●			

点火器在 0 挡时：1 接线柱和其他接线柱断开；Ⅰ挡是发动机正常工作位置，1 接线柱和 2、3 接线柱接通，为点火电路、辅助电器等提供电源；Ⅱ挡为起动位置，1 接线柱和 2、4 接线柱接通，为点火电路、起动电路等提供电源。

⑤ 火花塞。火花塞的工作条件极其恶劣，它要受到高压、高温以及燃烧产物的强烈腐蚀。因此要求火花塞必须具有足够的机械强度、能够承受冲击性高压电的作用、能承受剧烈的温度变化且具有良好的热特性，并要求火花塞的材料能抵抗燃气的腐蚀（图 3-37）。

2）微机控制点火系统的作用与分类。微机控制点火系统的功能主要包括点火提前角控制、通电时间控制及爆燃控制三个方面。

微机控制的点火系统按有无分电器分，可分为有分电器的微机控制点火系统和无分电器的微机控制点火系统两大类。目前广泛应用无分电器的微机控制点火系统；按微机控制的方式分，可分为开环控制和闭环控制两种。

开环控制是指微机检测发动机各种工作状态信息，并根据这些信息从内部存储器中调出相应的点火提前角（这一点火提前角是综合考虑到经济性、动力性、排放等要求，并经过大量的试验优化的结果），然后输出控制信号对点火时刻进行控制。这种控制方式对控制结果不予以反馈。

闭环控制是指微机以一定的点火提前角控制发动机工作的同时，还不断地检测发动机的有关工作状态，然后将检测到的有关信息反馈给电子控制单元（ECU），电子控制单元根据需要对点火提前角进行修正，如图 3-38 所示。闭环控制的反馈信号可以有多种，如爆燃信号、转速信号、气缸压力信号等。目前广泛采用的是通过检测爆燃传感器的爆燃信号，来判断点火时刻的早晚，进而实现点火提前角的最佳控制。

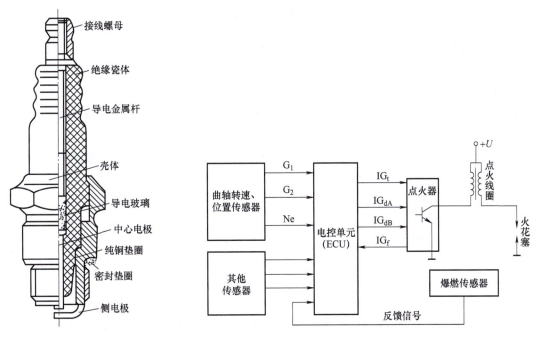

图 3-37　火花塞的结构　　　　图 3-38　微机控制点火系统的信号反馈

3）微机控制点火系统的工作原理。无分电器的微机控制点火系统又称直接点火系统或全电子化点火系统。它的主要特点是：用电子控制装置取代了分电器，利用电子分火控制技术将点火线圈产生的高压电直接送给火花塞进行点火，点火线圈的数量比有分电器微机控制点火系统多。根据点火线圈的数量和高压电分配方式的不同，无分电器的微机控制点火系统又可分为独立点火方式、分组点火方式和二极管配电点火方式三种类型。

① 独立点火的微机控制点火系统。它的特点是各缸均有一个点火线圈，即点火线圈的数量与气缸数相等（图 3-39）。

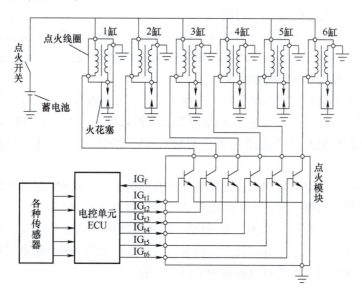

图 3-39　独立点火的微机控制点火系统

由于每缸都有各自独立的点火线圈，所以即使发动机的转速很高，点火线圈也有较长的通电时间（闭合角大），可提供足够高的点火能量。与有分电器微机控制点火系统相比，在发动机转速和点火能量相同的情况下，单位时间内通过点火线圈初级电路的电流要小得多，点火线圈不易发热，且点火线圈的体积又可以非常小巧，一般直接将点火线圈压装在火花塞上。

独立点火的微机控制点火系统工作时，电控单元（ECU）根据各种传感器的信号综合计算最后确定各缸点火提前角的精确时刻，向点火模块发出指令 IG_{t1}、IG_{t2}、…、IG_{t6}，由点火模块直接控制各缸点火线圈初级电路的搭铁，并产生次级高压直接传给火花塞。与此同时，点火模块向电控单元 ECU 反馈 IG_f 信号。

② 分组点火的微机控制点火系统。在设计上将两个活塞同时到达上止点位置的气缸（一个为压缩行程的上止点，另一个为排气行程的上止点）分为一组，共用一个点火线圈。系统中点火线圈的总数量等于气缸数的一半。

与独立点火的微机控制点火系统相比，电控单元（ECU）只给点火器提供了一种 IG_t 信号，但多了 $IGdA$ 和 $IGdB$ 辅助判缸信号。这是因为 IG 信号只指令点火器执行点火，但到底该哪一组共用的点火线圈点火，还需 $IGdA$ 和 $IGdB$ 辅助判断。IG_t、$IGdA$、$IGdB$ 三种信号共同控制点火器的工作过程，如图 3-40 所示。

当 IG_t 信号为高电位时，根据的控制情况，使相应缸点火的初级电路接通，当 IG_t 信号为低电位时，切断被接通的初级电路，在相应点火线圈的次级绕组产生高压，点燃可燃混合气使发动机做功。

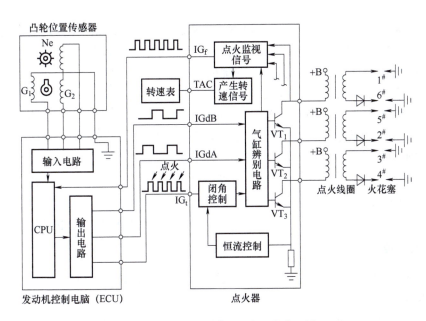

图 3-40　分组点火的微机控制点火系统

例如，在图 3-41 中，当第一个 IG_t 信号为高电位时，此时的 IGdA 和 IGdB 均为"0"，此时 2、5 缸的初级电路被接通，当第一个 IG_t 信号变为低电位时，2、5 缸点火线圈的初级电路被切断，在 2、5 缸点火线圈的次级绕组产生高压，经火花塞跳火，使 2、5 缸点火。

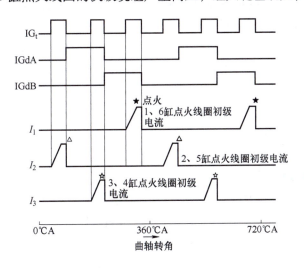

图 3-41　分组点火的微机控制过程

与独立点火方式相比，采用分组点火方式的微机控制点火系统，其结构和控制电路较简单，所以应用也比较多。但由于保留了点火线圈与火花塞之间的高压线，能量损失略大。此外，串联在高压回路的二极管，可用来防止点火线圈初级电路导通的瞬间所产生的二次电压（约 1000~2000V），加在火花塞上后发生误点火。

③ 二极管配电点火方式。二极管配电点火方式的微机控制点火系统如图 3-42 所示，它主要是针对 4 或 4 的整数倍气缸发动机而设计的点火系统。它的特点是：四个气缸共用一个

点火线圈，点火线圈为内装两个次级绕组 N_1 和 N_2、一个次级绕组 N_3 两端输出的特制点火线圈，利用四个二极管的单向导电性交完成对1、4缸和2、3缸配电过程。

二极管配电点火方式微机控制点火系统的工作过程，与分组点火的微机控制过程基本相似，工作时，VT_1 控制初级电路 N_1 的通断，VT_2 控制初级电路 N_2 的通断，在次级绕组 N_3 中产生方向相反的次级高压，分别构成了"$N_3{\to}VD_1{\to}$火花塞1{\to}火花塞4${\to}VD_4{\to}N_3$"和"$N_3{\to}VD_3{\to}$火花塞3{\to}火花塞2${\to}VD_2{\to}N_3$"两条通路。从而实现1、4缸和2、3缸的交替点火控制。

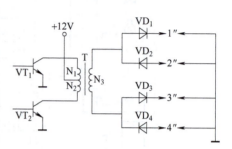

图 3-42 二极管配电点火方式

4. 发动机控制系统

发动机控制系统主要由传感器、电子控制单元 ECU 和执行器组成。

（1）传感器

传感器是检测发动机工作状态的信息元件。传感器将发动机工作状态提供给 ECU。ECU 经过逻辑运算和判断，才能知道发动机是处于怠速、加速还是减速，混合气是浓还是稀等。

1）温度传感器。电控系统中，进气温度和发动机冷却液温度是对喷油量进行控制和修正的两个温度参数。进气温度传感器是检测发动机吸入空气的温度。为此，进气温度传感器一般与进气流量测量装置安装在同一处（图3-43）。

冷却液温度传感器感知发动机冷却液温度的变化，用以确定发动机的运行状态，控制冷起动喷油器的工作和暖机加浓，以及对喷油量的修正（图3-44）。

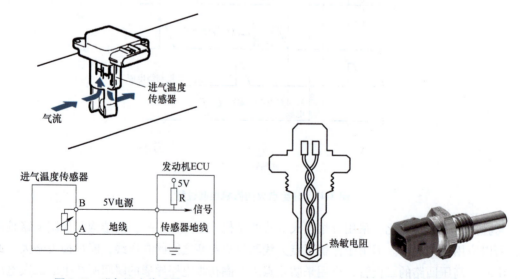

图 3-43 进气温度传感器　　　　　　**图 3-44 冷却液温度传感器**

进气温度传感器和冷却液温度传感器都采用热敏电阻式温度传感器，其温度范围相近，测量原理相同。

热敏电阻式温度传感器的测量电路比较简单，只要把传感器与一个精密电阻串联接到一个稳定的电源上，就能够用串联电阻的分压输出反映温度的变化

2）曲轴位置传感器。曲轴位置传感器亦称点火信号发生器，除用于点火正时控制外，还是检测发动机转速的信号源。曲轴位置传感器可分为磁脉冲式、霍尔式、光电式等，可安装在曲轴飞轮上（图 3-45）或分电器内（图 3-46）。

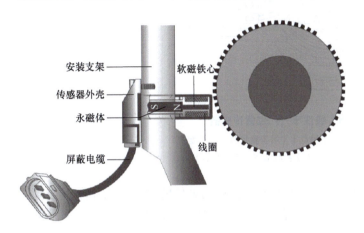

图 3-45　飞轮上的曲轴位置传感器

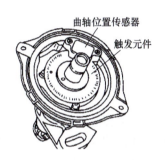

图 3-46　分电器内的曲轴位置传感器

3）节气门位置传感器。节气门位置传感器是把节气门的开度转化成电量，再传给 ECU，ECU 根据节气门开度值判定发动机当前的运行工况。根据系统控制精度的要求不同，节气门位置传感器有两种不同的类型。

一种是输出值为开关量的简单开关式传感器，这种传感器由一个可动触点和两个固定触点：功率触点和怠速触点构成。可动触点可沿导向凸轮沟槽移动，导向凸轮由固定在节气门轴上的控制杆驱动。当发动机怠速工作时传感器可动触点与怠速触点接触，怠速工况信号线输出为高电平，当发动机节气门开度大于 50% 时，另一对功率触点闭合，功率信号线输出为高电平；当发动机节气门开度在怠速和 50% 之间时，活动触点处于两个触点间，传感器输出均为低电平，如图 3-47 所示。

另一种为线性节气门位置传感器（图 3-48）。这种传感器有两个与节气门轴同轴的触点，一个触点可在基板上滑动，并与基板形成一个电位器，它将节气门开度值转化为电压值。另一个专门用于确定节气门全关位置，提供怠速信号，也称为怠速测量触点。

4）车速传感器。车速传感器可将车速信号转化为电信号送往 ECU，ECU 根据此信号的大小可以计算出汽车的行驶速度和加速度，并由此判定汽车的运行工况。此信号可作为发动机怠速工况、加速工况和减速滑行工况空燃比控制的依据。

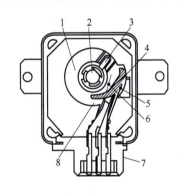

图 3-47　简单开关式节气门位置传感器
1—导向凸轮　2—节气门轴　3—控制杆
4—活动触点　5—怠速触点 IDL
6—功率触点 PSW　7—连接装置
8—导向凸轮槽

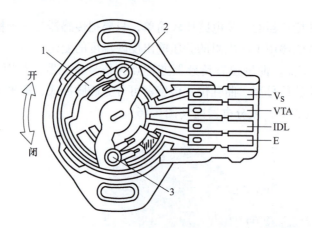

图 3-48　线性节气门位置传感器

1—电阻体　2—滑动触点 1（用于测量节气门开度值）
3—滑动触点 2（用于检测节气门全关位置）

5）氧传感器。为了使装有三元催化转化器的发动机达到最佳的排气净化性能，必须把混合气的空燃比保持在理论空燃比附近很窄的范围内，因此在这样的系统中，氧传感器成为必备的装置。氧传感器的结构如图 3-49 所示。

氧传感器的作用是检测排气中氧的浓度并转化为电信号反馈给 ECU，由 ECU 根据废气中的含氧量，对喷油量进行修正。

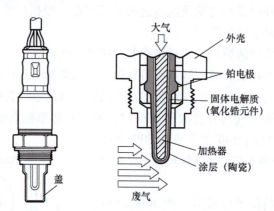

图 3-49　氧传感器的结构

6）空燃比传感器。空燃比传感器的结构与氧传感器相似，空燃比传感器采用了二氧化锆固体电解质来测定排放气体中的氧浓度，用以检测空燃比。这种传感器的特点是在超稀薄燃烧区域进行空燃比反馈控制，与氧化催化剂并用，目的是节省燃油。这种传感器结构虽然与氧化锆型氧传感器相似，但是外侧电极和内侧电极之间施加了一定的电压。此时，电极内外侧表面的氧离子浓度差会使氧化锆内的氧离子流动，所以可把它作为电流进行检测。在稀混合气范围内，燃烧废气中的氧浓度与空燃比有关。所以，根据传感器中的电流值，可检测空燃比。另外，为了将检测元件的温度保持在一定值，在传感器内还安装了陶瓷加热器。

7）爆燃传感器。爆燃传感器用于检测发动机有无爆燃发生，据此实现发动机点火时刻的闭环控制，这样可以有效地抑制发动机爆燃现象的发生。此外，由于闭环控制系统可将发动机的燃烧过程控制在轻微爆燃状态，故能有效地提高发动机的工作性能。爆燃传感器是点火闭环控制系统中不可缺少的元件，如图3-50所示。

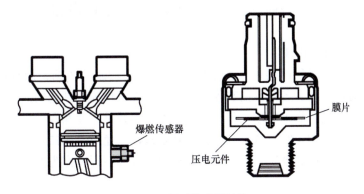

图3-50 爆燃传感器结构

（2）电子控制单元（ECU）

ECU是电控汽油喷射系统的核心，内装有微型计算机。发动机工作状态通过传感器反映给ECU。在ECU内存储了喷射持续时间、点火时刻、转速和故障诊断等数据。这些存储的数据与发动机工况以及计算机程序相匹配。ECU利用这些数据和来自发动机上各种传感器的信号，经过逻辑运算，又输出控制信号给执行器，通过执行器控制发动机工作状态。

在ECU的金属外壳里面安装着一块印制电路板。板上集成着数字电路元件和喷油、点火和油泵的驱动模块，喷油和点火驱动模块的功率放大元件为了散热而安装在专门的冷却套内或散热片上。

ECU外壳上设有专门的插座。根据ECU的功能，引脚数可多达近百个。用相应的插头可将ECU同蓄电池、传感器、执行器和故障诊断仪相连接。ECU内设有辅助电路，以实现接错极性保护和短路保护。

电子控制单元的硬件分成输入极、微型计算机和输出极三部分。随着芯片集成度的提高，现代ECU中的微处理器、存储器、时钟发生器、定时器、输入输出（I/O）接口和输入极中的模/数（A/D）转换器等，均已集成于一块大规模集成电路芯片中，称为单片机，具有计算机的全部功能。

（3）执行器

执行器是由ECU控制并专门执行某种控制功能的装置。

发动机控制系统以电子控制单元（ECU）为控制核心，以空气流量和发动机转速为控制依据，以喷油器、怠速等为控制核心。作为控制对象，以保证获得与发动机各种工况相匹配的最佳混合气空燃比和点火时刻。

5. 自动变速器控制系统

自动变速器控制系统由各种控制阀板总成、电磁阀、控制开关、控制电路等组成，电子控制自动变速器的控制系统还包括各种传感器、执行器、计算机等。

控制系统的主要任务是控制油泵的泵油压力，使之符合自动变速器各系统的工作需要。根据操纵手柄的位置和汽车行驶状态实现自动换挡；控制变矩器中自动变速器油的循环和冷却，以及控制变矩器中锁止离合器的工作。控制系统的工作介质是通过油泵运转进行循环的自动变速器油。自动变速器油进入控制系统后被分成两个部分：一部分用于控制系统本身的工作，另一部分则在控制系统的控制下，送至变矩器或指定的换挡执行元件，用于操纵变矩器及换挡执行元件的工作。

（1）自动换挡控制的原理

为实现自动换挡，必须以某种（或某些）参数作为控制的依据，而且这种参数应能用来描述车辆对动力传动装置各项性能和使用的要求，能够作为合理选挡的依据，同时在结构上易于实现，便于准确可靠地获取。目前常用的控制参数是车速和发动机节气门开度。

至目前为止，常用的控制系统有两种：一种是只以车速或变速器输出轴转速作为控制参数的系统，称为单参数控制系统；另一种是以车速和节气门开度作为控制参数的系统，称为双参数控制系统。

（2）自动换挡控制信号及装置

车速和节气门开度的变化要转变成自动变速器油压力变化的控制信号，输入到相应的控制系统，改变液压控制系统的工作状态，并通过各自的控制执行机构来进行各种控制，从而实现自动换挡。获取控制信号的装置，称为信号发生器或传感器。常用的控制信号有液压信号和电气信号。

1）液压信号装置。液压信号装置是将发动机负荷（节气门开度）和车速的变化转变成液压信号的装置。常见的液压信号装置有节气门调压阀（简称节气门阀）和速度调压阀（简称速度阀或调速阀）两种。

2）电气信号装置。它将控制参数的变化转换成电气信号（通常是电压的变化或频率的变化），经调制后再输入控制器；或将电气信号输入计算机，计算机根据各种信号输入，作出是否需要换挡的决定，并给换挡控制系统发出换挡指令。在计算机控制的自动变速器上，传送节气门开度信号的是节气门位置传感器，传送车速变化信号的是速度传感器。

（3）自动换挡控制装置的结构与工作原理

自动换挡控制装置主要用来按照换挡规律的要求，随着控制参数的变化，自动地选择最佳换挡点，发出换挡信号，换挡信号操纵换挡执行机构，完成挡位的自动变换。自动换挡控制系统的功能是由选挡阀（手动阀）、换挡控制阀、换挡品质控制阀等主要液压元件来实现的。

选挡阀又称手动阀，它是一种手工控制的多路换向阀，位于控制系统的阀板总成中，经机械传动机构和自动变速器的操纵手柄相连，由驾驶员手工操作。

换挡控制阀（简称换挡阀）是一种由液压控制的2位换向阀，就如同一个液压开关，它根据发动机负荷（节气门开度）或汽车速度的变化，自动控制挡位的升降，使自动变速器处于最适合汽车行驶状态的挡位上。

（4）换挡品质控制装置的结构与工作原理

换挡品质是指换挡过程的平顺性，即换挡过程能平稳而无颠簸、无冲击地进行。换挡品质控制是自动换挡液压控制系统中的基本组成部分之一。

对换挡过程的具体要求有两个：一是换挡过程应尽量迅速地完成，以减少由于换挡时间过长而使摩擦元件的磨损增加，并且减少因换挡期间输入功率低或功率中断而引起的速度损失；二是换挡过程应尽量缓慢平稳过渡，以使车速过渡圆滑，没有过高的瞬时加速度或瞬时减速度，避免颠簸和冲击，以提高乘坐舒适性，减小传动系的冲击载荷，延长机件寿命。

以上两个要求是互相矛盾的。换挡过程快，就会不可避免地产生较大的冲击和动载荷，换挡过程的平稳性就不好。而如果为了提高换挡过程的平稳性而延长过渡时间，则摩擦元件的滑转时间延长，累计滑摩功增加，导致摩擦元件温度升高、磨损增加。所以，在一般情况下，根据经验，最小滑摩时间在 0.4~15s 较为合适，在此前提下再设法提高换挡过程的平稳性。

换挡过程品质控制的实质就是限制发生过于剧烈的转矩扰动，改善换挡质量。

1）自动变速器执行机构的缓冲控制。缓冲控制可从换挡执行机构本身结构着手，如采用单向离合器代替摩擦元件，采用分阶段作用的液压缸活塞，或采用带缓冲垫的伺服液压缸。当采用可闭锁的液力变矩器时，在换挡过程中可通过断流解锁阀使它解锁成液力工况。

缓冲控制也可从换挡执行机构外部进行，如在液压控制系统内采用蓄能器、缓冲阀、限流阀、节流阀以及节流孔等。

2）自动变速器执行机构的定时控制。换挡过程实际上是摩擦元件的摩擦力交替的过程，在常见的摩擦式离合器-离合器或离合器-制动器换挡中，若摩擦力矩替换过程的定时不当，将会引起输出转矩的急剧变动。

两个离合器之间或离合器与制动器之间摩擦力矩的替换，总会有或多或少的中断间隔或重叠。重叠不足或重叠过多，都会产生不应有的换挡冲击。

重叠不足是指待分离的离合器过快地泄油分离，待接合的离合器未能建立足够的油压，因而出现两个离合器传递转矩间断的现象。在这个重叠不足的时间内，输出转矩先是下降过多，随后又急剧上升，形成较大的转矩扰动。与此同时，发动机转速也得不到平稳过渡，先是因负荷减小而增速，后又因负荷急剧增大而降速。

重叠过多是指在待结合的离合器已经能够传递很大的转矩时，应分离的离合器还没有很好地泄油分离，因而出现两个执行机构同时工作的情况。在一个短暂时间内，两个挡位重叠工作，使发动机和输出轴都受到制动作用，因而输出轴有很大的转矩扰动。随后又因应分离的离合器分离，使变速器输出轴的转矩又急剧升高。重叠过多的转矩扰动比重叠不足时更严重。同时发动机的转速先是急降，后又回升，表现出不稳的情况。重叠过多的升挡过程最不平稳。

所以，要对两个交替换挡的执行元件的泄油充油过程进行控制，以得到最满意的交替衔接，这就是定时控制。定时控制的元件有定时阀、缓冲定时阀、干预换挡定时阀等。

（5）变矩器控制装置的结构与工作原理

变矩器控制装置的作用有两个：一是为变矩器提供具有一定压力的自动变速器油，同时将变矩器内受热后的自动变速器油送至散热器冷却，并让一部分冷却后的自动变速器油流回到齿轮变速器，对齿轮变速器中的轴承和齿轮进行润滑；二是控制变矩器中锁止离合器（如果有的话）的工作。

变矩器控制装置由变矩器压力调节阀、泄压阀、回油阀、锁止信号阀、锁止继动阀和相应的油路组成。

6. 汽车制动控制系统

汽车制动控制系统主要包括汽车防抱死制动装置（ABS）、汽车防滑转系统（ASR）、电子稳定程序（ESP）、电子制动力分配（EBD）等，目的是使汽车在各种操控及路面条件下都能得到最佳的控制和行驶稳定性。

（1）汽车防抱死制动装置

ABS（Antilock Brake System）的全称是电子控制汽车防抱死制动装置，简称为防抱死制动系统。它的作用是使汽车在制动时，防止车轮抱死在路面上滑拖（车轮与路面间产生滑移），以提高汽车制动过程中的方向稳定性、转向控制能力，缩短制动距离，使汽车制动更为安全、有效。

1）ABS 的基本功能。ABS 的功能是在车轮将要抱死时，降低制动力，而当车轮不会抱死时又增加制动力，如此反复动作，使制动效果最佳。

ABS 是一种具有防滑、防抱死等优点的安全制动控制系统。没有安装 ABS 系统的汽车，在遇到紧急情况时，来不及分步缓慢制动，只能一脚踩死。这时车轮容易抱死，加之车辆行驶惯性，便可能发生侧滑、跑偏、方向不受控制等危险状况。而装有 ABS 的汽车，当车轮即将到达下一个抱死点时，制动器在 1s 内可作用 60~120 次，相当于不停地制动、放松，即类似于机械式"点刹"。因此，可以避免在紧急制动时方向失控及车轮侧滑，使车轮在制动时不被抱死；轮胎不在一个点上与地面摩擦，从而加大摩擦力，使制动效率达到 90% 以上。

2）ABS 的组成如下。

① 传感器。ABS 的传感器是感受汽车运动参数（车轮转速）的元件，用来感受 ABS 控制所需的基本信号。通常，ABS 中所使用的传感器主要包含以传送车轮转速信号为目的的轮速传感器，还有以感受车身加速度为目的的加速度传感器。

轮速传感器有电磁感应式与霍尔式两大类。前者利用电磁感应原理，将车轮转动的位移信号转化为电压信号，由随车轮旋转的齿盘和固定的感应元件组成。此类传感器的不足之处在于，传感器输出信号幅值随转速而变，低速时检测难，频率响应低，高速时易产生误信号，抗干扰能力差，如图 3-51 所示。

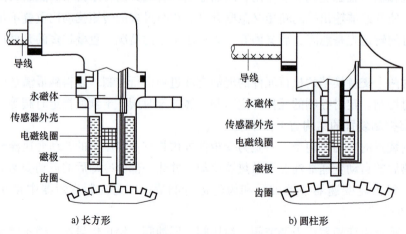

a) 长方形 b) 圆柱形

图 3-51 电磁感应式轮速传感器

霍尔式轮速传感器可以将带隔板的转子置于永磁体和霍尔集成电路之间的空气间隙中。霍尔集成电路由一个带封闭的电子开关放大器的霍尔元件层构成，当隔板切断磁场与霍尔集成电路之间的通路时，无霍尔电压产生，霍尔集成电路的信号电流中断；若隔板离开空气间隙，磁场产生与霍尔集成电路的联系，则电路中出现信号电流。

当齿轮位于图 3-52a 所示位置时，穿过霍尔元件的磁力线分散，磁场相对较弱；而当齿轮位于图 3-52b 所示位置时，穿过霍尔元件的磁力线集中，磁场相对较强。齿轮转动时，使得穿过霍尔元件的磁力线密度发生变化，因而引起霍尔电压的变化，霍尔元件将输出一个毫伏（mV）级的准正弦波电压。此信号还需由电子电路转换成标准的脉冲电压。

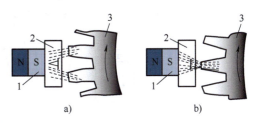

图 3-52　霍尔式轮速传感器
1—永磁体　2—霍尔元件　3—齿圈

霍尔式轮速传感器具有以下优点：一是输出信号电压幅值不受转速的影响；二是频率响应高。它的响应频率高达 20kHz，相当于车速为 1000km/h 时所检测的信号频率；三是抗电磁干扰能力强。因此，霍尔式传感器不仅广泛应用于 ABS 中的轮速检测，也广泛应用于其他控制系统中的转速检测。

② 制动压力调节装置（压力调节器）。ABS 系统控制车轮滑移率的执行机构是系统压力调节装置，ECU 根据轮速传感器发出的信号，由计算机判断确定车轮的运动状态，向驱动压力调节装置的电磁阀线圈发出指令，通过电磁阀的动作来实现对制动轮缸的保压、减压和增压控制。压力调节装置的电磁阀以很高的频率工作，以确保在短时间内有效地对车轮滑动率实施控制。

液压式制动系统主要由供能装置（制动泵、储液器等）、电磁阀和调压缸等组成。从布置方式上看，有将压力调节装置独立于制动主缸、助力器的分离式布置形式，它具有布置灵活、成本低但管路复杂的特点。也有将压力调节装置以螺栓与主缸和助力器相连的组合式布置形式，它具有结构较紧凑、成本较低的优点。还有将压力调节装置与主缸和助力器制成一体的整体式布置方式，它的结构更加紧凑、管路少、更加安全可靠。

通常，制动压力调节器串联在制动主缸与轮缸之间，通过电磁阀直接或间接地调节轮缸的制动压力。当压力调节器直接控制轮缸制动压力时，称为循环式调压方式；当压力调节器间接的制动轮缸时，称为可变容积式调压方式。

循环式调压方式多采用三位三通电磁阀和二位二通电磁阀，在 ECU 控制下，使电磁阀处于"升压"、"保压"、"减压"三种位置（图 3-53）。

三位三通电磁阀结构如图 3-54 所示，三位三通电磁阀由进液阀、回液阀、主弹簧、副弹簧、电磁线圈及衔铁套筒等组成。

工作过程：电磁线圈未通电时，在主弹簧张力作用下，进液阀打开，回液阀关闭，进液口与出液口保持畅通，处于增压状态。电磁线圈通入较小电流（2A）时，产生电磁吸力小，吸动衔铁上移量少，但能适当压缩主弹簧，使进液阀关闭，放松副弹簧，回液阀并不打开，处于保压状态，如图 3-55 所示。

电磁线圈通入较大电流（5A）时，产生电磁吸力较大，吸动衔铁上移量大，同时压缩主、副弹簧大，使进液阀仍保持关闭，回液阀打开，处于减压状态，如图 3-56 所示。

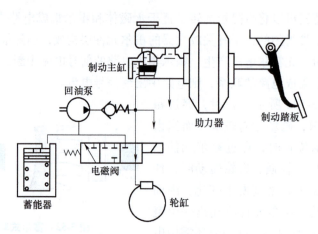

图 3-53 循环式调压方式

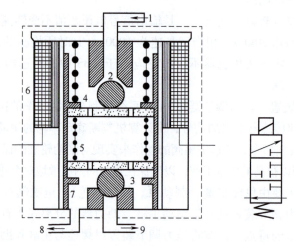

图 3-54 三位三通电磁阀的结构

1—进液口 2—进液阀 3—回液阀 4—主弹簧 5—副弹簧
6—电磁线圈 7—衔铁套筒 8—出液口 9—回液口

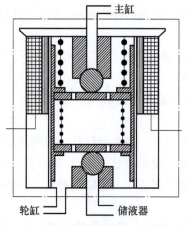

图 3-55 三位三通电磁阀工作过程（保压）

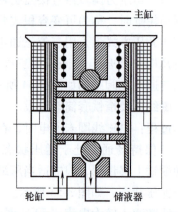

图 3-56 三位三通电磁阀工作过程（减压）

二位二通电磁阀工作过程如图 3-57 所示，二位通电磁阀又分为二位二通常开电磁阀和二位二通常闭电磁阀。两个电磁阀均由阀门、衔铁、电磁线圈和回位弹簧等组成。

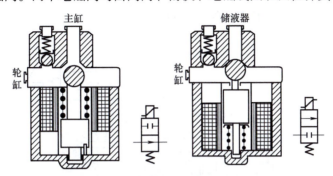

图 3-57　二位二通电磁阀工作过程

常态下，二位二通常开电磁阀阀门在弹簧张力作用下打开，二位二通常闭电磁阀阀门在弹簧张力作用下闭合，二位二通常开电磁阀用于控制制动主缸到制动轮缸的制动液通路，又称为二位二通常开进液电磁阀。

二位二通常闭电磁用于控制制动轮缸到储液器的制动液回路，又称为二位二通常闭出液电磁阀。两个电磁阀配套使用，共同完成 ABS 工作中对制动压力调节的任务。

循环式制动压力调节器的工作过程如下。

增压。踏下制动踏板，由于电磁阀的进液阀开启，回液阀关闭各电磁阀将制动主缸与各制动轮缸之间的通路接通，制动主缸中的制动液将通过各电磁阀的进液口进入各制动轮缸，各制动轮缸的制动液压力将随着制动主缸输出制动液压力的升高而升高，处于增压状态，与常规制动相同，如图 3-58 所示。

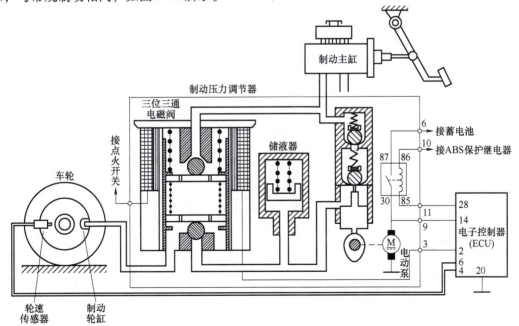

图 3-58　增压

保压。当某车轮制动中，滑转率接近于 20% 时，ECU 输出指令，控制电磁线圈通过较小电流（约 2A），使电磁阀的进液阀关闭（回液阀仍关闭），保证该控制通道中的制动轮缸制动压力保持不变，处于保压状态，如图 3-59 所示。

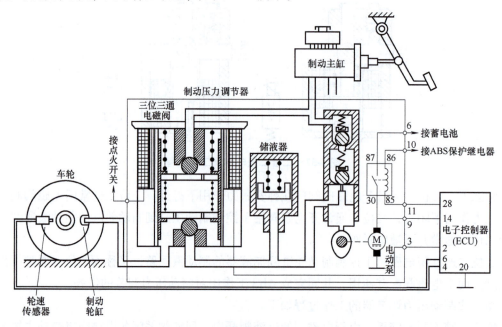

图 3-59　保压

减压。当某车轮制动中，滑转率大于 20% 时，ECU 输出指令，控制电磁线圈通过较大电流（约 5A），使电磁阀的进液阀关闭，回液阀开启，制动轮缸中的制动液将通过回液阀流入储液器，使制动压力减小，处于减压状态，如图 3-60 所示。

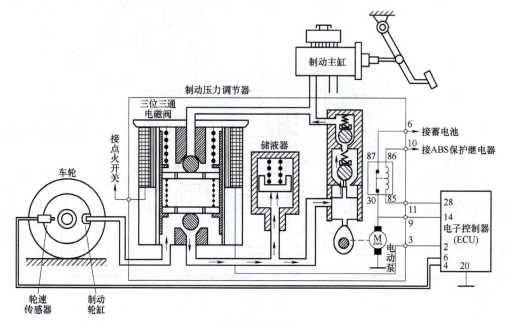

图 3-60　减压

与此同时，ECU 控制 ABS 泵通电运转，将流入储液器的制动液泵回到制动主缸出液口。

③ ABS 电控单元（ECU）。ABS 的 ECU 接收设于各车轮上的传感器传来的转速信号，经过电路对信号的整形、放大和计算机的比较、分析、判别处理，向 ABS 执行器发出控制指令。ABS 电控单元还具有初始检测、故障排除、速度传感器检测和系统失效保护等功能，如图 3-61 所示。

ABS 电控单元（ECU）由硬件和软件两部分组成，前者由设置在印制电路板上的一系列电子元器件（微处理器）和线路构成，封装在金属壳体中，利用多针接口（如TEVESMKII 采用 32 针接口），通过线束与传感器和执行器相连，为保证 ECU 的可靠工作，一般它被安置在尘土和潮气不易侵入、电磁波干扰较小的乘客舱、行李舱或发动机舱内的隔离室中。软件则是固存在只读存储器（ROM）中的一系列计算机程序，如图 3-62 所示。

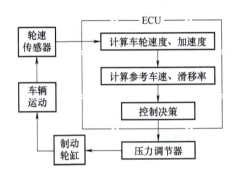

图 3-61　ABS 的 ECU 在系统中的作用

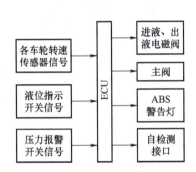

图 3-62　ECU 的主要输入和输出信号

为确保系统工作的安全可靠性，在许多 ABS 控制系统中可采用了两套完全相同的 ECU，一套用于系统控制，另一套则起监测作用。它们以相同的程序执行运算，一旦监测用 ECU 发现其计算结果与控制用 ECU 计算结果不相符，则 ECU 立即让制动系统退出 ABS 控制，只维持常规制动。这种"冗余"的方法可保证系统更加安全，如图 3-63 所示。

ECU 的内部电路结构主要包括以下几方面。

输入级电路，以完成波形转换整形（低通滤波器）、抑制干扰和放大信号（输入放大器）为目的，将车轮转速传感器输入的正弦波信号转换成为脉冲方波，经过整形放大后，输给运算电路。输入级电路的通道数视 ABS 所设置的传感器数目而定，通常以三通道和四通道为主。

运算电路（微型计算机），根据输入信号运算电磁阀控制参数。主要根据车轮转速传感器输入信号进行车轮线速度、开始控制的初速度、参考滑动率、加速度和减速度等的运算，调节电磁阀控制参数的运算和监控运算，并将计算出的电磁阀控制参数输送给输出级。

输出级电路，利用微机产生的电磁阀控制参数信号，控制大功率晶体管向电磁阀线圈提供控制电流。

安全保护电路，将汽车 12V 电源电压改变并稳定为 ECU 作所需的 5V 标准电压，监控这种工作电压的稳定性。同时监控输入放大电路、ECU 运算电路和输出电路的故障信号。当系统出现故障时，控制继动电动机和继动阀门，使 ABS 停止工作，转入常规制动状态，点亮 ABS 警告灯，将故障以故障码的形式存储在 ECU 内存中。

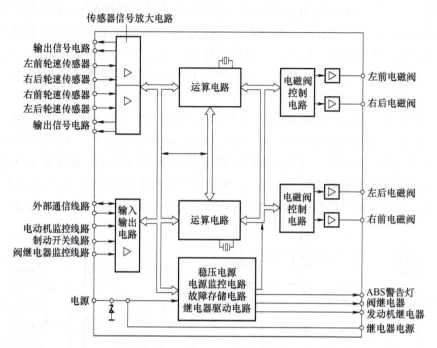

图 3-63 ABS 电控单元的内部结构

（2）汽车防滑转系统

1）ASR 的基本组成的作用。汽车防滑转系统（ASR），是继制动防抱死系统（ABS）之后应用于车轮防滑的电子控制系统，ASR 是 ABS 的完善和补充，其作用是防止汽车在起步、加速和滑溜路面行驶时驱动轮滑转，以提高汽车的牵引性和操纵稳定性。

当车轮转动而车身不动或是汽车的移动速度低于转动车轮的轮缘速度时，车轮胎面与地面之间就有相对的滑动。我们把这种滑动称之为"滑转"，以区别于汽车制动时车轮抱死而产生的车轮"拖滑"。与汽车制动时车轮被抱死而拖滑一样，驱动车轮的滑转同样会使车轮与地面的附着力下降。地面纵向附着系数减小，使驱动车轮产生的牵引力降低，导致汽车的起步性能、加速性能和滑溜路面的通过性能下降；地面横向附着系数减小，则会降低汽车在起步、加速、滑溜路面行驶时的行驶稳定性。

汽车防滑转电子控制系统是当驱动车轮出现滑转时，通过控制发动机的动力输出或对滑转车轮施以制动力来抑制车轮的滑转，以避免汽车牵引力和行驶稳定性的下降。这种防滑转控制系统也被称为牵引力控制（Traction Control）系统，简称 TRC。

2）ASR 的基本组成。ASR 多为发动机输出功率和驱动轮制动综合控制，如图 3-64 所示。

① ASR 传感器。ASR 系统的传感器主要是车轮转速传感器、节气门开度传感器。车轮转速传感器与 ABS 共用，而节气门开度传感器则与发动机电子控制系统共用。ASR 专

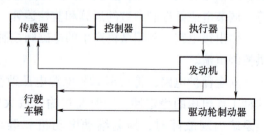

图 3-64 ASR 的基本组成

用的信号输入装置是 ASR 选择开关，将 ASR 选择开关断开，ASR 系统就不起作用。

② ASR 控制器。ASR 控制器以微处理器为核心，配以输入、输出电路及电源等组成，如图 3-65 所示。

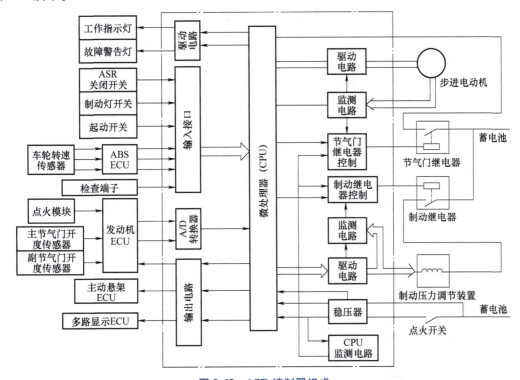

图 3-65　ASR 控制器组成

ASR 和 ABS 的一些信号输入和处理都是相同的，为减少电子器件的应用数量，使结构紧凑，ASR 与 ABS 通常组合成一个 ECU。

③ ASR 制动压力调节器。ASR 制动压力调节器执行 ASR 控制器的指令，对滑转车轮施加制动力并控制制动力的大小，以使滑转车轮的滑转率保持在目标范围之内。ASR 制动压力源是蓄压器，通过电磁阀来调节驱动车轮制动压力的大小。与 ABS 制动压力调节器一样，ASR 制动压力调节器也有多种结构形式。有单独的 ASR 制动压力调节器，有的 ASR 制动压力调节器则与 ABS 制动压力调节器组合成一体。

（3）电子稳定程序

1）电子稳定程序（ESP）的介绍。ESP（Electronic Stability Programe）的意思是电子稳定程序。它综合了 ABS 和 ASR 系统的功能，目前主要应用在高端车型上，如奥迪、奔驰等。在其他车型上，相同或相近功能的系统采用了不同的名字，如：宝马车上称为 DSC，丰田车上称为 VSC，本田车上称为 VSA 等。ESP 系统能避免车辆转弯过程中发生转向过度或转向不足的现象，使车型能尽快修正到驾驶员预期路径。

2）电子稳定程序（ESP）的组成。稳定性系统由众多部件组成，可以通过以下几个方面介绍系统的结构组成：传感元件、液压单元、控制模块。

ESP 稳定性系统中的传感元件主要包括：轮速传感器、方向盘转角传感器、稳定性控制传感器、制动真空传感器、ESP 开关、ESP 指示灯。

① 轮速传感器。轮速传感器向控制模块提供每个车轮转速的信息。控制模块利用来自轮速传感器的信号来计算车辆速度，以及汽车的加速和减速。

② 方向盘转角传感器。该传感器将方向盘的转角信息传递给控制单元。

③ 稳定性控制传感器。稳定性控制传感器实际由偏航角速度传感器，纵向加速度和横向加速度传感器组成。

横向加速加速度可测量车辆转弯时产生的横向作用于车辆的力量。

偏航角速度传感器可测量偏航角速度。偏航角是指车辆在转弯时指向的方向与车辆实际移动方向之间的差。

纵向加速加速度可在车辆前行与倒车时测量汽车加速与减速情况。

（4）电子制动力分配

电子制动力分配系统（Electric Brakeforce Distribution，EBD）实际上是 ABS 的功能辅助系统，是在 ABS 的控制单元里增加的一个控制软件，它的机械系统与 ABS 完全一致。它只是 ABS 系统的有效补充，一般和 ABS 组合使用，可以提高 ABS 的功效。它可以在制动时控制制动力在各轮间的分配，更好地利用车轮的附着系数，不仅提高了汽车制动的稳定性和操纵性，而且使各个车轮都能够获得更好的制动性能，缩短制动距离，提高安全性。

汽车 EBD 系统结构与 ABS 一样，也是由轮速传感器、制动压力调节器（液压执行器）和电子控制单元等组成，只是在 ABS 的基础上改变了控制逻辑和控制算法，使之具有了新的功能，即 EBD 功能，如图 3-66 所示。

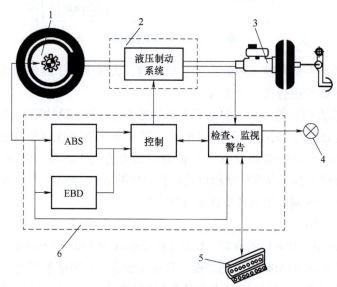

图 3-66　EBD 系统组成

1—轮速传感器　2—液压控制单元（即制动压力调节器）　3—制动主缸及真空助力器
4—ABS 警告灯　5—自诊断接口　6—电子控制单元

1）电子控制单元。电子控制单元根据接收来的车轮转速信号计算出参考车速和滑移率，并发出信号来控制液压执行器。EBD 的控制器就是 ABS 的控制器，在 ABS 程序的基础上增加了 EBD 的控制程序。

2）液压执行器。EBD 系统的液压执行器就是 ABS 的液压执行器，它主要由控制压力的常开阀、常闭阀以及用于暂存降压时所排出制动液的低压蓄能器组成。它的作用是根据 ABS/EBD 控制器发出的指令，合理调节制动压力，使之增大、保持或减小，最终实现前、后车轮制动力的最佳分配。

7. 汽车空调系统

（1）空调系统的作用

汽车空调系统用于把汽车车厢内的温度、湿度、空气清洁度及空气流动调整和控制在最佳状态，是为乘员提供舒适的乘坐环境，减少旅途疲劳，为驾驶员创造良好的工作条件，对确保安全行车起到重要作用的装置。

（2）空调系统的组成

空调系统由制冷系统、供暖系统、通风和空气净化装置及控制系统组成。

通风系统：其作用是在汽车行驶时保证必要的车内通风，即对汽车乘员室内不断充入新鲜空气，驱排混有尘埃、二氧化碳及来自发动机废气的有害气体。在寒冷的冬季，还应对新鲜空气进行加热，以保证室内温度适宜。

暖风系统：其作用是对车室内的空气或由外部进入车室内的新鲜空气进行加热，达到取暖、除湿的目的。

制冷系统：其作用是在车外环境温度较高时降低车内温度，使乘客感到凉爽、舒适。

空气净化系统：其作用是对引入的空气进行过滤，不断排除乘员室内的污浊气体，保持车内空气清洁。

控制系统：空调控制系统主要由电气元件、真空管路和操纵机构组成。其作用一方面是用来对制冷和暖风系统的温度、压力进行控制，另一方面是对乘员室内空气的温度、风量、流向进行操纵，以完善空调系统的各项功能。

汽车空调一般主要由压缩机、电控离合器、冷凝器、蒸发器、膨胀阀、贮液干燥器、管道、冷凝器风扇、散热风扇和控制系统等组成。汽车空调分高压管路和低压管路。高压侧包括压缩机输出侧、高压管路、冷凝器、贮液干燥器和液体管路；低压侧包括蒸发器、积累器、回气管路、压缩机输入侧和压缩机专用机油池，如图 3-67 所示。

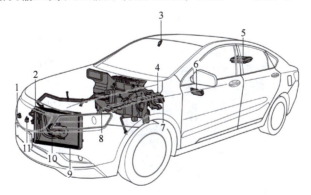

图 3-67　传统汽车空调制冷的组成

1、11—室外温度传感器　2—空调压力开关　3—雨量/环境光/阳光传感器　4—室内温度传感器　5—空气净化器

6—后空调控制面板　7—前空调控制面板　8—空调主机　9—冷凝器　10—空调压缩机

8. 照明系统

汽车照明系统主要包括：外部照明灯具、内部照明灯具、外部信号灯具、内部信号灯具。

车外照明装置包括前照灯、雾灯、倒车灯、牌照灯等，如图3-68所示。

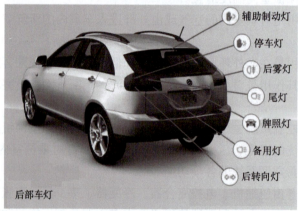

图 3-68　车外照明装置

车内照明装置包括仪表灯、顶灯、阅读灯等，如图3-69所示。

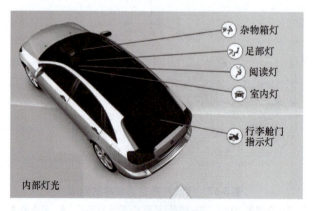

图 3-69　车内照明装置

工作照明装置包括行李舱灯等。

9. 仪表与报警信息系统

（1）仪表的作用

为了使驾驶员随时掌握车辆的各种工作状况，保证行车安全，并及时发现和排除车辆存在的故障，现代汽车上都安装有多种监控仪表和报警信息装置，如图 3-70 和表 3-2 所示。

图 3-70　宝马汽车仪表

1—车速表　2—转向信号灯的指示灯　3—指示灯和警告灯　4—主动巡航控制显示　5—转速表　6—能量控制
7—显示屏 1，用于显示：时钟、车外温度、指示灯和警告灯　8—显示屏 2，用于显示：自动变速器挡位、
保养需求日期和剩余的行驶里程、里程表和里程分表、设置和信息等　9—燃油表　10—里程分表复位

（2）仪表的分类

汽车仪表按工作原理可分为机械式仪表、电气式仪表、模拟电路电子仪表和数字化电子仪表。传统仪表一般是指机械式仪表、电气式仪表和模拟电路电子仪表。

（3）汽车仪表报警信息系统

汽车仪表除了指示基本的车辆行驶工况信息外，还对其他的一些工况进行监控并向驾驶员发出指示或警告信息，这些信息通常以指示灯的形式显示在仪表板上或者以文字信息的形式显示在液晶显示器上，有的还伴随蜂鸣声，引起驾驶员的注意或重视。对于运用多路传输系统的汽车，它的仪表当然也包括信息指示和警告灯系统，不过这些系统都是经由 PCM 或 BCM 控制的，它们通常是多路传输系统的一部分。

常见仪表指示与警告灯符号见表 3-2。

表 3-2　常见仪表指示与警告灯符号

警告灯符号	名称	作用
⬅➡	转向灯指示灯	该指示灯是用来显示车辆转向灯所在的位置。通常为熄灭状态。当驾驶员点亮转向灯时，该指示灯会同时点亮相应方向的转向指示灯，转向灯熄灭后，该指示灯自动熄灭
≣D	远光灯指示灯	该指示灯是用来显示车辆远光灯的状态。通常的情况下该指示灯为熄灭状态。当驾驶员点亮远光灯时，该指示灯会同时点亮，以提示驾驶员，车辆的远光灯处于开启状态

（续）

警告灯符号	名称	作用
	发动机故障指示灯	该指示灯用来显示车辆发动机的工作状况，当打开钥匙门车辆自检时，该指示灯点亮后自动熄灭，如常亮则说明车辆的发动机出现了故障，需要维修
	制动盘指示灯	该指示灯是用来显示车辆制动盘磨损的状况。一般该指示灯为熄灭状态，当制动盘出现故障或磨损过大时，该灯点亮，修复后熄灭
	驻车制动指示灯	该指示灯用来显示车辆驻车制动的状态，平时为熄灭状态。当驻车制动被拉起后，该指示灯自动点亮。驻车制动被放下时，该指示灯自动熄灭。有的车型在行驶中未放下驻车制动会伴随有警告音
	冷却液温度指示灯	该指示灯用来显示发动机内冷却液的温度，钥匙门打开，车辆自检时，会点亮数秒后熄灭。冷却液温度指示灯常亮，说明冷却液温度超过规定值，需立刻暂停行驶。冷却液温度正常后熄灭
	充电指示灯	该指示灯用来显示充电系统状态。打开钥匙门车辆开始自检时，该指示灯点亮。起动后自动熄灭。如果起动后充电指示灯点亮，说明充电系统出现了使用问题，需要维修
	安全带指示灯	该指示灯用来显示安全带是否处于锁止状态，当该灯点亮时，说明安全带没有及时扣紧。有些车型会有相应的提示音。当安全带被及时扣紧后，该指示灯自动熄灭
EPC	电子加速踏板指示灯	EPC指示灯在大众品牌车型中比较常见。打开钥匙门后，车辆开始自检，EPC指示灯会点亮数秒，随后熄灭。如车辆起动后仍不熄灭，说明车辆机械与电子系统出现故障
ABS	ABS指示灯	ABS指示灯是用来显示车辆的ABS工作状况。当打开钥匙门后，车辆自检开始时，ABS指示灯会点亮数秒，随后自动熄灭。如果ABS指示灯未闪亮或者车辆起动后仍不熄灭，表明该车ABS出现故障
	玻璃水指示灯	该指示灯是用来显示车辆所装玻璃清洁液的多少，平时为熄灭状态，该指示灯点亮时，说明车辆所装载玻璃清洁液已不足，需添加玻璃清洁液。添加玻璃清洁液后，指示灯熄灭
VSC	VSC指示灯	该指示灯是用来显示车辆VSC（电子车身稳定系统）的工作状态，多出现在日系车上。当该指示灯点亮时，说明VSC系统已被关闭
	TCS指示灯	该指示灯是用来显示车辆TCS（TCS：TractionControlSystem 牵引力控制系统）的工作状态，多出现在日系车上。当该指示灯点亮时，说明TCS系统已被关闭
	示宽指示灯	该指示灯是用来显示车辆示宽灯的工作状态，平时为熄灭状态，当示宽灯打开时，该指示灯随即点亮。当示宽灯关闭时，该指示灯自动熄灭

（续）

警告灯符号	名称	作用
	雾灯指示灯	该指示灯是用来显示前后雾灯的工作状况，当前后雾灯点亮时，该指示灯相应的标志就会点亮。关闭雾灯后，相应的指示灯熄灭
	油量指示灯	该指示灯用来显示车辆内储油量的多少，当钥匙门打开，车辆进行自检时，该油量指示灯会短时间点亮，随后熄灭。如起动后该指示灯点亮，则说明车内油量已不足
	O/D 挡指示灯	O/D 挡指示灯用来显示自动挡的（O/D：Over-Drive）超速挡的工作状态，当 O/D 挡指示灯闪亮，说明 O/D 挡已锁止。此时加速能力获得提升，但会增加油耗
	机油压力过低警告灯	该灯用来显示发动机内机油的压力状况。打开钥匙门，车辆开始自检时，指示灯点亮，起动后熄灭。该指示灯常亮，说明该车发动机机油压力低于规定标准，需要维修
	气囊指示灯	该指示灯用来显示安全气囊的工作状态，当打开钥匙门，车辆开始自检时，该指示灯自动点亮数秒后熄灭，如果常亮，则安全气囊出现故障
	车门指示灯	该指示灯用来显示车辆各车门状况，任意车门未关上，或者未关好，该指示灯都有点亮相应的车门指示灯，提示车主车门未关好，当车门关闭或关好时，相应车门指示灯熄灭

目前汽车仪表上的指示灯比较多，一般来说，指示灯可分为 3 种类型：第 1 种是状态指示灯，如转向灯指示灯、远近光灯指示灯、雾灯指示灯等，指示车辆处在什么工作状态，一般灯光颜色为蓝色或绿色；第 2 种是故障指示灯，如制动片磨损、燃油不足、清洗液不足等，这类灯光一般为黄色，告诉驾驶员车辆某个系统的功能失常，要尽快进行处理，一般不影响行驶；第 3 种为警告灯，如机油压力、冷却液温度、充电指示灯等，一般采用红色，主要是在车辆出现故障或异常情况时进行警示，此类灯亮时应引起驾驶员高度重视，警告灯如果点亮而对它置之不理，要么会对行车安全造成巨大影响，要么对车辆本身造成很大伤害，如果还要继续行驶，则有可能造成严重事故，所以是必须进行处理的。

10. 汽车驾驶辅助系统

驾驶辅助系统，即通过车辆的传感器以及计算机算法，在第一时间收集车内外环境数据，进行静、动态物体识别、检测和跟踪等技术处理，使驾驶员事先察觉可能发生的危险，有效提高汽车驾驶的舒适性和安全性能。

（1）辅助驾驶级别

目前的辅助驾驶主要为 L0～L5 六个级别。随着等级提高，车辆驾驶的自动化程度依次增高。

L0 级别：无自动驾驶，完全由驾驶员完成各项操作，汽车辅助驾驶系统仅仅提供各种提示信息和重要辅助功能。

L1 级别：这个级别算是刚刚涉及自动驾驶的门槛，可以提供车速保持，车道保持等辅助功能。

L2 级别：目前大多数汽车使用的 ADAS 系统就位于这个等级范畴，而且目前汽车的辅助驾驶等级多为 L2 等级。可以提供转向、制动、自适应巡航等辅助功能。

L3 级别：可称为受约束的自动驾驶，在特定条件下可以自动驾驶，但是也需要驾驶员不时控制车辆，在拥堵路段时也应可以处理行驶环境。

L4 级别：这个等级是高度自动驾驶，只有在发生极为特殊的情况时才会需要人工干预处理，以目前的道路交通设施完成程度来看，一般对此级别的辅助驾驶有行驶区域限制。而且理论上可以无需踏板和方向盘。

L5 级别：完全自动驾驶级别，在 L4 的基础上实现全部自动化处理，消除地理位置区域限制可以在任何情况下实现自动驾驶。当然现在的科技发展水平还是需要一定的时间才能实现。

（2）主动安全预警系统

1）车道偏离预警。当在道路上行驶，不知不觉车身距离车道线越来越近甚至压线的时候，这个系统会检测车主有没有打转向灯，判断是否要变换车道，如果没有的话就会通过振动方向盘、座椅或者发出警报提示信号等来警示驾驶者提高驾驶注意力，避免事故的发生，如图 3-71 所示。

2）前方碰撞预警。前方碰撞预警系统简称 FCW，一般带有这个功能的车型都会带有前车雷达系统，通过雷达时刻检测前车距离、方位以及相对速度等参数，当出现碰撞可能性的时候系统会发出警报或者震动的方式提醒驾驶者，但这个功能较为单一，不会主动采取制动措施来避免碰撞，更多的是一种警醒提示作用，如图 3-72 所示。

图 3-71　车道偏离预警

图 3-72　前方碰撞预警

3）后方交通预警。后方交通预警与前方碰撞预警原理相似，都是通过雷达系统时刻检测前后车的行驶状态，当发现潜在危险时，除了发出警告信号，有些车型还会主动快速地做出一些减少碰撞伤害的指令，比如关闭天窗、升起车窗，收紧安全带等，如图 3-73 所示。

（3）主动制动

主动制动系统是在防碰撞预警功能基础上的一个升级，作为防止前方碰撞的最后一道底线。当驾驶者出现疲劳驾驶、走神等情况，没有对防碰撞预警功能的提示没有做出或没有及时做出应对措施时，汽车自身会主动采取制动措施来避免即将发生的碰撞，如图 3-74 所示。

图 3-73　后方交通预警

图 3-74　主动制动系统

（4）并线辅助

并线辅助功能有时候也会被称为盲区监测。当左后方或者右后方一定距离的位置有车行驶时，驾驶员从汽车的反光镜并不能观察到，这个时候如果采取变道措施是极有可能发生事故的，如图 3-75 所示。

（5）车道保持

车道保持辅助系统简称 LKAS，用于帮助驾驶者使车辆保持在规定的车道上不偏离车道行驶，不仅能提示车道偏离情况，还能自主对方向盘进行辅助控制保持车辆在车道内行驶，如图 3-76 所示。

图 3-75　并线辅助

图 3-76　车道保持辅助系统

（6）疲劳驾驶提醒

分析驾驶员的驾驶风格，例如转向行为，并在检测到异常时向驾驶员提出建议，例如建议其先休息一下，如图 3-77 所示。

（7）道路交通标识识别

汽车通过车辆前方的摄像头识别当前道路的各种标识，比如限速、禁止超车、禁止变道等，然后将识别出的内容呈现在仪表盘上，提醒驾驶者注意车速。规范驾驶行为，最终提高车辆行驶的安全性，如图 3-78 所示。

图 3-77 疲劳驾驶提醒

图 3-78 道路交通标识识别

（8）驾驶辅助影像

1）倒车影像。通过安装在车尾的摄像头将车后的实时画面传入中控或者后视镜的显示屏上，使驾驶员在各种糟糕的环境中都可以轻松自如地将车停进停车位，如图 3-79 所示。

2）360°全景影像。在车辆的前后和车侧等部位加了多个摄像头，在倒车时可以通过多个摄像头传回的信息，将周遭的环境拟合到屏幕上，如图 3-80 所示。

图 3-79 倒车影像

图 3-80 360°全景影像

（9）巡航系统

1）定速巡航。定速巡航系统（Cruise Control System，CCS），又称为定速巡航行驶装置、速度控制系统、自动驾驶系统等。按驾驶员要求的速度合开关之后，不用踩加速踏板就自动地保持车速，使车辆以固定的速度行驶。采用了这种装置，当在高速公路上长时间行车后，驾驶员就不用再去控制加速踏板，减轻了疲劳，同时减少了不必要的车速变化，可以节省燃料。

2）自适应巡航（ACC）。它可以使车辆保持设定的速度，而且可以通过雷达传感器监控与前方车辆的距离。如果前方车辆速度变慢，那么你的车速也会相应降低。大多数系统可以使车辆制动至静止状态，并在短时间内自动重新起步，从而在走走停停的交通中减轻驾驶员的负担。较新的衍生车型甚至可以做到在急转弯前制动并遵守速度限制。导航系统和前置摄像头为此提供了相关信息。ACC 将追尾碰撞的风险降低了 10%；由于增加了行车的安全性和舒适性，这是一项值得拥有的驾驶辅助功能，如图 3-81 所示。

3）全速自适应巡航。自适应巡航一般只能在速度较高时才能实现功能与其便捷性，但是城市道路限速一般较低，因此就衍生出全速自适应巡航功能。解决了巡航对速度限制的问题，可以实现自动起动和停车，最低可在 20km/h 的速度下开启巡航，极大提升驾驶舒适度。不过需要注意的是，为了保证安全性巡航的最高车速一般不超过 150km/h，如图 3-82 所示。

图 3-81　自适应巡航

图 3-82　全速自适应巡航

（10）自动变道辅助

自动变道辅助，简称 ALC。当驾驶员拨动转向灯下达变道指令时，无需控制方向盘，车辆根据行驶环境自动变换车道的功能。

当车辆正常行驶时，驾驶者拨转转向灯后，自动变道辅助系统会自行根据各个摄像头和传感器的环境数据分析判断，当达到安全变道条件时，会自主辅助驾驶员完成变道行为，如图 3-83 所示。

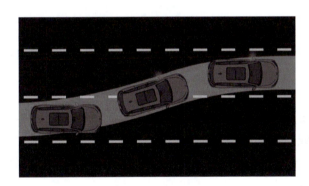

图 3-83　自动变道辅助

11. 中控门锁系统

中央门锁控制系统（简称中控门锁系统）具有钥匙联动锁门和开门功能以及钥匙禁闭预防功能，具体如下：

两级开锁功能：在钥匙联动开锁功能中，一级开锁操作，只能以机械方法打开钥匙插入的门。两级开锁操作，则同时打开其他车门。

钥匙占用预防功能：防止钥匙插入点火开关时，没有钥匙而将车门锁住。

安全功能：当钥匙从点火开关中拔去而门已锁住时，无论用钥匙或不用钥匙锁门，门都不能用门锁控制开关打开。

电动窗不用钥匙的动作功能：驾驶员和乘客的车门都关上，点火开关断开后，电动窗仍可动作约 60s。

　　一般来说，所有车门可以通过前右或前左侧门上的钥匙操纵同时关闭和打开。若已执行了锁门操纵，而一侧前门打开并且点火开关钥匙仍插在锁芯内，则所有的车门会自动打开，以防止点火开关钥匙遗忘在汽车内。

　　中控门锁系统的组成包括：门锁机构、门锁开关、控制模块、遥控器及接收器天线等元件，下面我们来介绍中控锁系统中所涉及的元件。

　　（1）门锁机构

　　车辆上所配置的门锁包括：四个车门的门锁、发动机罩锁，尾门锁以及油箱盖锁等。

　　1）门锁。门锁机构中包括：门锁、门锁位置传感器、锁电动机元件。

　　车门锁主要指前、后侧门锁机构总成。前门门锁如图 3-84 所示。

　　车门锁根据工作用途分为：电动门锁和机械门锁。

图 3-84　前门门锁

　　2）电动门锁机构的组成部分。锁机构机械部分、闭锁器、锁扣、各种锁杆（线）。如锁芯拉杆（线）、外开拉杆（线）、内开拉杆（线）、保险拉杆（线）、闭锁器拉杆（线）等。

　　（2）门锁开关

　　门锁开关通常安装在驾驶员门把手上或仪表中控面板上，驾驶员可通过操作开关在车内实现开锁或闭锁。

　　（3）遥控器

　　遥控器可以用来在远距离操作中控锁系统。

　　（4）接收器天线

　　接收器天线也是中控锁控制系统的组成部分，主要功能是接收遥控器发出的信号。

　　（5）控制模块

　　中控门锁系统中包括以下控制模块。

　　1）车身控制模块（BCM）。

　　2）前门控制模块（DDM/PDM）。

　　3）后门控制模块（LDM/RDM）。

　　（6）电控门锁原理。

　　门锁开关置于锁止（LOCK）位置时，门锁继电器线圈通电，触点闭合，门锁电磁铁中门锁线圈通电，电磁铁心杆缩回，操纵门锁锁止车门，当门锁开关置于开启（UNLOCK）位置时，开启继电器线圈通电，触点闭合，门锁电磁铁中开启线圈通电，电磁铁心杆伸出，操纵门锁开启，在带自动门锁的汽车上，设有速度传感器和电子控制线路。当汽车车速达到设定数值时，电子控制电路使门锁继电器线圈通电，而自动锁止车门，如图 3-85 所示。

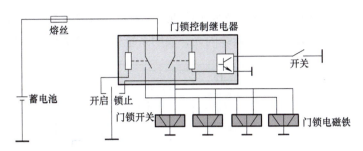

图 3-85　电控门锁电路

门锁电磁铁的检查，将电压为 12V 的蓄电池接入门锁电磁铁的电路，当在"LOCK"与搭铁接线柱之间加上额定电压时，电磁铁心杆应缩回，当在"UNLOCK"与搭铁接线柱之间加额定电压时，电磁铁心杆应伸出。如果心杆不能相应伸出或缩回，表明电磁铁有损坏，应进行修理或更换。

（7）遥控车门系统工作原理

从发射器发出的红外线信号或电磁波信号，被接收并输送到门锁遥控控制组件中。门锁遥控组件对接收器接收到的信号进行比较、判别，若为正确代码，则通过其内部的输出电路将开门或锁门信号交替输入到自动车门锁控制组件中，通过门锁马达或电磁铁来完成车门的打开或锁止动作。若连续输入经过门锁遥控控制组件判别为不正确代码，门锁遥控控制组件会通过其内的限时锁定电路在一定时间内停止输入。

12. 防盗系统

汽车防盗系统，是指防止汽车本身或车上的物品被盗所设的系统。它由电子控制的遥控器或钥匙、电子控制电路、报警装置和执行机构等组成，如图 3-86 所示。

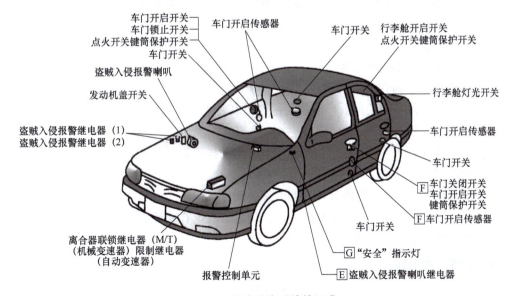

图 3-86　汽车防盗系统的组成

当用钥匙锁好所有车门时，该系统处于约30s检测时间报警状态。之后，系统中的指示器（通常为发光二极管-LED）开始断续闪光，表明系统处于报警状态，如图3-87所示。

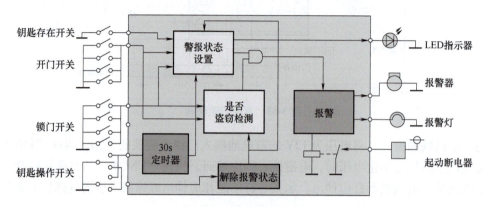

图3-87 电子防盗电路

当车主用其钥匙开启门锁时，这种报警状态或报警运转解除。

警报一般以闪烁灯或发声报警形式发出。警报发生后持续时间约为1min，但起动电路直到车主用车钥匙打开汽车门锁之前始终处于断路状态。

13. 汽车音响系统

汽车音响系统包括天线、接收装置、扬声修正、可听频率增幅及扬声器系统5个部分。

（1）天线

天线用于接收广播电台的发射电波，通过高频电缆向无线电调频装置传送。

（2）接收装置

接收装置是由无线电调谐装置将电台发射的高频电磁波有选择地接收，并解调为音频电信号。

（3）CD播放器

CD播放器用于播放CD音乐。

（4）均衡器（平衡音量控制器）

均衡器用于调节声音（音乐）信号的特性，以适应汽车听音环境。

（5）功率放大器（扬声器放大器）

功率放大器用于将微弱的音频信号放大到可推动扬声器的足够功率。

（6）扬声器

扬声器是最终决定乘员舱内音响性能的重要部件。

扬声器口径的大小和在车上安装的方法、位置是决定音响性能的重要因素，为欣赏立体声音响，车上至少要装2个扬声器。

14. 汽车导航系统

车载导航系统主要由主机、显示屏、操作键盘（遥控器）和天线组成。

（1）GPS模块

安装到车辆上的小型装置，是GPS车载单元的一部分，用来接收卫星所传递的信息。

（2）无线通信模块

通常采用车载无线电话、电台或移动数据终端（MDT）以完成信息交互功能。

（3）报警控制模块

向监控中心网络发出报警信号，通报车辆异常信息。

（4）语音控制模块

完成声音控制及服务等功能。

（5）显示模块

用来显示位置路况等视频图像信息。

（6）车载计算机

整合处理各功能模块，配合相应的软件，完成指定功能，如进行数据处理，计算出所在位置的经度，纬度，海拔，速度和时间等。

15. 汽车车窗系统

电动车窗由车窗玻璃、车窗玻璃升降器、电动机、控制开关等组成，如图 3-88 所示。

图 3-88　电动车窗的组成

1）电动机。电动机为永磁式双向直流电动机。

每个车门各有一个电动机，通过开关控制电动机中的电流方向，从而控制玻璃的升降。

每个电动机电路中均有断路器保护。

电机的过载保护：为了防止电动机过载，在电路或电动机内装有一个或多个热敏电路开关，用来控制电流。当车窗玻璃上升到极限位置，或由于结冰而使车窗玻璃不能自由移动时，即使操纵控制开关，热敏开关也会自动断路，避免电动机通电时间过长而烧坏。

2）控制开关。

① 总开关。装在仪表板或驾驶员侧车门上，因此驾驶员可以控制每个车窗玻璃的升降。

作用：所有车门升降、后窗锁止。

② 分开关。分别安装在每个车窗上，乘员可以对各个车窗进行升降控制。

总开关上"车窗锁止"开关锁止时，分开关失效。

只有当点火开关在"ON"或"ACC"位置时，开关才起作用。

3）车窗玻璃升降器。电动车窗升降器的形式有以下三种。

- 绳轮式，如图 3-89 所示。
- 交臂式，如图 3-90 所示。
- 软轴式，如图 3-91 所示。

图 3-89　绳轮式电动车窗升降器

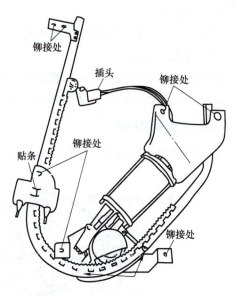

图 3-90　交臂式电动车窗升降器

图 3-91　软轴式电动车窗升降器

16. 汽车电动后视镜

电动后视镜主要由永磁式电动机、传动机构和控制开关等组成。每个后视镜都有两套驱动装置，由电动后视镜开关进行操纵，其中一个电动机和传动机构用于后视镜水平方向的转动，另一个电动机和传动机构则用于后视镜垂直方向的转动，如图 3-92 所示。

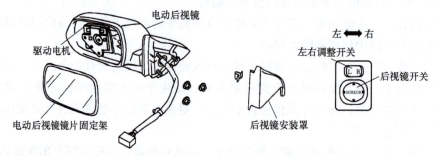

图 3-92　汽车电动后视镜的组成

17. 汽车电动座椅

电动座椅由 ECU、电动机、控制开关（电控系统）、传动装置和座椅调节器等组成，如图 3-93 和表 3-3 所示。

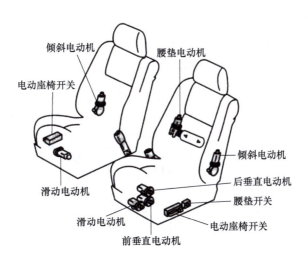

图 3-93　汽车电动座椅的组成

表 3-3　汽车电动座椅的组成零件功能

装置名称		功能
ECU		座椅 ECU 控制电动座椅的电源通断、存储执行和复位动作。当收到接自电动座椅开关的输入信号后，在 ECU 内的继电器动作，控制电动座椅运动。座椅的存储和复位由电驱动的倾斜和伸缩 ECU 和座椅 ECU 之间的相互联系进行控制
座椅调节装置	电动座椅开关	该开关接通时向 ECU 输入滑动、前垂直、后垂直、倾斜或头枕位置的信号
	位置储存和复位开关	通过倾斜和伸缩 ECU，将记忆和复位信号输送给座椅 ECU
	腰垫开关	该开关接受来自 DOOR CB 的电源。当开关接通时，电源输入腰垫电机，开关控制电机的转向和电流的接通和关断。该开关不接至 ECU，而且调整位置不能储存在复位用的存储器中
	调节机构	包括座椅前后移动调整机构、座椅前部垂直调整机构、座椅后部垂直调整机构、靠背倾斜度调整机构、腰部支撑调整机构、头枕调整机构等
位置传感器		该传感器将每个电机（滑动、前垂直、后垂直，倾斜和头枕）位置信号送至 ECU，用作存储器中
双向电机		这些电机由来自电动座椅 ECU 或腰垫开关的电流驱动，用来直接驱动座椅的各部分。每个电机具有内设电路断路器
传动装置		包括上下轨道、螺杆、连轴节支架等组成。传动方式有齿轮齿条式和蜗轮蜗杆式等

18. 汽车被动安全装置

　　汽车的被动安全装置是指汽车在行驶过程中如果发生了碰撞，能够有效保护驾驶员和乘客不受伤害的安全设备，比如安全气囊（汽车必备装置）、安全带（能减少人员伤亡）、头颈保护装置。

（1）安全气囊系统的组成

汽车安全气囊系统由安全气囊、控制模块（ECU）、安全气囊线束和安全气囊传感器等组成，如图 3-94 所示。安全气囊传感器通常也叫碰撞传感器。

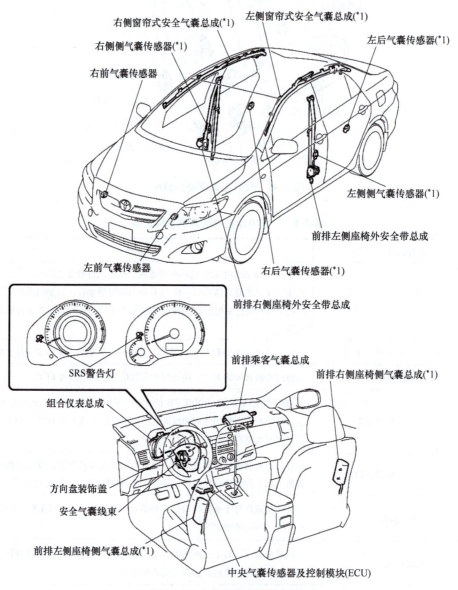

图3-94　安全气囊系统的组成

*1—带前排座椅侧气囊和窗帘式安全气囊

1）安全气囊。安全气囊组件主要由气体发生器、气囊传感器、气囊、饰盖和导线等组成，如图 3-95 所示。

驾驶员侧气囊组件位于方向盘中心处，乘客侧气囊组件位于仪表板右侧杂物箱的上方。

2）控制模块（ECU）。它的组成如图 3-96 所示。控制模块使用两个电源，一个是汽车电源，另一个是备用电源。

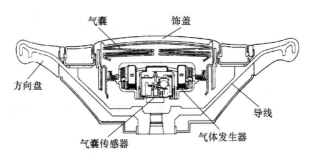

图 3-95　安全气囊组件

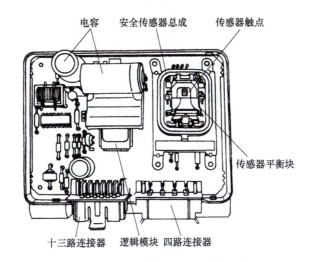

图 3-96　控制模块（ECU）的组成

3）安全气囊线束。安全气囊系统的螺旋线束如图 3-97 所示。

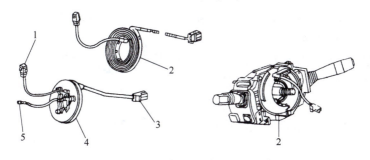

图 3-97　安全气囊系统的螺旋线束

1、3—线束插头或插座　2—螺旋弹簧　4—弹簧壳体　5—搭铁插头

4）安全气囊传感器。传感器分两种：碰撞传感器和安全传感器。碰撞传感器把碰撞信号输入给安全气囊 ECU，安全气囊 ECU 根据碰撞传感器传送的信号来判断是否引爆气体发生器使气囊充气。

碰撞传感器的安装位置通常有两种：安装于汽车前部（前保险杠后及前翼子板下）的碰撞传感器叫前碰撞传感器，安装于安全气囊 ECU 内部的碰撞传感器叫中央传感器，前碰撞传感器的安装位置也有不同的。

5）工作原理。汽车行驶过程中，传感器系统不断向控制装置发送速度变化（或加速度）信息，由控制装置（中央控制器）对这些信息加以分析判断，如果所测的加速度、速度变化量或其他指标超过预定值（即真正发生了碰撞），则控制装置向气体发生器发出点火命令或由传感器直接控制点火，点火后发生爆炸反应，产生 N_2 或将储气罐中压缩氢气释放出来充满气囊。乘员与气囊接触时，通过气囊上排气孔的阻尼吸收碰撞能量，达到保护乘员的目的，如图 3-98 所示。

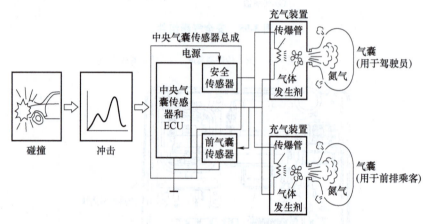

图 3-98　安全气囊系统工作原理

（2）安全带

安全带由织带、带扣、卷收器、长度调节件等组成，如图 3-99 所示。

织带：由化学纤维编织而成，其功能是对乘员起约束作用，对此的性能有严格要求。

带扣：是一种既能方便地把乘员约束在安全带内，又能快速使乘员解脱的连接装置，其功能是用以接合或脱开安全带。

卷收器：其功能是收紧、储存织带，在汽车正常行驶时允许织带自由伸缩，而当汽车行驶速度急剧变化时则通过锁止结构对乘员实施约束。

长度调节件：其功能为对织带的长度进行调节。

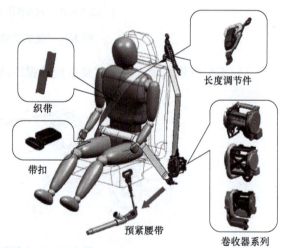

图 3-99　安全带的组成

（3）座椅

座椅系统作为被动安全装置的功能如下。

1）保证乘员的生存空间。事故中保证乘员处在自身的生存空间之内，并防止其他车载体进入这个空间。

2）保持乘员姿态。使乘员在事故发生过程中保持一定的姿态，以使其他的约束系统能充分发挥保护作用。

3）吸收能量。在乘员与其发生碰撞时，应能够吸收乘员与之碰撞产生的能量，减轻乘员受到的伤害。

19. 前刮水和清洗装置

前刮水器由直流电动机、减速机构、连杆、摆杆、刮臂、刮水片等组成，如图 3-100 所示。

前刮水器电路中有一个自停装置，该装置由一个蜗杆齿轮和一个凸轮盘组成，作用是在刮水器/洗涤开关断开后短暂保持电路完整，直到刮水器臂完全回到初始位置时才断开电路。

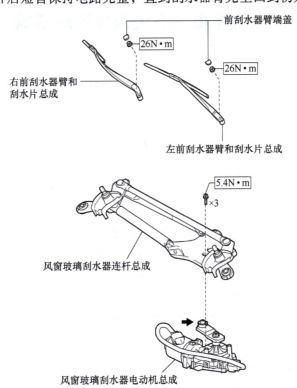

图 3-100　前风窗刮水器的组成

前风窗玻璃洗涤系统由玻璃清洗剂，储液罐、洗涤液泵、软管、喷嘴和刮水器/洗涤开关组成，前风窗玻璃洗涤液储液罐安装在右前照灯总成下（图 3-101），右前翼子板衬板前部。洗涤液泵固定在洗涤液储液罐上，洗涤液泵使洗涤液通过软管输送至两个喷嘴。

系统工作原理：前刮水器是由刮水器开关提供信号给车身控制模块（BCM），BCM接收到刮水器开关接地信号后，驱动前刮水电动机转动；当刮水器开关处于低挡时，电流从电动机低速电刷流入电枢线圈，产生大的反电动势，结果是电动机以低速旋转；当刮水开关处于高挡时，电流从电动机的高速电刷流入电枢线圈，产生小的反电动势，结

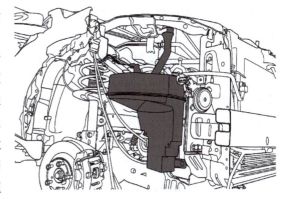

图 3-101　储液罐

果是电动机以高速旋转；当启动刮水洗涤器开关，此时刮水喷水泵处于工作状态；连续操作洗涤器开关1s后，刮水器电动机也开始启动低挡转动。当关闭刮水器开关后，刮水电动机在电枢的惯性作用下，电动机不会立即停止并且继续转一会，同时电枢产生反电动势，对刮水电动机产生电力制动，马达立即停在固定位置。后刮水器开关启动或后洗涤器开关连续启动1s，后刮水继电器闭合，从而实现后刮水器的功能。

二、汽车电气系统故障诊断基础

1. 故障类型

汽车电气系统的故障总体上可分为两大类：一是电器设备故障；二是线路故障。

（1）电器设备故障

电器设备故障是指电器设备自身丧失其原有机能，包括电器设备的机械损坏、烧毁、电子元件的击穿老化、性能减退等。

在实际使用和维修中，常常因线路故障而造成电器设备故障。

（2）线路故障

线路故障包括断路、短路、接线松脱、接触不良或绝缘不良等。

这一类故障有时容易出现一些假象，给故障诊断带来困难。必要时可以参考电路图排查解决。例如，某搭铁线与车身出现接触不良，就有可能造成电器设备开关失控，电器设备工作出现混乱。这是因为有的搭铁线多为几个电器设备共用，一旦该搭铁线出现接触不良，它就把多个电器设备的工作电路联系到一起，就有可能通过其他线路找到搭铁途径，造成一个或多个电器设备工作异常。

2. 诊断基本流程和注意事项

（1）汽车电气系统故障诊断的流程

汽车电路故障诊断是维修工作中的要点、难点，掌握正确的汽车电路故障诊断方法可以减少弯路，使电路检修工作更高效。

1）确认故障现象。为了正确进行维护，首先需要确认客户（车辆修理负责人）说明的故障现象，再现故障内容。仔细检查相关部件，确认并记录故障现象。在故障范围和故障原因尚未确定之前，请勿分解零件。

2）电路图判读及原因分析。根据相关电气系统电路图分析、判断故障部件从电源到接地的整个电路，找出故障原因，了解电气系统的工作原理。可能需要检测与故障电路通用的其他电路，例如在电路图中参考熔丝、接地、开关等通用系统电路。如果公共电路中的其他部件正常工作，则故障出在自己的电路上。公共电路上的部件全部故障时，公共熔丝或接地有问题。

3）电路及部件的检查。参考电路图时，请与维修手册结合使用，参考维修手册中的电气系统说明，了解系统的工作原理，并参考维修手册中的电路和部件检查步骤。对于有控制模块的电路，可以首先使用诊断仪测试部件并给出结果。有效的故障诊断应该是一个逻辑分析过程。

4）故障维修。找到故障原因后，参考电路图和维修手册中故障处理方法的描述维修故障电路和部件。

5）确认电路。修理结束后，为了确认故障已经排除，再次进行检查。如果是熔丝熔断故障，则检测该熔丝的所有连接电路。

（2）汽车电气系统故障检修的注意事项

维修汽车电器系统的首要原则是不要随意更换电线或电器，这种操作有可能因短路、过载而引起火灾。同时还应注意以下各项：

1）拆卸蓄电池时，总是最先拆下负极电缆；装上蓄电池时，总是最后连接负极电缆。拆下或装上蓄电池电缆时，应确保点火开关或其他开关都已断开，否则会导致半导体元器件的损坏。切勿颠倒蓄电池接线柱极性。

2）允许使用电阻表及万用表的 R×100 以下低阻电阻挡检测小功率晶体管，以免电流过载损坏它们。

更换晶体管时，应首先接入基极，拆卸时，则应最后拆卸基极。对于金属氧化物半导体管，则应当心静电击穿，焊接时，应从电源上拔下烙铁插头。

3）拆卸和安装元件时，应切断电源。如无特殊说明，元件引脚距焊点应在 10mm 以上，以免烙铁烫坏元件，且宜使用恒温或功率小于 75W 的电烙铁。

4）更换熔断的熔丝时，应使用相同规格的熔丝。使用比规定容量大的熔丝会导致电气损坏或产生火灾。

5）靠近振动部件（如发动机）的线束部分应用卡子固定，将松弛部分拉紧，以免由于振动造成线束与其他部件接触。

6）不要粗暴地对待电器，也不能随意乱扔。无论好坏器件，都应轻拿轻放。以免使其承受过大冲击。

7）与尖锐边缘磨碰的线束部分应用胶带缠起来，以免损坏。安装固定零件时，应确保线束不要被夹住或被破坏，同时应确保接头插接牢固。

8）进行保养时，若温度超过 80℃（如进行焊接时），应先拆下对温度敏感的零件（如 ECU）。

3. 电气系统检查的基本方法

（1）直观法

当汽车电气系统的某个部位发生故障时，会出现冒烟、火花、异响、焦臭、高温等异常现象。通过人体的感觉器官，听、摸、闻、看等对汽车电器进行直观检查，进而判断出故障的所在部位，从而大大地提高了检修速度。

（2）检查熔丝法

当汽车电系出现故障时，首先应查看熔丝是否完好。如汽车在行驶中，若某个电器突然停止工作，同时该支路上的熔丝熔断，说明该支路有搭铁故障存在。某个系统的熔丝反复熔断，则表明该系统一定有类似搭铁的故障存在，不应只更换熔丝了事。

（3）试火法

通常应用于判断线束或导线有无开路。拆下用电设备的某一线头对汽车的金属部分（打铁）碰试，根据火花的有无，判断是否开路。

> **注意：**试火法不宜用来检查汽车电子电路，以免损坏电子元件器材。

（4）试灯法

用一个汽车灯泡作为临时试灯，检查线束是否开路或短路，电器或电路有无故障等。此方法特别适合于检查不允许直接短路的带有电子元器件的电器。使用临时试灯法应注意试灯的功率不要太大，在测试电子控制器的控制（输出）端子是否有输出及是否有足够的输出时尤其要慎重，防止使控制器超载损坏。

（5）短路法

又叫短接法，即用一根导线将某段导线或某一电器短接后观察用电器的变化。

（6）替换法

常用于故障原因比较复杂的情况，能对可能产生的原因逐一进行排除。其具体做法是：用一个已知是完好的零部件来替换被认为或怀疑是有故障的零部件，若故障消除，说明怀疑成立；否则，装回原件，进行新的替换，直至找到真正的故障部位。

（7）模拟法

模拟故障试验法适用于振动、高温和渗水（受潮）等引起的难以再现的间歇性故障的诊断。具体有振动法、加热法、加湿法、电器全接通法和道路试验法。

1）振动法。针对某些怀疑有故障的元器件、导线束、插接件、传感器、执行器等进行敲打（用锥柄敲击、用手拍打）和摇摆（导线及插接件进行垂直、水平方向摇摆和前后拉动），以检查是否存在虚焊、松动、接触不良、导线断裂等故障。

操作时注意不可用力过大，以免损坏电子器件。尤其在拍打继电器部件时，千万不可用力过度，否则将会引起继电器开路。利用振动法进行模拟检测时，应随时注意被检装置的工作反应，以确定故障部位，如图 3-102 所示。

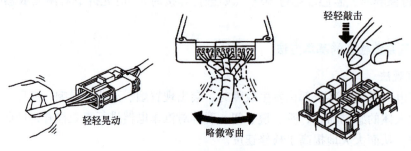

图 3-102　振动法检查

2）加热法。针对某些怀疑有故障的元器件、导线束、插接件、传感器、执行器等进行局部加热，检查故障是否出现。

加热器具宜选用电热风机或类似的加热器，加热时不可直接加热 ECU 中的电子元器件，加热温度不得高于 80℃。

在汽车电控系统出现软性故障（发动机起动后或电子设备开机后，经过一段时间故障才出现）时，说明有电子元器件出现软击穿（达到一定热度后异常，冷却后又恢复正常）故障，如图 3-103 所示。

3）加湿法。当故障发生在雨天或洗车之后时，可使用加湿法（用水喷淋汽车外部）进行高湿度环境模拟。

喷淋前应对电子设备予以保护，以免积水锈蚀电子设备。喷水角度应尽量喷到空中，让水滴自由落下，如图 3-104 所示。

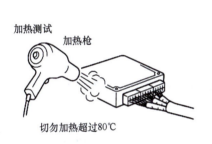

图 3-103　加热法检查

图 3-104　加湿法检查

4）电器全接通法。当用电负荷过大时引起的故障。可通过接通全部电器法试验。

5）道路试验法。用于诊断只在特定的行驶状态下出现的故障，如车速达到较高时故障才出现。

还可以采取换件法和信号模拟法判断电器元件是否有故障。

三、汽车电路基本检测

1. 电阻检测

断开蓄电池端子或线束，使检查点之间不存在电压。将万用表的两根引线与每个检查点连接，如图 3-105 所示。

如果电路有二极管，应对换两根引线并再次检查。将负极引线和二极管正极连接，正极引线和二极管负极连接时应导通，将两根引线对换时应不导通，如图 3-106 所示。

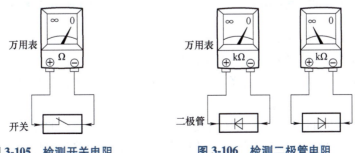

图 3-105　检测开关电阻　　　　图 3-106　检测二极管电阻

2. 电压检测

在电压检查之前，需要创建检查点存在电压的条件，即让检查点具有电压，如图 3-107 所示。

使检查点存在电压的条件有以下几点：

A：点火开关置于 ON 位置。

B：点火开关置于 ON 位置，且开关 1 打开。

C：点火开关置于 ON 位置，开关 1 打开，且继电器接通（开关 2 关闭）。

使用万用表将负极引线连接到良好搭铁点或蓄电池负极端子上，将正极引线连接到插接器或零部件端子上。

执行电压检查时，可用测试灯代替万用表。

3. 短路检测

拆下熔断的熔丝，断开熔丝的所有负载，在熔丝处连接测试灯，创建使测试灯点亮的条件（图 3-108）。

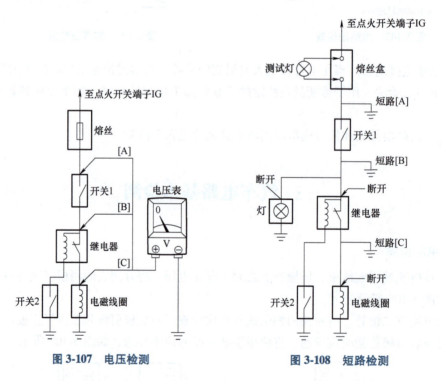

图 3-107　电压检测　　　　图 3-108　短路检测

A：点火开关置于 ON 位置。

B：点火开关置于 ON 位置，且开关 1 打开。

C：点火开关置于 ON 位置，开关 1 打开，继电器接通（连接继电器），且开关 2 关闭（或断开开关 2）。

观察测试灯的同时断开并重新连接插接器，在使测试灯一直亮的插接器和使测试灯熄灭的插接器之间存在短路。沿主线束轻轻摇动故障线束，找出短路的确切位置。

4. 电压降测试

电压降检测经常用于查找电阻过大的零部件或电路，电路中的电压降是由于电路工作时电阻造成的。检查电线的方法是，当用数字式万用表测量电阻时，连接单股导线时的读数将为零，表示电路正常。

下列情况可能产生附加电阻。

1）电线截面积太小。

2）开关触点腐蚀。

3）电线连接或缠接松动。

进行修理时，一定要换用截面积相等或更大的电线。

（1）测量电压降的方法——累积法

在要检查的插头或线路的零部件上跨接数字式万用表。万用表的正极应靠近电源，负极靠近地线开关。接通电路使电路工作。数字式万用表将显示"推动"电流通过电路部分的电压是多少。在蓄电池与灯泡之间有一个 4.1V 的过大电压降，如图 3-109 所示。

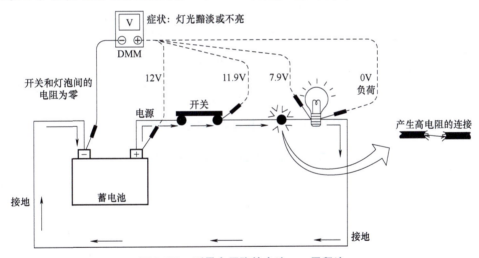

图 3-109 测量电压降的方法——累积法

（2）测量电压降的方法——步进法

步进法是检查低压系统（如"计算机控制系统"）电压降过大的最有效的方法。"计算机控制系统"中电路工作电流很低，该系统工作会由于系统内的任何电阻变化而受到不利影响。电阻变化可由于接触不良、错误安装、错误的电线规格或腐蚀引起。步进电压降测量法可以找出电阻过大的零部件或电线。

1）连接数字式万用表，打开点火开关。

2）电压异常下降表示有部件或电线需要修理，从图 3-110 中可以看出，连接不良的线路导致电压降低了 4V。

5. 控制单元电路检测

（1）开关在控制装置前的电路测试

当开关处于 ON 位置时，控制单元会点亮灯泡，如图 3-111 和表 3-4 所示。

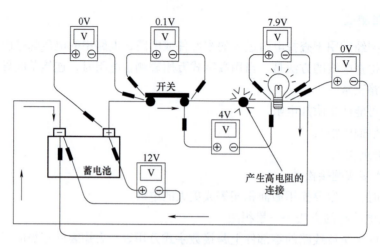

图 3-110　测量电压降的方法——步进法

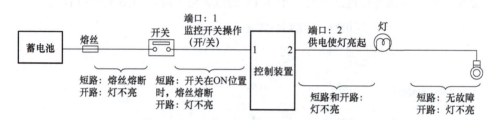

图 3-111　开关在控制装置前的电路测试

表 3-4　测试电路输入/输出电压 1

针脚号	项目	状态	电压值/V	单固导线的高阻值情况下电压值/V
1	开关	开关 ON	蓄电池电压	低于蓄电池电压约 8
		开关 OFF	约 0	约 0
2	灯泡	开关 ON	蓄电池电压	约 0（灯泡不亮）
		开关 OFF	约 0	约 0

（2）开关在控制装置后的电路测试

当开关处于 ON 位置时，控制单元会点亮灯泡，如图 3-112 和表 3-5 所示。

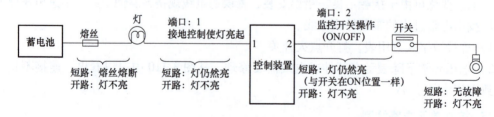

图 3-112　开关在控制装置后的电路测试

表 3-5　测试电路输入/输出电压 2

针脚号	项目	状态	电压值/V	单固导线的高阻值情况下电压值/V
1	灯泡	开关 ON	约 0	蓄电池电压（灯泡不亮）
		开关 OFF	蓄电池电压	蓄电池电压
2	灯泡	开关 ON	约 0	高于 0 约 4
		开关 OFF	约 5	约 5

6. 通电测试

1）分离蓄电池负极端子。

2）把自带电源试灯或万用表的一根引线连接到要检测的部位。使用万用表时，先把万用表的两根引线短接，用调零器调零，如图 3-113 所示。

3）把检测仪的另一根引线连接到要检测的负载的另一个端子上。

4）自带电源试灯亮，表示导通，使用万用表时，电阻很小表示良好的导通状态。

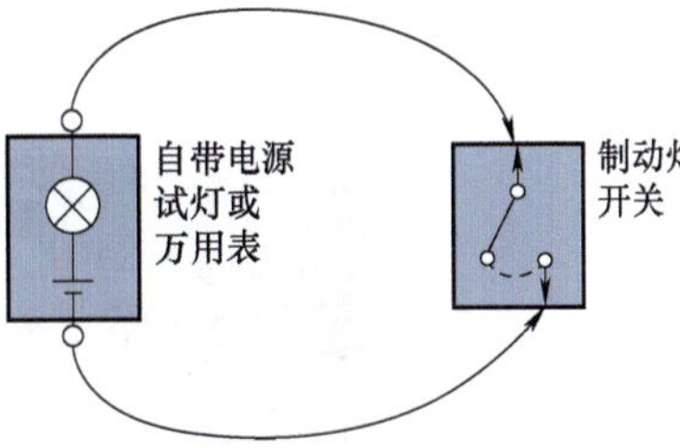

7. 搭铁电路短路测试

1）分离蓄电池负极导线。

2）把自带电源试灯灯或万用表的一根引线连接到熔丝的一个端子上。

3）把自带电源试灯或万用表的另一引线搭铁。

4）从接近熔丝盒的线束逐一检查。观察自带电源试灯或万用表，重复此过程，如图 3-114 所示。

5）自带电源试灯亮或万用表显示的数值接近 0Ω，说明这部分到搭铁电路短路。

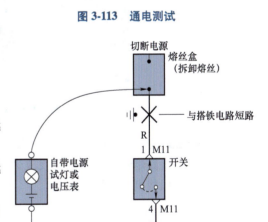

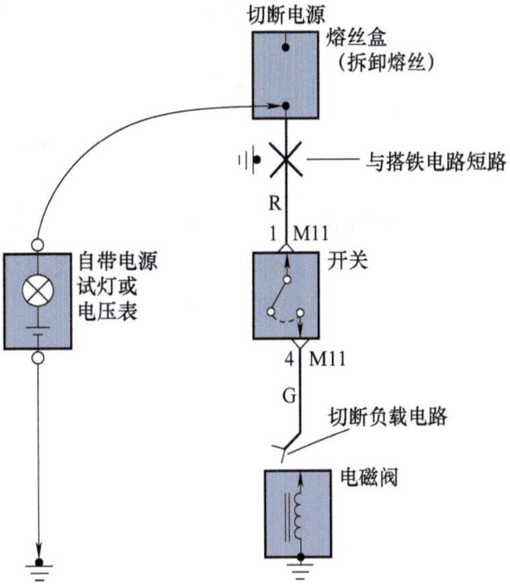

图 3-113　通电测试

图 3-114　搭铁电路短路测试

8. 电流检测

（1）是否需要检测汽车静态电流的判断

在正常的情况下，车辆的静电流在 20~40mA 之间，在汽车充电系统正常及排除蓄电池自身放电后，如车辆存在下列其中状况之一，就应采用万用表进行静态电流的检测。

1）在更换被怀疑为自身放电的蓄电池或已充电的蓄电池，在短时间内又出现电量不足的现象。

2）车辆行驶一定里程以后蓄电池出现电量不足（也就是亏电）的现象。

3）每次采用起动机起动发动机时，蓄电池电量都不足。

4）车辆停驶一个晚上或几天后，车辆就会出现不能正常起动的现象。

（2）检测静态电流的方法

采用数字式万用表测量汽车的静态电流时，应在先记住音响防盗系统（或装置）密码的情况下，再按以下步骤进行操作。

1）断开点火开关，关闭车载电话以及车门灯等所有用电器的开关。

2）确认发动机舱盖下面的灯、杂物箱灯和行李舱灯处于关闭状态。

3）先把数字式万用表的两端与蓄电池的负极极柱和负极连接电缆连接好，然后从蓄电池的负极上脱开负极电缆，再进行检测，初测时将表的量程设定在最大，逐步设定在 mA/ADC。

4）读取车辆的静态工作电流，如果放电电流在 20~40mA 之间，则说明静态电流基本正常，如果测得的电流很大，则说明蓄电池的放电电流很大，应查找故障原因，如图 3-115 所示。

图 3-115　检测静态电流的方法

5）采用逐一新开蓄电池负载各分支电路的方法来判断题出在哪一支路；通常可以采用逐一拔下分支电路熔丝的方法来查找故障部位，当不良支路的熔丝被拔下时，电流读数会下降，由此就可以找到有问题的电路。

第4章

汽车电气检查与测试

一、起 动 机

1. 起动机分解检查

（1）检查磁力起动机开关总成

1）检查铁心。如图4-1所示，推入铁心，然后检查并确认其是否能够迅速回位到初始位置。如有必要，更换磁力起动机开关总成。

2）检查吸引线圈是否断路。如图4-2所示，用万用表测量端子50和端子C间的电阻，标准电阻见表4-1。

图4-1　检查铁心

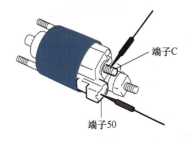

图4-2　检查吸引线圈是否断路

表4-1　端子50与端子C间的标准电阻

万用表连接	使用挡位	规定值
端子50-端子C	电阻挡	小于1Ω

如果不符合标准，更换磁力起动机开关总成。

3）检查保持线圈是否断路。如图4-3所示，使用万用表，测量端子50与开关壳体之间的电阻，标准电阻见表4-2。

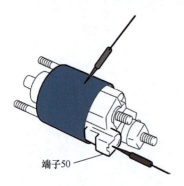

端子50

图4-3 检查保持线圈是否断路

表4-2 端子50与开关壳体间的标准电阻

万用表连接	使用挡位	规定值
端子50-开关壳体	电阻挡	小于1Ω

如果不符合标准，更换磁力起动机开关总成。

（2）检查起动机电枢总成

1）检查换向器是否断路。如图4-4所示，使用万用表测量换向器整流子片间的电阻，标准电阻见表4-3。

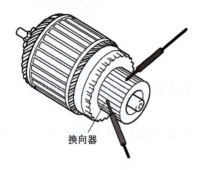

换向器

图4-4 检查换向器是否断路

表4-3 换向器整流子片间的标准电阻

万用表连接	使用挡位	规定值
整流子片-整流子片	电阻挡	小于1Ω

如果不符合标准，更换起动机电枢总成。

2）检查换向器是否对搭铁短路。如图4-5所示，使用万用表测量换向器和电枢线圈间的电阻，标准电阻见表4-4。

电枢

换向器

图4-5 检查换向器是否对搭铁短路

表4-4 换向器和电枢线圈间的标准电阻

万用表连接	使用挡位	规定值
换向器-电枢	电阻挡	10kΩ 或更大

如果不符合标准，更换起动机电枢总成。

3）检查外观。如果表面脏污或烧坏，用砂纸（400号）或在车床上修复表面。

4）检查换向器径向圆跳动是否合格。如图4-6所示，将换向器放在V形块上，用百分表测量径向圆跳动。标准径向圆跳动为 0.02mm，最大径向圆跳动为 0.05mm。如果径向圆跳动大于最大值，则更换电枢总成。

5）测量换向器直径。如图 4-7 所示，用游标卡尺测量换向器直径。标准直径为 29.0mm，最小直径为 28.0mm。如果直径小于最小值，则更换电枢总成。

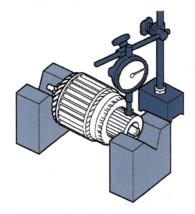

图 4-6　检查换向器径向圆跳动　　　　图 4-7　用游标卡尺测量换向器直径

（3）检查起动机电刷架总成

1）测量电刷长度。如图 4-8 所示，拆下弹簧卡爪，然后拆下 4 个电刷，用游标卡尺测量电刷长度。标准长度为 14.4mm，最小长度为 9.0mm。如果长度小于最小值，则更换起动机电刷架总成。

2）检查电刷架。如图 4-9 所示，用万用表测量电刷间的电阻，标准电阻见表 4-5。

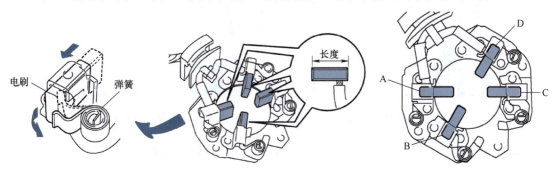

图 4-8　测量起动机电刷长度　　　　图 4-9　测量电刷间的电阻

表 4-5　电刷间的标准电阻

万用表连接	使用挡位	规定值
A-B	电阻挡	10kΩ 或更大
A-C	电阻挡	10kΩ 或更大
A-D	电阻挡	小于 1Ω
B-C	电阻挡	小于 1Ω
B-D	电阻挡	10kΩ 或更大
C-D	电阻挡	10kΩ 或更大

如果不符合标准，则更换起动机电刷架总成。

（4）检查起动机中间轴承离合器分总成

1）检查行星齿轮的轮齿、内齿轮和起动机离合器是否磨损并损坏。如果损坏，更换齿轮或离合器总成。还要检查行星齿轮是否磨损或损坏。

2）检查起动机离合器。如图 4-10 所示，顺时针转动离合器小齿轮，检查并确认其转动自由。尝试逆时针转动离合器小齿轮检查并确认其锁止。如有必要，则更换起动机中间轴承离合器分总成。

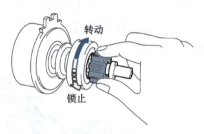

图 4-10　检查起动机中间轴承
离合器分总成

2. 起动机检测

（1）进行牵引测试

从端子 C 断开励磁线圈引线。如图 4-11 所示，将蓄电池连接至磁力起动机开关，检查并确认小齿轮向外移动。如果离合器小齿轮未移动，则更换磁力起动机开关总成。

（2）执行保持测试

如图 4-12 所示，从端子 C 上断开电缆后检查并确认小齿轮没有朝内回位。

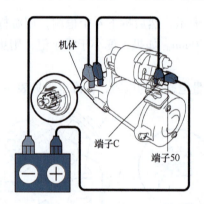

图 4-11　进行牵引测试

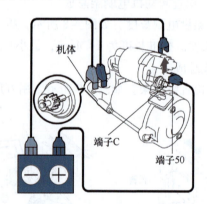

图 4-12　断开端子 C 的连接

如图 4-13 所示，检查离合器小齿轮是否回位，确认小齿轮朝内移动。

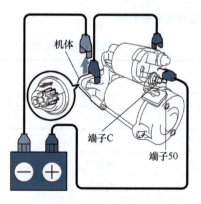

图 4-13　小齿轮朝内移动

（3）执行无负载操作测试

连接励磁线圈引线至端子 C。将起动机夹在台虎钳中。如图 4-14 所示，将蓄电池和电流表连接到起动机上。检查并确认电流表指示电流符合规定，标准电流见表 4-6。

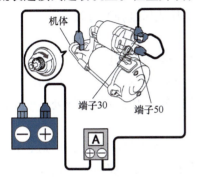

图 4-14　连接蓄电池和电流表

表 4-6　无负载标准电流

电流表连接	条件	规定值
蓄电池正极端子-端子 30-端子 50	11.5V	小于 90A

如果结果不符合规定，则更换起动机总成。

3. 起动机维修案例

（1）起动机异响不能带动发动机运转故障诊断

1）故障现象。接通起动开关，起动机运转时有撞击声，且不能带动发动机运转。

2）故障原因。

① 起动开关或电磁开关行程调整不当。

② 电枢移动式固定触点和活动触点间隙调整不当。

③ 起动机驱动小齿轮或飞轮轮齿磨损过甚或打滑。

④ 起动机固定螺栓松动或离合器壳松动。

⑤ 起动机内部故障。

3）故障诊断。此现象表明起动机驱动小齿轮啮合困难。首先将曲轴摇转一个角度，再接通起动开关试验。如撞击声消失且啮合起动发动机，则说明飞轮齿圈部分轮齿啮合端打坏，应予以更换。

① 如曲轴转到任何角度都不能消除撞击声，驱动小齿轮始终不能啮合，则表明起动机拨叉行程或电磁开关行程过短，导致驱动小齿轮尚未啮合即高速旋转。

② 当接通起动开关时，起动机壳体明显抖动，说明起动机固定螺栓或离合器壳固定螺钉松动，应立即紧固，否则可能造成起动机驱动端盖折断。

③ 此外，根据撞击声响特征也可大致判明原因。一般行程调整不当或带有空转的撞击声是连续的，而起动机固定螺栓或离合器壳松动，或飞轮齿损坏引起的撞击声是断续的，且有时可以啮合起动。空转带有撞击声的诊断方法与起动机空转故障相同。

（2）起动机不运转故障诊断

1）故障现象。将点火钥匙旋至点火开关起动位置时，起动机不运转。

2）故障原因。

① 蓄电池亏电或连接导线断路、接头松脱。

② 起动继电器触点严重烧蚀或其线圈断路。

③ 起动机电磁开关的触点严重烧蚀或其吸拉线圈断路。

④ 起动机直流电动机内部绕组断路或短路。

⑤ 起动机电枢轴弯曲，轴与轴承间隙过紧。

⑥ 换向器严重烧蚀，电刷磨损过多，电刷在电刷架内卡住或压刷弹簧过软。

3）故障诊断。

① 若前照灯不亮，喇叭不响，则应检查蓄电池及导线是否无电或断路。

② 按喇叭或开前照灯，若喇叭声音变小，前照灯变暗，则可检查蓄电池与起动机之间的连接导线及搭铁线是否松脱，极柱或接线夹是否过脏。检查时可用手触摸接线处，如果摸上去发烫说明接触不良，应清洁接头后紧固。

③ 若前照灯亮、喇叭响，则说明蓄电池有电，可用螺丝刀搭接起动机电磁开关上的两个接线柱，若起动机运转，说明故障在电磁开关及起动电路中。开关短路后若火花大但起动机不转，则应拆检起动机。

（3）起动机单向离合器不回位故障诊断

1）故障现象。起动发动机时，发动机不能起动，且起动机不停转动，或起动后驱动齿轮仍然与飞轮齿圈啮合高速运转。

2）故障原因。

① 点火开关起动挡不回位。

② 起动机驱动齿轮齿形与飞轮齿圈齿形不相符。

③ 蓄电池亏电或内部有故障。

④ 电磁开关触点烧蚀严重。

⑤ 电磁开关回位弹簧折断、活动铁心卡住。

⑥ 单向离合器在转子轴上卡住。

3）故障诊断。

① 遇此故障时，应迅速切断电源，防止长时间通电烧坏起动机。

② 切断电源后，若单向离合器能自动回位，应检查点火开关起动挡回位是否良好，不符合要求时，应予以更换。

③ 若单向离合器不能回位，再转动曲轴检查单向离合器是否回位，回位时应检查蓄电池的放电程度及电磁开关触点是否严重烧蚀，并视情况予以充电或更换。若不回位则应拆检起动机，检查电磁开关回位弹簧是否折断、活动铁心是否卡滞、单向离合器在电枢轴上移动是否灵活，并视情况予以修复或更换。

二、发电机

1. 检查发电机传动带

检查传动带有无磨损、破裂和其他损坏痕迹。如果发现有损坏，则更换传动带，如图 4-15 所示。

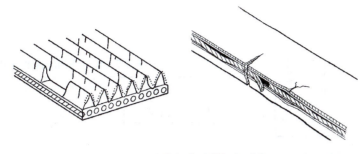

图 4-15　发电机传动带损坏现象

注意：如果发现下列任何一种损坏，则更换传动带。

1）传动带磨损并露出线束。

2）不止一处出现深达线束的破裂情况。

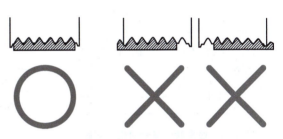

3）传动带安装位置不对。检查并确认传动带正确安装在楔形槽中。用手检查，以确认传动带没有从带轮底部的凹槽中滑脱。如果已滑出，则更换传动带。正确安装新的传动带，如图 4-16 所示。

图 4-16　发电机传动带安装位置

2. 发电机分解检查

（1）检查发电机离合器带轮

固定带轮中心，确认外锁环只能逆时针转动而不能顺时针转动，如图 4-17 所示。如果结果不符合规定，更换离合器带轮。

（2）检查发电机电刷架总成

利用游标卡尺测量电刷的外露长度，如图 4-18 所示。标准外露长度：9.5～11.5mm。最小外露长度：4.5mm。如果外露长度小于最小值，更换电刷架总成。

图 4-17　检查发电机离合器带轮

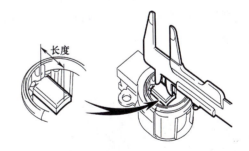

图 4-18　检查发电机电刷架总成

（3）检查发电机转子总成

1）检查发电机转子是否断路。用万用表测量集电环之间的电阻，如图 4-19 所示，标准电阻见表 4-7。

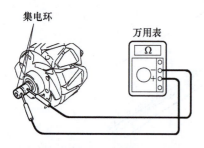

图 4-19　检查发电机转子是否断路

表 4-7　集电环间的标准电阻

万用表连接	条件	规定值
集电环-集电环	约 20℃	2.3~2.7Ω

如果结果不符合规定，则更换发电机转子总成。

2）检查转子是否对搭铁短路。使用万用表测量其中一个集电环与转子之间的电阻，如图 4-20 所示，标准电阻见表 4-8。

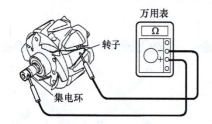

图 4-20　检查转子是否对搭铁短路

表 4-8　集电环与转子间的标准电阻

万用表连接	条件	规定值
集电环-转子	—	1MΩ 或更大

3）检查发电机转子轴承。检查并确认发电机转子轴承没有变粗糙或磨损，如图 4-21 所示。如有必要，更换发电机转子总成。

4）检查集电环直径。用游标卡尺测量集电环直径，如图 4-22所示。标准直径：14.2~14.4mm，最小直径：14.0mm。如果直径小于最小值，更换发电机转子总成。

5）检查发电机驱动端端盖轴承。检查并确认轴承没有变粗糙或磨损，如图 4-23 所示。如有必要，更换发电机驱动端端盖轴承。

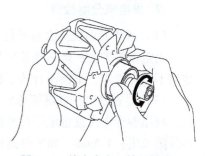

图 4-21　检查发电机转子轴承

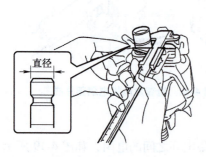

图 4-22　检查集电环直径

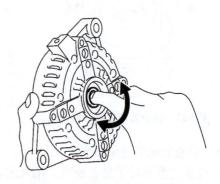

图 4-23　检查发电机驱动端端盖轴承

3. 发电机检测

（1）目视检查发电机配线

检查并确认配线情况良好。如果状态不正常，维修或更换发电机线束。

（2）检查发电机是否有异响

发动机运转时，检查并确认发电机没有异响。如果有异响，则更换带轮或发电机。

（3）检查充电警告灯电路

将点火开关置于 ON（IG）位置。检查并确认充电警告灯亮起。起动发动机，然后检查并确认灯已熄灭。如果警告灯工作情况不符合规定，则对充电警告灯电路进行故障排除。

（4）检查不带负载的充电电路

将电压表和电流表连接至充电电路，进行以下检查，如图 4-24 所示。

1）将配线从发电机端子 B 上断开，并将其连接到电流表的负极（-）引线上。

2）将电流表的正极（+）引线连接至发电机的端子 B。

3）将电压表的正极（+）引线连接至蓄电池的正极（+）端子。

4）将电压表负极（-）引线搭铁。

5）检查充电电路。将发动机转速保持在 2000r/min，检查电流表和电压表的读数。标准电流：10A 或更小，标准电压：13.2~14.8V。

6）如果结果不符合规定，则更换发电机。

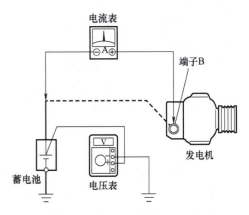

图 4-24　连接电压表和电流表

> **注意**：如果蓄电池没有充满电，则电流表读数有时会大于标准电流。

（5）检查带负载的充电电路

保持发动机转速在 2000r/min，打开远光前照灯，并将加热器鼓风机开关转至最大风速位置。检查电流表的读数，标准电流：30A 或更大。如果电流表读数小于标准电流，则更换发电机。

> **注意**：如果蓄电池已充满电，电流表读数有时会小于标准电流。在此情况下，运行刮水器电动机和车窗除雾器以增加负载，然后再检查充电电路。

4. 发电机故障案例

（1）故障现象

1）发电机充电电流过小。

2）发电机充电电流过大。

3）发电机充电电流不稳。

4）发电机不发电。

（2）故障原因

1）发电机充电电流过小。

① 接线的接头松动。

② 调节器故障。

③ 发电机发电不足。

2）发电机充电电流过大。

① 电压调节器调节电压过高。

② 调节器损坏。

3）发电机充电电流不稳。

① 发电机传动带过松。

② 导线、接线柱连接不牢。

③ 发电机总成内部故障。

4）发电机不发电。

① 整流二极管击穿短路或断路；励磁绕组短路或断路。

② 三相定子绕组相间短路或搭铁。

③ 转子集电环严重氧化脏污，电刷架损坏或电刷在电刷架中卡住。

（3）故障诊断

1）发电机充电电流过小。蓄电池在存电不足的情况下，提高发动机转速，电流表指针指示较小的充电电流，则为充电电流过小故障。

检查蓄电池、发电机、调节器和电流表等各机件的接线柱及其导线连接是否牢靠。检查发电机传动带是否过松而使发电机转速无法升高。在上述情况正常时，可在发动机中等转速下检查调节器的限额电压，拆检发电机是否有磨损损坏的异常现象。检查调节器活动触点是否烧蚀或有无氧化物，活动触点臂与铁心间间隙及弹簧拉力是否符合技术要求；调节器接线有无松动现象。发现异常现象应及时修复。发动机在中速以上运转时，接通前照灯，若电流仍显示充电，为充电系统技术状况良好；若电源表显示放电，为充电电流过小故障，应予检修。

2）发电机充电电流过大。汽车电流表指针偏转到最大充电电流位置；若夜间行车，发动机转速高时，就会出现照明和仪表指示灯特别亮。灯泡容易烧毁，分电器触点烧蚀，蓄电池电解液消耗过快。

使用万用表测量发电机端子 B 的电压，如果超出最大值20%，可确定为调节器故障。

首先，检查调节器电源线与磁场两接线柱导线是否接错，活动触点是否烧蚀或卡滞于常闭状态。检查调节器时，可拆下磁场接线，若充电电流明显减小，为调节器故障，可能是低速触点烧蚀分不开，线圈有断路等；若充电电流仍然很大，可能是磁场接线和电枢接线有短路。首先检查是否因蓄电池内部短路和严重亏电，而引起充电电流过大，如果是应予检修。

3）发电机充电电流不稳。检测发电机传动带是否过松，如果过松应调整传动带后再次验证发电电流。新传动带一般在 450~800N，可根据车型不同适当调整，旧传动带一般在 350~650N 之间，如果没有传动带张紧表（经验张紧度在传动带最大长度中间，手向下按

8mm 左右）。

检测导线连接有无松动，蓄电池正负极输出主电源和主搭铁（蓄电池接线柱有无电解液锈蚀）。

如果检测仪显示电压忽高忽低，可以在发电机 B+处测量（排除车上用电设备），如果还显示电压不正常则需要更换发电机（调节器）。

4）发电机不发电。发动机在中等以上转速时，充电指示灯亮，首先要考虑蓄电池充电情况，若充电不足为发电装置故障。

不充电的原因除了传动带过松打滑外，一般应检查发电机本身不发电或调节器故障，以及充电电路断路故障。如发电机内部整流二极管脱落，或电枢接线柱底部与二极管元件板接触处不通；二极管击穿短路，造成定子绕组烧损；电刷在电刷架内卡住接触不良，或励磁绕组断路等。

诊断中提高发动机转速，开前照灯，如电流表指针瞬间偏转为充电方向，则为发电机与调节器工作正常，而且蓄电池充电已足；若电流表指针仍较大偏向放电方向，则故障在发电机或调节器，应检查充电线路各接头是否良好，发电机传动带是否过松，及发电机、调节器的技术状况。首先验证充电系统是否确实有故障，将发动机置于中速运转，在开前照灯的瞬间，电流表指针偏向"+"方向或保持原位不动，为蓄电池已充足电，充电系统工作正常。如果电流表指针偏向"一"方向，为充电系统有故障，应予检修。

三、灯 光 系 统

1. 蓄电池检查

（1）外观检查

外壳有无裂缝、破损和泄漏；安装架是否夹紧，有无腐蚀；正、负极端子是否氧化及腐蚀，电线夹是否腐蚀；表面是否清洁，加液孔盖的通气孔是否畅通。

（2）观察口检查

蓄电池的正上方有一个观察口，通过观察口可以看到的颜色分为绿色、黄色和黑色三种。绿色表示蓄电池电量充足，黄色表示略微亏电，黑色表示即将报废，需要更换。

（3）检查蓄电池电压

汽车蓄电池的静态电压一般在 11.5～12V 左右，如果低于 10V 则需要充电或更换蓄电池。

车辆起动后，应升至 13～14V，如果充电电压低于12.5V，则需要检查发电机传动带是否有过松、打滑导致发电量过低，或者是发电机故障。

（4）电解液液面高度检查

电解液液面应高于极板 10～15mm，正常使用时应定期检查液面高度，必要时补充蒸馏水，如图 4-25

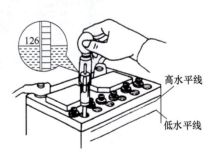

图 4-25　电解液液面高度检查

所示。

（5）蓄电池的维护

经常清洗蓄电池表面，保持清洁，以防极间短路。检查电极端子的连接情况，去掉氧化层，夹紧线夹。检查液面高度，防止极板硫化。根据季节变化及时调整电解液密度。加液盖必须拧紧，以防电解液溢出；盖子上的通气孔必须畅通，防止充电时气体排不出而造成壳体破裂。在起动时，每次起动时间不超过 5s，连续起动时间间隔大于 15s。

2. 灯光检查

（1）车辆外部灯光检查

车辆灯光检查由两人配合完成，一人在驾驶室内操纵灯光开关（图 4-26、图 4-27），同时检查开关、仪表警告灯、室内灯的使用状况；另一人在车外前后、左右观察各种灯光的工作情况，并通过手势与室内人员沟通。

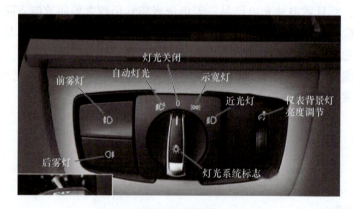

图 4-26　旋钮式灯光开关

图 4-27　拨杆式灯光开关

注意：灯光检查耗电量较大，作业时发动机应处于运转状态。

1）示宽灯、尾灯、牌照灯、仪表照明灯检查。将灯光总开关置于小灯位置，车前观察示宽灯点亮状况车后观察尾灯和牌照灯点亮状况，同时室内观察仪表照明灯点亮状况。

2）雾灯检查。将灯光总开关置于小灯位置，打开雾灯开关，观察雾灯点亮状况。

注意：雾灯一般是在灯光总开关置于小灯位置时工作。

3）前照灯近光检查。将灯光总开关从小灯位置置于前照灯位置，且开关上下处于近光位置（上下之间的中位），车前观察前照灯近光工作状况。

4）前照灯闪光检查。将灯光总开关置于 OFF 位置，上拉开关置于闪光位置，（上下之间的上位），车前观察前照灯是否闪亮，观察仪表盘上远光指示灯是否闪亮。

5）转向灯及转向开关自动回位检查。

① 左侧转向灯检查。将点火开关置于 ON 位置，转向开关置于左侧转向位置观察车辆左侧前、后、侧面转向灯点亮状况，同时观察仪表盘左侧转向指示灯点亮状况，将方向盘向右侧转动，检查转向开关是否能自动回位。

② 右侧转向灯检查。将点火开关置于 ON 位置，转向开关置于右侧转向位置，观察车辆右侧前、后、侧面转向灯点亮状况，同时观察仪表盘右侧转向指示灯点亮状况，将方向盘向左侧转动，检查转向开关是否能自动回位。

6）危险信号灯检查。按下危险信号开关，观察车辆前后、左右所有的转向灯是否闪烁，仪表盘上危险信号指示灯是否闪烁。

7）制动灯检查。将灯光总开关置于小灯位置，踩下制动踏板，观察车辆后方制动灯（包含高位制动灯）是否点亮。

8）倒车灯检查。点火开关置于 ON 位置（有的车型不用），变速杆置于倒挡位置，车后观察倒车指示灯是否点亮。

（2）室内照明灯检查

将室内照明灯开关由 OFF 位置旋至 ON 位置，观察室内照明灯点亮状况，然后将开关置于 DOOR 位置。

3. 灯光控制系统

（1）尾灯电路

直接连接型电路控制电路如下。

蓄电池→熔丝→灯光控制开关 TAIL 端子→左侧尾灯和右侧尾灯小灯→搭铁，此时左侧尾灯和右侧尾灯小灯点亮。

尾灯继电器型电路控制电路如下（图 4-28）。

蓄电池→熔丝→尾灯继电器线圈→灯光控制开关 TAIL 端子→搭铁，此时，尾灯继电器线圈通电，使尾灯继电器常开开关闭合。

蓄电池→熔丝→尾灯继电器常开开关→左侧尾灯和右侧尾灯小灯→搭铁，此时左侧尾灯和右侧尾灯小灯点亮。

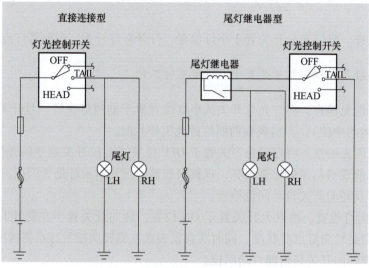

a) 未工作时电路

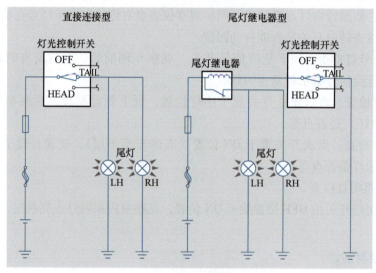

b) 尾灯工作时电路

图 4-28 尾灯电路

（2）前照灯电路

1）无继电器前照灯电路。

近光灯控制电路如下。

当灯光组合开关，旋至近光灯时，蓄电池→蓄电池熔丝→HEADLH/RH 熔丝→近光灯灯泡→灯光组合开关搭铁，此时近光灯点亮，如图 4-29 所示。

远光灯控制电路如下。

当灯光组合开关，选择远光灯时，蓄电池→蓄电池熔丝→HEADLH/RH 熔丝→远光灯灯泡→灯光组合开关搭铁，此时远光灯点亮，组合仪表上的远光灯指示器同时点亮，如图 4-30

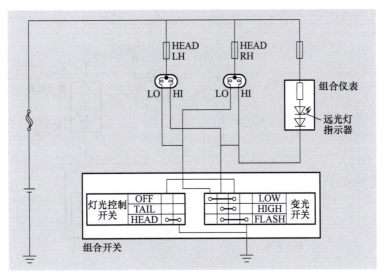

a) 未工作时电路

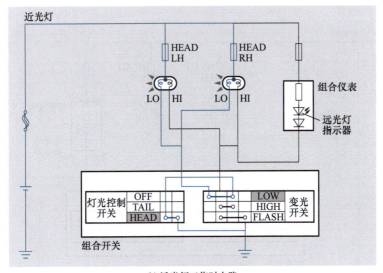

b) 近光灯工作时电路

图 4-29　近光灯控制电路（无继电器）

所示。

　　闪光灯控制电路如下。

　　当灯光组合开关，选择闪光灯时，蓄电池→蓄电池熔丝→HEADLH/RH 熔丝→远光灯灯泡→灯光组合开关搭铁，此时远光灯闪烁，组合仪表上的远光灯指示器同时闪烁，如图 4-31 所示。

　　2）有继电器前照灯电路。

　　近光灯控制电路如下。

　　当灯光组合开关，旋至近光灯时，蓄电池→蓄电池熔丝→前照灯继电器线圈→灯光组合

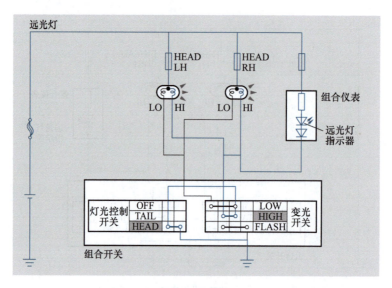

图 4-30 远光灯控制电路（无继电器）

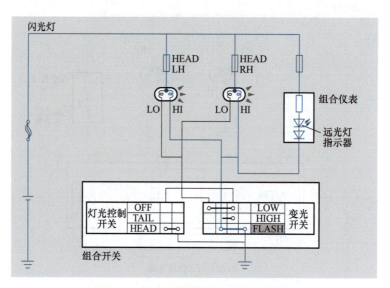

图 4-31 闪光灯控制电路（无继电器）

开关搭铁，此时前照灯继电器线圈通电，使用前照灯继电器常开开关闭合。

蓄电池→蓄电池熔丝→前照灯继电器常开开关→HEADLH/RH 熔丝→近光灯灯泡→灯光组合开关搭铁，此时近光灯点亮，如图 4-32 所示。

远光灯控制电路如下。

当灯光组合开关，选择远光灯时，蓄电池→蓄电池熔丝→前照灯继电器线圈→灯光组合开关搭铁，此时前照灯继电器线圈通电，使用前照灯继电器常开开关闭合。

蓄电池→蓄电池熔丝→前照灯继电器常开开关→HEADLH/RH 熔丝→近光灯/远光灯灯泡→灯光组合开关搭铁，此时远光灯点亮（近光灯也点亮），组合仪表上的远光灯指示器同

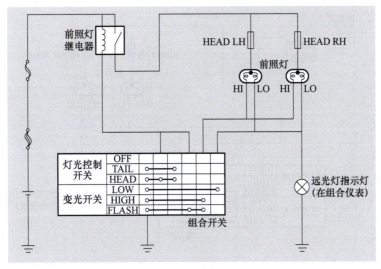

a) 未工作时电路

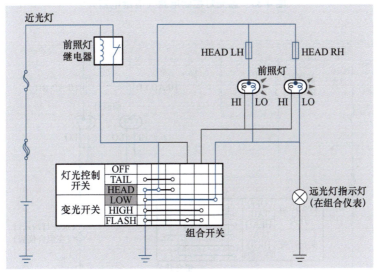

b) 近光灯工作时电路

图 4-32 近光灯控制电路（有继电器）

时点亮，如图 4-33 所示。

闪光灯控制电路如下。

当灯光组合开关，选择闪光灯时，蓄电池→蓄电池熔丝→前照灯继电器线圈→灯光组合开关搭铁，此时前照灯继电器线圈通电，使用前照灯继电器常开开关闭合。

蓄电池→蓄电池熔丝→前照灯继电器常开开关→HEADLH/RH 熔丝→近光灯/远光灯灯泡→灯光组合开关搭铁，此时远光灯闪烁，组合仪表上的远光灯指示器同时闪烁，如图 4-34 所示。

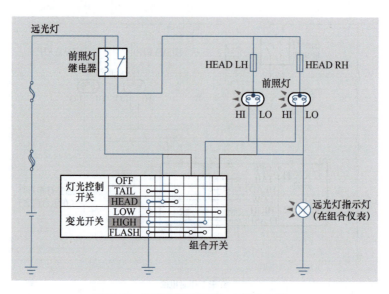

图 4-33　远光灯控制电路（有继电器）

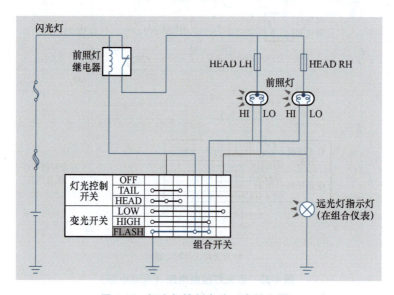

图 4-34　闪光灯控制电路（有继电器）

（3）转向灯控制电路

左转向灯控制电路，如图 4-35 所示。

当打开点火开关，转向信号开关打到左转向，蓄电池→蓄电池熔丝→点火开关 ON 档→控制器→转向信号开关（左转向）→搭铁，此时左转向电路接通。

蓄电池→蓄电池熔丝→控制器+B 电源熔丝→控制器左转向常开开关线圈（内部）→搭铁，此时控制器左转向常开开关线圈通电，常开开关闭合。

蓄电池→蓄电池熔丝→控制器+B 电源熔丝→控制器左转向常开开关→前/后转向信号灯→搭铁，此时左转向信号灯点亮，同时组合仪表左转向信号指示灯点亮。

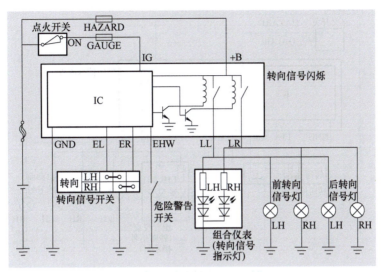

a) 未工作时电路

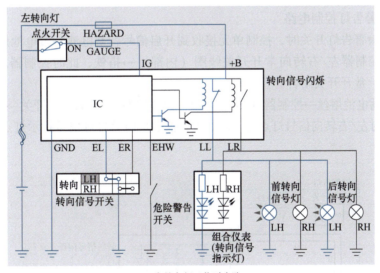

b) 左转向灯工作时电路

图 4-35　左转向灯控制电路

右转向灯控制电路，如图 4-36 所示。

当打开点火开关，转向信号开关打到右转向，蓄电池→蓄电池熔丝→点火开关 ON 档→控制器→转向信号开关（右转向）→搭铁，此时右转向电路接通。

蓄电池→蓄电池熔丝→控制器+B 电源熔丝→控制器右转向常开开关线圈（内部）→搭铁，此时控制器右转向常开开关线圈通电，常开开关闭合。

蓄电池→蓄电池熔丝→控制器+B 电源熔丝→控制器右转向常开开关→前/后转向信号灯→搭铁，此时右转向信号灯点亮，同时组合仪表右转向信号指示灯点亮。

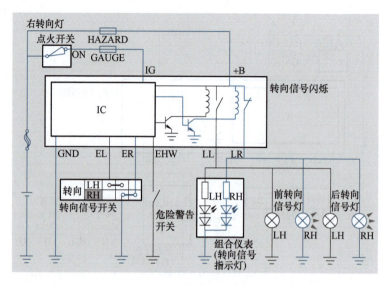

图 4-36　右转向灯控制电路

（4）危险警告灯控制电路

当按下危险警告灯开关时，控制单元接收到开启信号，蓄电池→蓄电池熔丝→控制器+B 电源熔丝→控制器左/右转向常开开关线圈（内部）→搭铁，此时控制器左/右转向常开开关线圈通电，常开开关闭合。

蓄电池→蓄电池熔丝→控制器+B 电源熔丝→控制器左/右转向常开开关→前/后转向信号灯→搭铁，此时左/右转向信号灯点亮，同时组合仪表危险警告灯信号指示灯点亮，如图 4-37 所示。

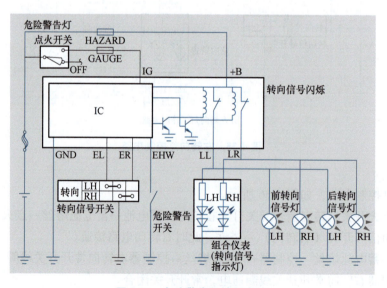

图 4-37　危险警告灯控制电路

（5）雾灯控制电路

前雾灯控制电路如下。

当打开前雾灯开关时，蓄电池→蓄电池熔丝→TAIL 熔丝→灯光组合开关→前雾灯继电器线圈→搭铁，此时前雾灯继电器线圈通电，前雾灯继电器常开开关闭合。

蓄电池→蓄电池熔丝→FOG 熔丝→前雾灯继电器常开开关→前雾灯/组合仪表雾灯指示灯→搭铁，此时前雾灯点亮、组合仪表雾灯指示灯点亮，如图 4-38 所示。

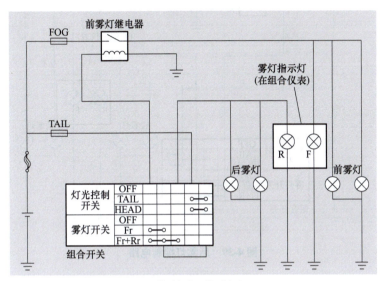

a) 前雾灯未工作时电路

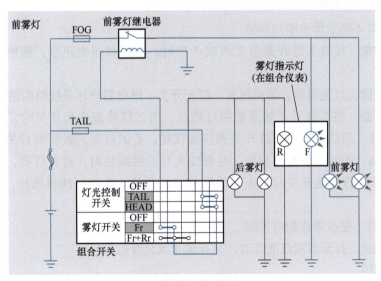

b) 前雾灯工作时电路

图 4-38 前雾灯控制电路

后雾灯控制电路如下。

当打开后雾灯开关时，蓄电池→蓄电池熔丝→TAIL 熔丝→灯光组合开关→前雾灯继电器线圈→搭铁，此时前雾灯继电器线圈通电，前雾灯继电器常开开关闭合。

蓄电池→蓄电池熔丝→FOG 熔丝→前雾灯继电器常开开关→后雾灯/组合仪表雾灯指示

灯→搭铁，此时后雾灯点亮（前雾灯也点亮）、组合仪表后雾灯指示灯点亮，如图 4-39 所示。

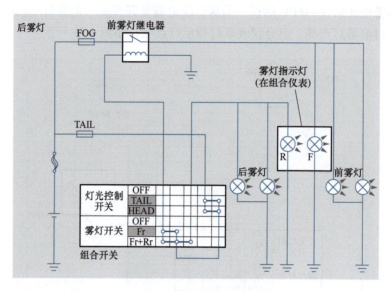

图 4-39 后雾灯控制电路

4. 灯光系统故障案例

（1）前照灯不亮故障诊断与排除

1）故障现象。接通车灯开关至 2 挡或 3 挡时，小灯和仪表正常，前照灯远近光灯均不亮。

2）故障原因。灯泡损坏、熔丝熔断、灯光开关、继电器损坏及线路断路或短路等。

3）故障诊断。将车灯开关接至前照灯挡位，用试灯检查变光开关的"电源线"接线柱。若试灯不亮，用试灯检查车灯开关相应接线柱；若试灯亮，表明两开关之间的导线断路；若试灯不亮，表明车灯开关损坏。检查变光开关接线柱时，若试灯亮，为变光开关损坏。用导线分别连接变光开关的"电源线"接线柱与远、近光灯线接线柱，此时，远近灯均应点亮。

（2）远光灯不亮故障诊断与排除

1）故障现象。打开前照灯变光时，只有远光或只有近光。

2）故障原因。

① 变光器损坏。

② 线路断路或短路。

③ 灯丝烧断。

④ 灯座接触不良。

3）故障现象。先将车灯开关接至前照灯挡位，接通变光开关，查看远光指示灯。若指示灯亮，表明远光灯线接点至线束导线断路，或者两远光灯丝烧坏。可在左或右接线板远光灯接线柱上用试灯检查：试灯亮，为两远光灯丝烧坏；试灯不亮，为远光指示灯线至线束导线断路。若指示灯不亮，为可靠起见，先检查远光指示灯技术状况。若良好，连接变光灯的"电源线"接线柱和远光线接线柱，观察前照灯及远光指示灯：亮，表明变光开关损坏；仍不亮，表明远光指示灯线结点至变光开关之间导线断路。

（3）近光灯不亮故障诊断与排除

1）故障现象。近光灯不亮。

2）故障原因。

① 灯光开关损坏。

② 线路断路或短路。

③ 灯泡灯丝烧断。

④ 灯座接触不良。

3）故障现象。将车灯开关打开，连接变光灯开关的"电源线"接线柱和近光灯线接线柱，观察前照灯：亮，为变光开关损坏；仍不亮，为变光开关至线束导线断路或两近光灯丝烧坏。可在左或右接线板近光灯接线柱上用试灯检查：试灯亮，为近光灯丝烧坏；试灯不亮，为变光开关至线束导线断路。

（4）小灯、尾灯和仪表灯均不亮故障诊断与排除

1）故障现象。灯光开关接至小灯、尾灯档位时，小灯、尾灯和仪表灯均不亮。

2）故障原因。

① 灯光开关损坏。

② 线路断路。

③ 熔丝熔断。

④ 插接器松脱。

⑤ 灯泡灯丝断。

3）故障现象。首先检查熔丝是否损坏。若损坏，更换熔丝后开灯检查熔丝是否再次熔断。若再次熔断，可能是线路或开关有短路故障，可采用断路检查法进行检查。若正常，可检查灯光开关相应的接线柱上的电压是否正常。若电压不正常，则可能是灯光开关相应的挡位损坏。若电压正常，则应检查相应的灯泡是否损坏。

四、车 窗 系 统

1. 车窗控制

（1）左前车窗玻璃升降

1）由主控开关操纵左前车窗玻璃上升。接通主控开关左前车"升"触点，左前车窗电动机通电运转，使左前车窗玻璃上升，其电路为蓄电池正极→点火开关→断路器→主控开关左前车窗"升"触点→左前车窗电动机→主控开关左前车窗"降"触点→搭铁。

2）由主控开关操纵左前车窗玻璃下降。接通主控开关左前车"降"触点，左前车窗电动机通电运转，因改变左前车窗电动机的电流方向，左前车窗电动机反向运转，使左前车窗

玻璃降下，其电路为蓄电池正极→点火开关→断路器→主控开关左前车窗"降"触点→左前车窗电动机→主控开关左前车窗"升"触点→搭铁。

（2）左后车窗玻璃升降

1）由主控开关操纵左后车窗玻璃上升。接通主控开关左后车窗"升"触点，左后车窗电动机通电运转，使左后车窗玻璃上升，其电路为蓄电池正极点火开关→断路器主控开关左后车窗"升"触点→左后车窗开关"升"触点→左后车窗电动机→左后车窗开关"降"触点→主控开关左后车窗"降"触点→搭铁。

2）由主控开关操纵左后车窗玻璃下降。接通主控开关左后车窗"降"触点，左后车窗电动机通电运转，因改变左后车窗电动机的电流方向，左后车窗电动机反向运转，使左后车窗玻璃下降，其电路为蓄电池正极→点火开关→断路器主控开关左后车窗"降"触点→左后车窗开关"降"触点→左后车窗电动机→左后车窗开关"升"触点→主控开关左后车窗"升"触点→搭铁。

3）由车窗开关操纵左后车窗玻璃上升。接通左后车窗开关"升"触点，左后车窗电动机通电运转，使左后车窗玻璃上升，其电路为蓄电池正极→点火开关→断路器→左后车窗开关"升"触点→左后车窗电动机→左后车窗开关"降"触点→主控开关左后车窗"降"触点→搭铁。

4）由车窗开关操纵左后车窗玻璃下降。接通左后车窗开关"降"触点，左后车窗电动机通电运转，因改变左后车窗电动机的电流方向，左后车窗电动机反向运转，使左后车窗玻璃下降，其电路为蓄电池正极→点火开关→断路器→左后车窗开关"降"触点→左后车窗电动机→左后车窗开关"升"触点→主控开关左后车窗"升"触点→搭铁。

右前、右后车窗玻璃升降与左前车窗玻璃升降类似。电动车窗控制原理如图4-40所示。

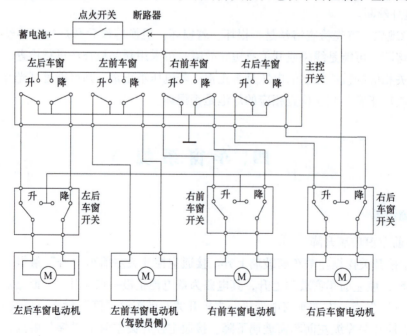

图4-40 电动车窗控制原理图

（3）自动升降电动车窗工作电路

自动升降电动车窗只需一次按下车窗控制开关按钮，车窗玻璃便会自动升起或降下，也称一触式带防夹功能电动车窗，使得电动车窗操纵更加方便。有些车辆只有左前车窗（驾驶员侧）采用自动升降电动车窗，如图 4-41 所示。

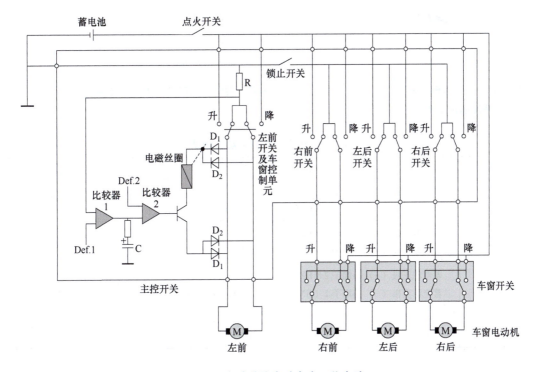

图 4-41　自动升降电动车窗工作电路

左前车窗电动机与车窗控制单元相连，受车窗控制单元直接控制。接通主控开关左前车窗 "UP" 或 "DOWN" 触点，车窗控制单元直接控制左前车窗电动机运转，左前车窗玻璃自动升起或降下。在车窗玻璃升起过程中，如遇到有异物卡在车窗内，车窗电动机停转或反转，车窗玻璃停止上升并下降一定距离，具有防夹功能。

其他三个车窗电动机没有与车窗控制单元相连，不受车窗控制单元控制，由主控开关上相应开关，及各自的车窗开关操纵车窗玻璃升降。主控开关上还设置有车窗锁止开关，用于锁止除左前车窗外其他三个电动车窗的工作。

2. 车窗检测

（1）检查电动车窗升降器电动机

以丰田品牌汽车为例。拆下电动车窗升降器电动机。根据电路图，向电动机插接器施加蓄电池电压，如图 4-42、图 4-43 和表 4-9 所示。

（2）检查电动车窗升降器开关

根据图 4-44 和图 4-45 测量电阻，测量值如表 4-10 所示。

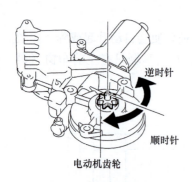

图 4-42　驾驶室电动车窗升降器电动机

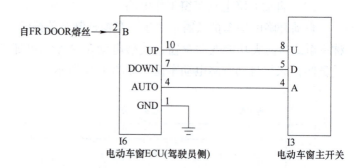

图 4-43　驾驶员侧电动车窗升降器电动机电路图

表 4-9　车窗升降器电动机测试

开关状态	测量条件	规定状态
手动操作	蓄电池正极（+）→端子 2（B） 蓄电池负极（-）→端子 1（GND），7（DOWN）	电动机齿轮逆时针旋转
	蓄电池正极（+）→端子 2（B） 蓄电池负极（-）→端子 1（GND），10（UP）	电动机齿轮顺时针旋转
自动操作	蓄电池正极（+）→端子 2（B） 蓄电池负极（-）→端子 1（GND），4（AUTO），7（DOWN）	电动机齿轮逆时针旋转
	蓄电池正极（+）→端子 2（B） 蓄电池负极（-）→端子 1（GND），4（AUTO），10（UP）	电动机齿轮顺时针旋转

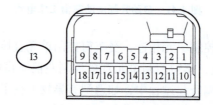

图 4-44　驾驶员侧电动车窗升降器开关端子图

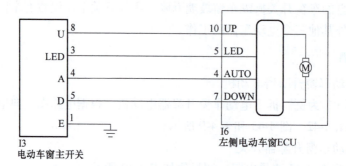

图 4-45　驾驶员侧电动车窗升降器开关电路图

表 4-10　电动车窗升降器开关标准电阻

检测仪连接	条件	规定值
8（U）-1（E）-4（A）	自动上升	小于 1Ω
8（U）-1（E）	手动上升	小于 1Ω
5（D）-1（E）	手动下降	小于 1Ω
4（A）-5（D）-1（E）	自动下降	小于 1Ω

3. 车窗故障案例

（1）驾驶员侧车门电动机故障诊断与排除

1）故障现象。驾驶员侧车门车窗升降失效。

2）故障原因。

① 车窗升降电动机过热保护。

② 车窗升降电动机故障。

③ 车窗升降电动机相关的线路。

3）故障诊断。

① 驾驶员侧车门中的电动车窗控制系统部分由一个电动车窗主开关、升降器和带集成 ECU 的电动机组成。当操作电动车窗主开关时（带防夹功能的车型），驾驶员侧车门电动车窗升降器电动机由 ECU 控制。

② 首先检查车窗升降是否有故障，如果异常，则更换升降开关。

③ 如果正常，则检查升降电动机的常电是否有 12V，再检查搭铁是否良好，再检查上升和下降时的电压是否为 12V，如果异常，则检查相关的线路。

④ 如果正常，则更换电动机。

⑤ 仅在更换电动车窗升降器电动机时需要初始化。但是，更换电动机可能导致电动机齿轮啮合到其他位置。这可能导致当前车门玻璃位置和 ECU 中存储的位置存在差异。在这种情况中，防夹功能将无法正常工作。使系统返回到初始化前的状态，并对系统重新进行初始化。

（2）驾驶员侧车门主开关故障诊断与排除

1）故障现象。驾驶员侧车门主开关不能升降驾驶员侧车窗。

2）故障原因。

① 电动车窗升降器电动机（驾驶员侧）。

② 电动车窗主开关。

③ 电动车窗主开关线束或插接器。

3）故障诊断

① 驾驶员侧车门中的电动车窗控制系统部分由一个电动车窗主开关、升降器和带集成 ECU 的电动机组成。当操作电动车窗主开关时（带防夹功能的车型），驾驶员侧车门电动车窗升降器电动机由 ECU 控制。

② 检查驾驶员侧车门主开关上的小灯是否点亮，点亮则说明电源没有问题。

③ 拆下驾驶员侧车门主开关进行检测，如果异常则更换。

④ 如果正常，则检查电动车窗主开关线束或插接器。

（3）车窗玻璃升降器故障诊断与排除

1）故障现象。升降车窗玻璃没有反应，能听到升降电动机在工作。

2）故障原因。

① 车窗玻璃升降器与玻璃固定卡扣松脱。

②车窗玻璃升降器钢丝绳断开。

3）故障诊断。升降电动机能够正常工作，说明开关、线路和升降电动机都不存在故障。拆开门板，检查车窗玻璃升降器卡扣是否松脱，钢丝绳是否断了，如果松脱、断了，则应更换车窗玻璃升降器总成。

五、电动座椅

1. 电动座椅检测

操作电动座椅开关，检查并确认以下功能正常，如图4-46所示。

① 滑动。

② 靠背倾角。

③ 腰部支撑。

④ 升降。

2. 检查调节电动机

（1）检查滑动调节电动机

将蓄电池连接至滑动调节电动机插接器端子，检查座椅骨架是否平顺移动，如图4-47和表4-11所示。

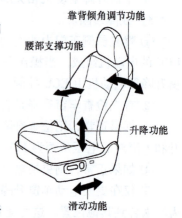

图4-46　检查电动座椅的功能

表4-11　正常运转状况1

测量条件	运转方向
蓄电池正极（+）→c1-1 蓄电池负极（−）→ c1-2	向前
蓄电池正极（+）→ c1-2 蓄电池负极（−）→c1-1	向后

（2）检查升降器电动机

将蓄电池连接至升降器电动机插接器端子，检查座椅骨架是否平顺移动，如图4-47和表4-12所示。

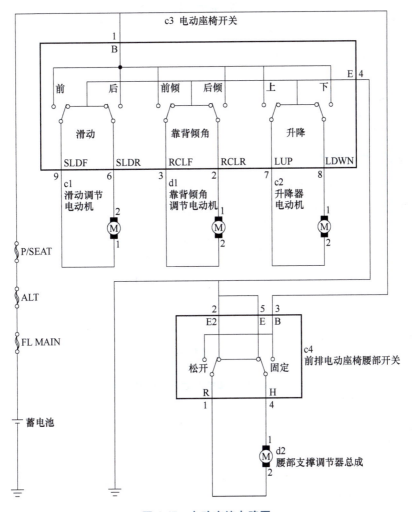

图 4-47　电动座椅电路图

表 4-12　正常运转状况 2

测量条件	运转方向
蓄电池正极（＋）→c2-2 蓄电池负极（－）→c2-1	向上
蓄电池正极（＋）→c2-1 蓄电池负极（－）→c2-2	向下

（3）检查靠背倾角调节电动机

将蓄电池连接至靠背倾角调节电动机插接器端子，检查座椅骨架是否平顺移动，如图 4-47和表 4-13 所示。

表4-13　正常运转状况3

测量条件	运转方向
蓄电池正极（+）→d1-2 蓄电池负极（-）→d1-1	前倾
蓄电池正极（+）→d1-1 蓄电池负极（-）→d1-2	后仰

3. 检查电动座椅开关

（1）检查电动座椅滑动开关

当操作电动座椅滑动开关时，测量指定端子之间的电阻，如图4-48和表4-14所示。

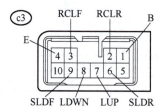

图4-48　电动座椅开关端子图

表4-14　电动座椅滑动开关标准电阻

检测仪连接	开关状态	规定值
c3-1（B）-c3-9（SLDF）	前	小于1Ω
c3-4（E）-c3-6（SLDR）	前	小于1Ω
c3-1（B）-c3-6（SLDR）	前	10kΩ或更大
c3-4（E）-c3-9（SLDF）	前	10kΩ或更大
c3-4（E）-c3-6（SLDR）	OFF	小于1Ω
c3-4（E）-c3-9（SLDF）	OFF	小于1Ω
c3-1（B）-c3-6（SLDR）	OFF	10kΩ或更大
c3-1（B）-c3-9（SLDF）	OFF	10kΩ或更大
c3-1（B）-c3-6（SLDR）	后	小于1Ω
c3-4（E）-c3-9（SLDF）	后	小于1Ω
c3-1（B）-c3-9（SLDF）	后	10kΩ或更大
c3-4（E）-c3-6（SLDR）	后	10kΩ或更大

（2）检查电动座椅升降开关

当操作电动座椅升降开关时，测量指定端子之间的电阻，如图4-48和表4-15所示。

表 4-15　电动座椅升降开关标准电阻

检测仪连接	开关状态	规定值
c3-1（B）-c3-7（LUP）	开	小于 1Ω
c3-4（E）-c3-8（LDWN）	开	小于 1Ω
c3-1（B）-c3-8（LDWN）	开	10kΩ 或更大
c3-4（E）-c3-7（LUP）	开	10kΩ 或更大
c3-4（E）-c3-7（LUP）	OFF	小于 1Ω
c3-4（E）-c3-8（LDWN）	OFF	小于 1Ω
c3-1（B）-c3-7（LUP）	OFF	10kΩ 或更大
c3-1（B）-c3-8（LDWN）	OFF	10kΩ 或更大
c3-1（B）-c3-8（LDWN）	断	小于 1Ω
c3-4（E）-c3-7（LUP）	断	小于 1Ω
c3-1（B）-c3-7（LUP）	断	10kΩ 或更大
c3-4（E）-c3-8（LDWN）	断	10kΩ 或更大

（3）检查电动座椅靠背倾角调节开关

当操作电动座椅靠背倾角调节开关时，测量指定端子之间的电阻，如图 4-48 和表 4-16 所示。

表 4-16　电动座椅靠背倾角调节开关标准电阻

检测仪连接	开关状态	规定值
c3-1（B）-c3-3（RCLF）	前	小于 1Ω
c3-4（E）-c3-2（RCLR）	前	小于 1Ω
c3-1（B）-c3-2（RCLR）	前	10kΩ 或更大
c3-4（E）-c3-3（RCLF）	前	10kΩ 或更大
c3-4（E）-c3-2（RCLR）	OFF	小于 1Ω
c3-4（E）-c3-3（RCLF）	OFF	小于 1Ω
c3-1（B）-c3-3（RCLF）	OFF	10kΩ 或更大
c3-1（B）-c3-2（RCLR）	OFF	10kΩ 或更大
c3-1（B）-c3-2（RCLR）	后	小于 1Ω
c3-4（E）-c3-3（RCLF）	后	小于 1Ω
c3-1（B）-c3-3（RCLF）	后	10kΩ 或更大
c3-4（E）-c3-2（RCLR）	后	10kΩ 或更大

六、电动后视镜

1. 电动后视镜的控制

下面以调节左侧后视镜垂直方向的倾斜程度为例，介绍它的工作情况，如图4-49所示。

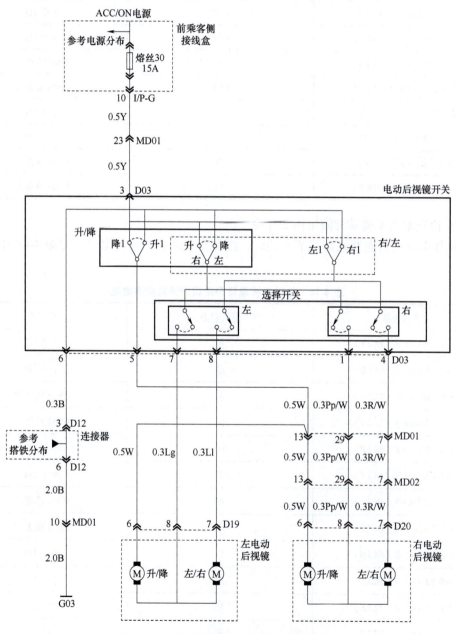

图4-49　北京现代索纳塔车电动后视镜电路

（1）升的过程

按下"升/降"按钮，实线框"升/降"开关中的箭头开关均和"升"接通，此时电流的方向为：蓄电池→熔丝 30→开关端子 3→"升右"端子→选择开关中的"左"→端子 7→电动后视镜连接端子 8→"升降"电动机→端子 6→开关端子 5→搭铁。左侧后视镜"升降"电动机运转，后视镜向上倾斜。

（2）降的过程

按下"升降"按钮，实线框"升/降"开关中的箭头开关均与"降"接通，此时的电流方向为：蓄电池→熔丝 30→开关端子 3→降 1→开关端子 5→左电动后视镜连接端子 6→"升降"电动机→左电动后视镜连接端子 8→开关端子 7→选择开关中的"左"→"降左"端子→开关端子 6→搭铁。左侧后视镜"升降"电动机运转，后视镜向相反的方向倾斜。

2. 电动后视镜检测

（1）后视镜折叠失效

后视镜折叠失效的检查流程，见表 4-17。

表 4-17　后视镜折叠失效检查流程

序号	检查步骤	检查结果		
0	初步检查	正常	有故障	操作方法
	检查仪表板熔丝/继电器盒中 F11（10A）熔丝是否正常	进行第 1 步	熔丝熔断	更换熔丝
1	检查开关	正常	有故障	操作方法
	检查开关 E11 的 IP46-9 端子是否为蓄电池电压。检查 IP46-1 端子接地是否正常	进行第 2 步	线束有故障	维修导线故障
2	检查线束	正常	有故障	操作方法
	检查开关插头 IP49-8、IP49-7 端子与折叠电动机侧插头端子是否导通	进行第 3 步	线束有故障，不导通	维修导线故障
3	检查折叠电机	正常	有故障	操作方法
	给电动机通 12V 直流电源，检查电动机是否动作	进行第 4 步	不动作，电动机故障	更换后视镜
4	检查开关	正常	有故障	操作方法
	操纵开关，检查开关的 P9 与 P1 端子是否导通	进行第 5 步	端子不导通	更换折叠控制开关
5	检查操作	正常	有故障	操作方法
	正确操作后，检查故障是否出现	诊断结束	故障未消失	从其他症状查找故障原因

（2）后视镜调节故障

后视镜调节故障检查流程，见表 4-18。

表 4-18　后视镜调节故障检查流程

序号	检查步骤	检查结果		
0	初步检查	正常	有故障	操作方法
	检查仪表板熔丝/继电器盒中 F36（7.5A）熔丝是否正常	进行第 1 步	熔丝熔断	更换熔丝
1	检查电机	正常	有故障	操作方法
	给电动机通 12V 直流电源，检查电动机是否动作	进行第 2 步	不动作，电动机故障	更换后视镜
2	检查线束	正常	有故障	操作方法
	断开车外后视镜调节开关 E11 的插头连接，检查开关插头 IP46-3 端子是否为蓄电池电压	进行第 3 步	线束有故障	维修导线故障
3	检查线束	正常	有故障	操作方法
	检查开关插头 IP46-1 端子接地是否正常	进行第 4 步	线束有故障	维修导线故障
4	检查线束	正常	有故障	操作方法
	参照电路图，检查开关插头侧与电动机插头之间的导线是否正常	进行第 5 步	线束有故障	维修导线故障
5	检查开关	正常	有故障	操作方法
	连接调节开关的插头线束，操纵开关，检查电动机插头的 DD03-1、DD03-3 端子	进行第 6 步	电压不正常	更换后视镜调节开关
6	检查操作	正常	有故障	操作方法
	正确操作后，检查故障是否出现	诊断结束	故障未消失	从其他症状查找故障原因

七、汽车被动安全装置

1. 安全气囊的安全措施

（1）操作安全气囊的安全措施

1）只允许受过培训的人员进行检测、装配和维修工作。

2）操作安全气囊系统时，必须断开蓄电池接地线。在连接蓄电池电源时，车内不能有人逗留。

3）在取出（接触）安全气囊单元之前，操作人员必须进行静电放电，这可以通过触摸诸如水管或金属支架之类的接地金属零件来实现。

4）从运输容器中取出安全气囊单元后，必须立即进行安装。

5）安装工作中断时，必须将安全气囊单元重新装入运输容器中。

6）不允许随意放置安全气囊单元。

7）在已拆卸的情况下存放安全气囊时，应该将带软垫的一侧指向上方。

8）如果安全气囊单元摔落到硬地板上或受损，则不允许再使用。

（2）头部安全气囊的安全规定

1）每次都必须更换损坏的立柱饰板，不可维修。

2）不允许弯折或扭曲头部安全气囊。

3）在头部安全气囊区域进行车身维修后，必须检查车身是否存在焊溅物、变形或擦伤（必要时与另一侧进行比较）。

4）如果更换已触发的头部安全气囊，则必须更换顶篷和 A 柱、B 柱、C 柱的饰板。

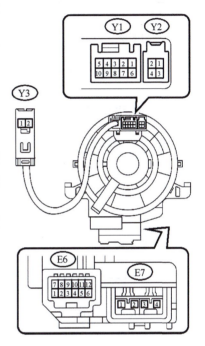

图 4-50　螺旋电缆端子图

2. 安全气囊组件的检测

（1）检查螺旋电缆

如果有以下任何缺陷，则必须更换新的螺旋电缆：插接器或者螺旋电缆上有划痕、裂缝、凹痕或碎片。

根据图 4-50 和表 4-19 测量电阻，进行检查。

> **注意：**为避免螺旋电缆损坏，转动螺旋电缆时不要超过必要的圈数。如果数值不在规定的范围内，更换螺旋电缆。

表 4-19　螺旋电缆标准电阻

检测仪连接	条件	规定值
Y1-1-E6-8（HO）	中央	小于 1Ω
	向左转 2.5 圈	
	向右转 2.5 圈	
Y1-1-E6-3（CCS）	中央	小于 1Ω
	向左转 2.5 圈	
	向右转 2.5 圈	
Y1-2-E6-4（ECC）	中央	小于 1Ω
	向左转 2.5 圈	
	向右转 2.5 圈	

（续）

检测仪连接	条件	规定值
Y1-5-E6-12（IL+2）	中央	小于 1Ω
	向左转 2.5 圈	
	向右转 2.5 圈	
Y1-8-E6-4（EAU）	中央	小于 1Ω
	向左转 2.5 圈	
	向右转 2.5 圈	
Y1-9-E6-5（AU2）	中央	小于 1Ω
	向左转 2.5 圈	
	向右转 2.5 圈	
Y1-10-E6-6（AU1）	中央	小于 1Ω
	向左转 2.5 圈	
	向右转 2.5 圈	
Y3-1-E7-2（D-）	中央	小于 1Ω
	向左转 2.5 圈	
	向右转 2.5 圈	
Y3-2-E7-1（D+）	中央	小于 1Ω
	向左转 2.5 圈	
	向右转 2.5 圈	

（2）检查前排乘客安全气囊总成

如果有如下缺陷，换上新的仪表板：前排乘客安全气囊总成周围的仪表板有划伤、小裂纹或明显褪色，如图 4-51 所示。

（3）检查窗帘式安全气囊总成

在窗帘式安全气囊总成安装在车上时，进行目视检查。如果存在如下任何缺陷，则换上新的前柱装饰板或车顶内衬总成：窗帘式安全气囊总成周围的前柱装饰板或车顶内衬总成上有划伤、小裂纹或明显变色现象，如图 4-52 所示。

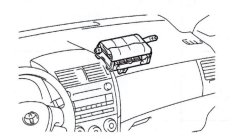

图 4-51　检查前排乘客安全气囊总成

图 4-52　检查窗帘式安全气囊总成

（4）检查前排座椅侧安全气囊总成

前排座椅侧安全气囊总成安装在车上时，进行目视检查。如果存在如下任何缺陷，应更换新的前排座椅总成：前排座椅侧安全气囊总成周围的前排座椅靠背总成上有划伤、小裂纹或明显变色，如图 4-53 所示。

3. 安全带组件的检测

（1）检查前排乘客座椅安全带指示灯

根据图 4-54 和表 4-20，将蓄电池电压施加到安全带指示灯插接器，进行检查。

图 4-53　检查前排座椅侧安全气囊总成　　　　图 4-54　安全带指示灯插接器

表 4-20　指示灯正常状态

检测仪连接	规定状态
蓄电池正极（+）→E92-1（B）	安全带指示灯亮起
蓄电池负极（−）→E92-2（L）	安全带指示灯亮起

（2）检查前排座椅内安全带总成（驾驶员侧）

从前排座椅内安全带总成上断开插接器，进行检查，如图 4-55 和表 4-21 所示。

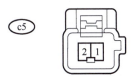

图 4-55　安全带总成插接器

表 4-21　安全带总成正常值

检测仪连接	条件	规定值
c5-1-c5-2	安全带未系紧	小于 1Ω
c5-1-c5-2	安全带已系紧	10kΩ 或更大

（3）检查乘员检测传感器

测量不同状态下乘员检测传感器的电阻，如图 4-56 和表 4-22 所示。

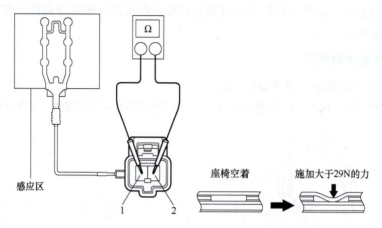

感应区

座椅空着　　　施加大于29N的力

图 4-56　检查乘员检测传感器

表 4-22　乘员检测传感器正常值

条件	规定值
向乘员检测传感器施加大于 29N 的力	小于 100Ω
座椅空着	1MΩ 或更大

4. 汽车被动安全装置故障检查

（1）安全气囊故障警告灯亮

安全气囊故障警告灯亮检查流程，见表 4-23。

表 4-23　安全气囊故障警告灯亮检查流程

序号	检查步骤	检查结果		
0	初步检查	正常	有故障	操作方法
	询问驾驶员车辆是否为事故车辆	进行第 1 步	事故车辆	按照事故车辆维修方式进行维修
1	检查 SRS 控制单元的接线	正常	有故障	操作方法
	检查 SRS 控制单元的电源和接地是否正常	进行第 2 步	熔丝熔断	更换熔丝
			接地不良	重新连接接地线
2	使用车辆诊断仪	正常	有故障	操作方法
	连接车辆诊断仪，读取故障码	进行第 3 步	故障存储器中有故障码	按照故障码进行维修
3	检查操作	正常	有故障	操作方法
	正确操作后，检查故障是否出现	诊断结束	故障未消失	从其他症状查找故障原因

（2）电自检过程中安全气囊故障警告灯不亮

电自检过程中安全气囊故障警告灯不亮检查流程，见表 4-24。

表 4-24　电自检过程中安全气囊故障警告灯不亮检查流程

序号	检查步骤	检查结果		
0	初步检查	正常	有故障	操作方法
	连接车辆诊断仪，使用执行功能，检查组合仪表所有指示灯是否点亮	进行第 1 步	安全气囊警告灯不亮	更换组合仪表
1	检测 SRS 控制单元线束	正常	有故障	操作方法
	检查 SRS 控制单元的电源和接地是否正常	进行第 2 步	熔丝熔断	更换熔丝
			接地不良	重新连接地线
2	连接车辆诊断仪	正常	有故障	操作方法
	连接车辆诊断仪，检查安全气囊故障存储器是否有故障码显示	进行第 3 步	故障存储器中有故障码	根据故障码进行维修
			失去与控制单元的对话	检查诊断插接器与 SRS 控制单元的连接
3	检查 SRS 控制单元	正常	有故障	操作方法
	检查控制单元是否工作正常	进行第 4 步	控制单元故障	更换控制单元
4	检查操作	正常	有故障	操作方法
	正确操作后，检查故障是否出现	诊断结束	故障未消失	从其他症状查找故障原因

八、电动刮水器、洗涤器

1. 检查风窗玻璃刮水器电动机总成

（1）检查 LO 操作

将蓄电池正极（+）引线连接至端子 5（+1），并将蓄电池负极（-）引线连接至端子 4（E），同时检查并确认电动机低速（LO）运行，如图 4-57 所示。

正常：电动机低速（LO）运行。

（2）检查 HI 操作

将蓄电池正极（+）引线连接至端子 3（+2），并将蓄电池负极（-）引线连接至端子 4（E），同时检查并确认电动机高速（HI）运行，如图 4-57 所示。

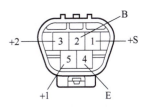

图 4-57　风窗玻璃刮水器电动机总成插接器

正常：电动机高速（HI）运行。

（3）检查自动停止运行（轿车）

将蓄电池正极（+）引线连接至端子 5（+1），将蓄电池负极（-）引线连接至端子 4

（E）。电动机低速（LO）旋转时，断开端子 5（+1）使刮水器电动机停止在除自动停止位置外的任何位置，如图 4-57 所示。

用专用工具连接端子 1（+S）和 5（+1）。然后将蓄电池正极（+）引线连接至端子 2（B），并将蓄电池负极（-）引线连接至端子 4（E），以使电动机以低速（LO）重新起动，如图 4-57 所示。

检查并确认电动机在自动停止位置自动停止，如图 4-58 所示。

正常：电动机在自动停止位置自动停止。

2. 检查风窗玻璃刮水器和洗涤器开关总成

（1）检查前刮水器开关

根据图 4-59 以及表 4-25 中的标准值测量电阻。

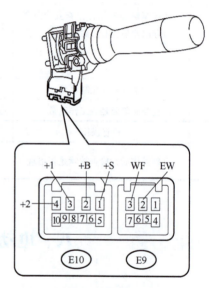

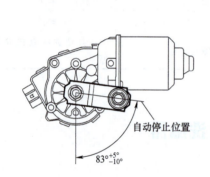

图 4-58　电动机停止位置

图 4-59　前刮水器开关

表 4-25　前刮水器标准电阻

检测仪连接	开关状态	规定值
E10-1（+S）-E10-3（+1）	INT	小于 1Ω
	OFF	
E10-2（+B）-E10-3（+1）	MIST	
	LO	
E10-2（+B）-E10-4（+2）	HI	

（2）检查前洗涤器开关

根据图 4-59 以及表 4-26 中的标准值测量电阻。

表 4-26　前洗涤器标准电阻

检测仪连接	开关状态	规定值
E9-2（EW）-E9-3（WF）	ON	小于 1Ω
	OFF	10kΩ 或更大

3. 检查风窗玻璃洗涤器电动机和泵总成

1）拆下清洗液罐。

2）断开风窗玻璃洗涤器电动机和泵插接器。

提示：应在风窗玻璃洗涤器电动机和泵安装到清洗液罐上的情况下进行检查。

3）将清洗液罐加满清洗液。

4）将蓄电池正极（+）引线连接到风窗玻璃洗涤器电动机和泵的端子 2，并将蓄电池负极（-）引线连接到端子 1，如图 4-60 所示。

5）检查并确认清洗液从清洗液罐中流出。

正常：清洗液从清洗液罐中流出。

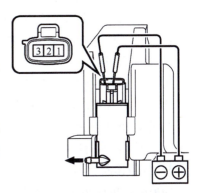

图 4-60　检查风窗玻璃洗涤器电动机和泵总成

4. 电动刮水器、洗涤器故障检查

（1）刮水器电动机不工作故障诊断与排除

1）故障现象。接通刮水器控制开关电源后，刮水器电动机不能运转。

2）故障原因。

① 刮水器电动机：电动机定子或转子断线、电刷磨损严重。

② 电源和接线：电路中的熔断器断路，或接线断线。

③ 刮水器开关：开关接触不良。

④ 刮水间歇继电器：继电器损坏。

⑤ 连接杆卡滞不能运动或脱落，摇臂烧坏或锈蚀、脱落。

3）故障诊断。

① 刮水器电动机：更换电刷、定子、转子或更换电动机

② 电源和接线：更换熔断器、修复电路接线。

③ 刮水器开关：更换开关。

④ 刮水间歇继电器：更换继电器。

⑤ 连接杆卡滞不能运动或脱落：修复连接杆和摇臂。

（2）电动刮水器刮水片不能自动复位故障诊断与排除

1）故障现象。刮水器开关关闭后，刮水器刮水片不能自动回位。

2）故障原因。

① 刮水器联动杆与电动机轴松动。

② 电动机故障，回位控制线断路或自动回位器触点与滑片接触不良。

③ 线路故障，刮水器开关至回位控制线断路。

④ 刮水器开关故障，引线断路或接触不良。

3）故障诊断。控制开关至关闭挡。用电线将刮水器电动机回位控制线与低速控制线短接，如果刮水片不回位，说明刮水器电动机的回位引线断路或自动回位器触点与滑片接触不良。如果刮水片回位，再用电线将控制开关回位控制线与低速线短接，此时如果刮水片不回位，说明控制开关至刮水器电动机回位控制线断路，要检修电线束；如果刮水片回位，说明是控制开关损坏，要检修或更换控制开关。

（3）刮水器动作迟缓故障诊断与排除

1）故障现象。刮水器开关拨至高速或低速挡时，电动机运转无力，刮水片动作迟缓。

2）故障原因。

① 电压过低或刮水器开关接触不良。

② 刮水片和玻璃的接触面脏污。

③ 电动机轴承和减速器齿轮润滑不良。

④ 电刷接触不良或弹簧过软。

3）故障诊断。用导线将刮水器电动机高速或低速控制线直接搭铁，观察电动机运转情况，如果电动机运转无力，说明是电动机故障，如电刷弹簧失效，电刷磨损严重，要检修电动机；如是电动机转速正常，说明是控制开关故障：触点接触不良或触点氧化，要检修或更换控制开关。

九、汽车空调系统

1. 汽车制冷系统组件检测

注意事项：

1）不要在密闭的环境内或接近明火的区域处理制冷剂。

2）务必戴上护目镜。

3）注意不要让液体制冷剂溅入眼睛或溅到皮肤上。

4）如果液体制冷剂溅入眼睛或溅到皮肤上：

① 用大量冷水清洗这些部位。

注意： 不要擦眼睛或皮肤。

② 在皮肤上涂抹干净的凡士林。

③ 立即去医院接受专业治疗。

5）绝对不要加热容器或将容器暴露在明火处。

6）注意不要使存放制冷剂的容器掉落或受到冲击。

（1）检查空调车内温度传感器

1）拆下空调车内温度传感器。

2）根据图 4-61 以表 4-27 中的标准值测量电阻。

提示：随着温度升高，电阻减小。

表 4-27　车内温度传感器标准电阻

检测仪连接	条件	规定值
E25-1-E25-2	10℃	3.00~3.73kΩ
E25-1-E25-2	15℃	2.45~2.88kΩ
E25-1-E25-2	20℃	1.95~2.30kΩ
E25-1-E25-2	25℃	1.60~1.80kΩ
E25-1-E25-2	30℃	1.28~1.47kΩ
E25-1-E25-2	35℃	1.00~1.22kΩ
E25-1-E25-2	40℃	0.80~1.00kΩ
E25-1-E25-2	45℃	0.65~0.85kΩ
E25-1-E25-2	50℃	0.50~0.70kΩ
E25-1-E25-2	55℃	0.44~0.60kΩ
E25-1-E25-2	60℃	0.36~0.50kΩ

（2）检查环境温度传感器

1）将插接器从热敏电阻总成（环境温度传感器）上断开。

2）根据图 4-62 以及表 4-28 中的标准值测量电阻。

提示：随着温度升高，电阻减小。

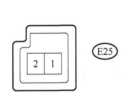

图 4-61　空调车内温度传感器插接器

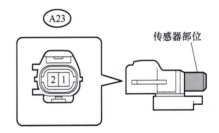

图 4-62　环境温度传感器插接器

表 4-28　环境温度传感器标准电阻

检测仪连接	条件	规定值
A23-1（SO+）-A23-2（SO-）	10℃	3.00~3.73kΩ
A23-1（SO+）-A23-2（SO-）	15℃	2.45~2.88kΩ
A23-1（SO+）-A23-2（SO-）	20℃	1.95~2.30kΩ
A23-1（SO+）-A23-2（SO-）	25℃	1.60~1.80kΩ
A23-1（SO+）-A23-2（SO-）	30℃	1.28~1.47kΩ
A23-1（SO+）-A23-2（SO-）	35℃	1.00~1.22kΩ
A23-1（SO+）-A23-2（SO-）	40℃	0.80~1.00kΩ
A23-1（SO+）-A23-2（SO-）	45℃	0.65~0.85kΩ

（续）

检测仪连接	条件	规定值
A23-1（SO+）-A23-2（SO-）	50℃	0.50~0.70kΩ
A23-1（SO+）-A23-2（SO-）	55℃	0.44~0.60kΩ
A23-1（SO+）-A23-2（SO-）	60℃	0.36~0.50kΩ

（3）检查蒸发器温度传感器

1）将插接器从蒸发器温度传感器上断开。

2）根据图 4-63 和表 4-29 中的标准值测量电阻。

提示：随着温度升高，电阻减小。

表 4-29 蒸发器温度传感器标准电阻

检测仪连接	条件	规定值
x2-1-x2-2	-10℃	7.30~9.10kΩ
x2-1-x2-2	-5℃	5.65~6.95kΩ
x2-1-x2-2	0℃	4.40~5.35kΩ
x2-1-x2-2	5℃	3.40~4.15kΩ
x2-1-x2-2	10℃	2.70~3.25kΩ
x2-1-x2-2	15℃	2.14~2.58kΩ
x2-1-x2-2	20℃	1.71~2.05kΩ
x2-1-x2-2	25℃	1.38~1.64kΩ
x2-1-x2-2	30℃	1.11~1.32kΩ

（4）检查空调压力传感器

1）安装歧管压力表组件。

2）将插接器从空调压力传感器上断开。

3）将 3 节 1.5V 干电池的正极（+）引线连接到端子 3，并将负极（-）引线连接到端子 1。

4）将电压表正极（+）引线连接到端子 2 上，负极（-）引线连接到端子 1 上。

根据图 4-64 以及表 4-30 中的标准值测量电压。

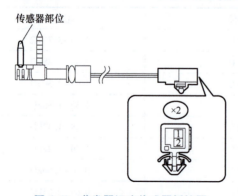

图 4-63 蒸发器温度传感器插接器

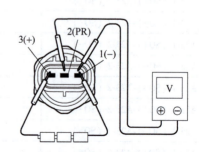

图 4-64 检查空调压力传感器

表 4-30　空调压力传感器标准电压

电压表连接	条件	规定值
2-1	制冷剂压力：0.39~3.187MPa	1.0~4.8V

（5）检查压缩机

空调压缩机是连续可变排量型，它的排量可以根据空调的制冷负荷进行调节。该压缩机由轴、接线板、活塞、滑蹄、曲柄室、气缸和电磁控制阀组成，如图 4-65 所示。电磁控制阀调整吸气压力以使吸气压力可以根据需要进行调节，使用旋转阀将制冷剂气体吸入气缸。

1）检查压缩机电磁阀。断开空调压缩机插接器。根据图 4-66 以表 4-31 中的标准值测量电阻。

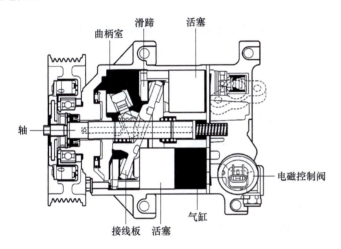

图 4-65　压缩机的结构

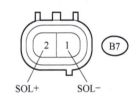

图 4-66　检查压缩机电磁阀

表 4-31　压缩机电磁阀标准电阻

检测仪连接	条件	规定值
B7-2（SOL+）-B7-1（SOL-）	20℃（68°F）	10~11Ω

2）检测空调压缩机线圈环部件。

① 检测离合器间隙。拆卸空调压缩机。若带轮运转正常：

使用塞尺检测线圈环部件压板与带轮之间隙，是否符合技术标准，如图 4-67 所示。标准间隙：0.6mm 若不符合标准，则更换垫片进行。垫片厚度尺寸选择：0.1mm、0.3mm、0.5mm。

② 检测线圈环部件电阻值。测量线圈环部件线圈接头与压缩机机体的电阻值，看是否符合技术要求，如图 4-68 所示。线圈环部件电阻值；3.05~3.35Ω 如不符合，则更换线圈环部件。

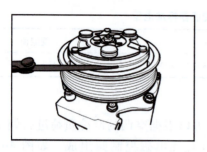

图 4-67　检测离合器间隙

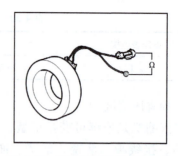

图 4-68　检测线圈环部件电阻值

2. 汽车通风系统组件检测

（1）检查鼓风机电动机

1）将插接器从鼓风机电动机上断开。

2）将蓄电池的正极（+）引线与端子 2 相连，负极（-）引线与端子 1 相连，检查并确认电动机工作，如图 4-69 所示。

正常：鼓风机电动机运转平稳。

（2）检查再循环风门伺服电动机

1）将插接器从再循环风门伺服电动机上断开。

2）将蓄电池正极（+）引线连接至端子 5，并将负极（-）引线连接至端子 2，然后检查并确认风门平顺转至 "FRESH" 侧，如图 4-70 所示。

（3）检查鼓风机电阻

1）将插接器从鼓风机电阻器上断开。

2）根据图 4-71 以及表 4-32 中的标准值测量电阻。

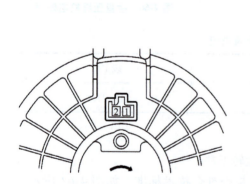

图 4-69　鼓风机电动机插接器

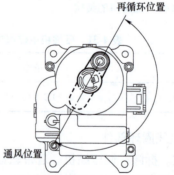

图 4-70　检查再循环风门伺服电动机

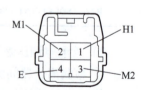

图 4-71　鼓风机插接器

表 4-32　鼓风机标准电阻

检测仪连接（符号）	条件	规定值
1（HI）-4（E）	始终	3.12~3.60Ω
3（M2）-4（E）	始终	2.60~3.00Ω
2（M1）-4（E）	始终	1.67~1.93Ω

3. 汽车暖风系统组件检测

检查 PTC 加热器总成

1）将插接器从 PTC 加热器上断开。

2）根据图 4-72 以及表 4-33 中的标准值测量电阻。

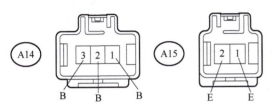

图 4-72　PTC 加热器插接器

表 4-33　加热器标准电阻

检测仪连接	条件	规定值
A14-1（B）-A15-1（E）	始终	小于 1Ω
A14-2（B）-A15-2（E）	始终	小于 1Ω
A14-2（B）-A15-1（E）	始终	小于 1Ω
A14-3（B）-A15-2（E）	始终	小于 1Ω

4. 汽车空调控制系统故障检查

（1）制冷循环系统高压管路压力过高

制冷循环系统高压管路压力过高检查流程，见表 4-34。

表 4-34　制冷循环系统高压管路压力过高检查流程

序号	检查步骤	检查结果		
0	初步检查	正常	有故障	操作方法
	检查冷凝器是否堵塞	进行第 1 步	冷凝器散热片堵塞	清洗或更换冷凝器
1	检查电子风扇	正常	有故障	操作方法
	检查电子风扇电动机是否正常	进行第 2 步	电子风扇电动机内部短路或散热性差	更换电子风扇总成
2	观察制冷剂含量	正常	有故障	操作方法
	检查观察孔内是否有气泡、检查制冷系统压力	进行第 3 步	• 观察孔内无气泡 • 系统压力不正常，制冷剂过量	回收或排放制冷剂，达到标准剂量
3	检查膨胀阀	正常	有故障	操作方法
	检查膨胀阀工作状态是否正常	进行第 4 步	膨胀阀堵塞或失效	更换膨胀阀
4	检查线圈环部件	正常	有故障	操作方法
	检查空调压缩机、线圈环部件是否正常	进行第 5 步	线圈环部件故障	调整间隙、更换线圈环部件
			压缩机故障	更换空调压缩机
5	检查操作	正常	有故障	操作方法
	正确检修后，检查故障是否出现	诊断结束	故障未消失	从其他症状查找故障

（2）空调不制冷

空调不制冷检查流程，见表 4-35。

表 4-35 空调不制冷检查流程

序号	检查步骤	检查结果		
0	初步检查	正常	有故障	操作方法
	检查空调继电器、熔丝	进行第 1 步	继电器故障	更换继电器
			熔丝故障	更换熔丝
1	检查三态压力开关	正常	有故障	操作方法
	检查三态压力开关是否正常	进行第 2 步	开关损坏	更换三态压力开关
2	检查温度传感器	正常	有故障	操作方法
	检查外气温度传感器、车内温度传感器、蒸发器温度传感器是否正常	进行第 3 步	传感器失效、短路	更换有故障的温度传感器
3	检查线圈环部件	正常	有故障	操作方法
	检查线圈环部件是否正常	进行第 4 步	线圈环部件间隙过大	调整线圈环部件间隙
			电磁线圈损坏	更换线圈环部件
4	检查制冷系统	正常	有故障	操作方法
	检查制冷系统压力是否正常	进行第 5 步	• 制冷系统压力不足 • 制冷剂不足	• 检查管路泄漏 • 回收或添加制冷剂，达到标准剂量
5	检查空调压缩机	正常	有故障	操作方法
	检查空调压缩机是否正常	进行第 6 步	空调压缩机故障、内部损坏	更换空调压缩机
6	检查空调控制面板	正常	有故障	操作方法
	检查空调控制面板总成	进行第 7 步	空调控制面板总成故障、失效	更换自动空调控制面板总成
7	检查操作	正常	有故障	操作方法
	正确操作后，检查故障是否出现	诊断结束	故障未消失	从其他症状查找故障

（3）空调压缩机失效、工作效率低

空调压缩机失效、工作效率低检查流程，见表 4-36。

表 4-36 空调压缩机失效、工作效率低检查流程

序号	检查步骤	检查结果		
0	初步检查	正常	有故障	操作方法
	检查空调继电器、熔丝	进行第 1 步	继电器故障	更换继电器
			熔丝故障	更换熔丝
1	检查多楔带	正常	有故障	操作方法
	检查传动带是否正常	进行第 2 步	传动带松弛或老化、打滑	调整、更换传动带

（续）

序号	检查步骤	检查结果		
2	检查线圈环部件	正常	有故障	操作方法
	检查线圈环部件是否正常	进行第3步	线圈环部件故障，间隙过大	更换电磁离合，调整间隙
3	检查压缩机	正常	有故障	操作方法
	检查空调压缩机是否正常	进行第4步	空调压缩机内部故障	更换空调压缩机
4	检查空调控制面板	正常	有故障	操作方法
	检查空调控制面板总成	进行第5步	空调控制面板故障	更换空调控制器
5	检查操作	正常	有故障	操作方法
	正确操作后，检查故障是否出现	诊断结束	故障未消失	从其他症状查找故障

（4）空调无送风

空调无送风检查流程，见表4-37。

表4-37 空调无送风检查流程

序号	检查步骤	检查结果		
0	初步检查	正常	有故障	操作方法
	初步检查鼓风机熔丝、继电器	进行第1步	熔丝熔断	更换熔丝
			继电器短路	更换鼓风机继电器
1	检查鼓风机	正常	有故障	操作方法
	检查鼓风机电动机是否正常	进行第2步	鼓风机电动机短路或失效	更换鼓风机
2	检查热敏电阻	正常	有故障	操作方法
	检查热敏电阻是否正常	进行第3步	热敏电阻短路或损坏	更换热敏电阻
3	检查操作	正常	有故障	操作方法
	正确检修后，检查故障是否出现	诊断结束	故障未消失	从其他症状查找故障

（5）电子风扇转速低散热差

电子风扇转速低散热差检查流程，见表4-38。

表4-38 电子风扇转速低散热差检查流程

序号	检查步骤	检查结果		
0	初步检查	正常	有故障	操作方法
	初步检查电子风扇熔丝、继电器	进行第1步	继电器故障	更换继电器
			熔丝故障	更换熔丝
1	检查三态压力开关	正常	有故障	操作方法
	检查三态压力开关是否正常	进行第2步	开关故障、失效	更换三态压力开关
2	检查电子风扇电动机	正常	有故障	操作方法
	检查电子风扇电动机是否正常	进行第3步	电子风扇短路故障	更换电子风扇
3	检查操作	正常	有故障	操作方法
	正确检修后，检查故障是否出现	诊断结束	故障未消失	从其他症状查找故障

十、中控门锁系统

1. 中控门锁组件检测

（1）检查解锁警告开关总成

根据图 4-73 以及表 4-39 中的标准值测量电阻

表 4-39　解锁警告开关总成标准电阻

检测仪连接	条件	规定值
1-2	开关未按下（钥匙拔出）	10kΩ 或更大
1-2	开关按下（钥匙插入）	小于 1Ω

（2）检查前门门锁总成（驾驶员侧）

1）检查门锁电动机的工作情况。向电动机端子施加蓄电池电压，并检查门锁电动机的工作情况，如图 4-74 和表 4-40 所示。

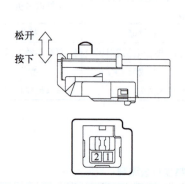

图 4-73　解锁警告开关总成插接器

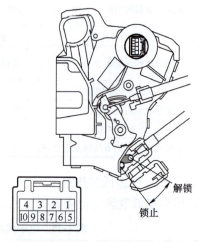

图 4-74　检查前门门锁电动机

表 4-40　前门门锁电动机正常状态

测量条件	规定状态
蓄电池正极（＋）→4（L） 蓄电池负极（−）→1（UL）	锁止
蓄电池正极（＋）→1（UL） 蓄电池负极（−）→4（L）	解锁

2）检查门锁位置开关的工作情况。测量门锁位置开关的电阻，标准值见表 4-41。

表 4-41　门锁位置开关标准电阻

检测仪连接	测量条件	门锁状态	规定值
7-8	蓄电池正极（+）→端子 4 蓄电池负极（-）→端子 1	锁止	10kΩ 或更大
7-8	蓄电池正极（+）端子 1 蓄电池负极（-）→端子 4	解锁	小于 1Ω

3）检查车门钥匙锁止和解锁开关的工作情况。测量车门钥匙锁止和解锁开关的工作电阻，如图 4-75 和表 4-42 所示。

表 4-42　车门钥匙锁止和解锁开关标准电阻

检测仪连接	条件	规定值
7-9	ON（门锁设置为锁止）	小于 1Ω
7-9 7-10	OFF（松开）	10kΩ 或更大
7-10	ON（门锁设置为解锁）	小于 1Ω

（3）检查行李舱门锁

1）检查门锁电动机的工作情况。

① 将门锁移至锁止位置。

② 将蓄电池电压施加至门锁电动机，并检查门锁电动机的工作情况，如图 4-76 和表 4-43 所示。

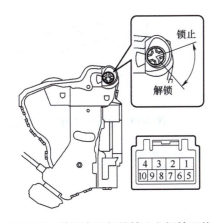

图 4-75　检查车门钥匙锁止和解锁开关

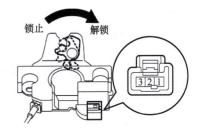

图 4-76　检查行李舱门锁电动机

表 4-43　行李舱门锁电动机正常状态

测量条件	规定状态
蓄电池正极（+）→端子 1 蓄电池负极（-）→端子 2	解锁

2）检查门控灯开关的工作情况。根据图 4-77 和表 4-44 中的标准值测量电阻。

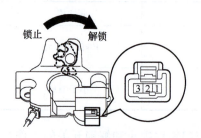

图 4-77　检查门控灯开关

表 4-44　门控灯标准电阻

检测仪连接	条件	规定值
2-3	解锁	小于 1Ω
2-3	锁止	10kΩ 或更大

（4）检查上车锁止开关。根据图 4-78 和表 4-45 中的标准值测量电阻。

表 4-45　上车锁止开关标准电阻

检测仪连接	条件	规定值
T1-1（TRG−）-T1-3（TRG+）	锁止开关未按下	10kΩ 或更大
T1-1（TRG−）-T1-3（TRG+）	锁止开关按下	小于 1Ω

（5）检查行李舱门开启器外部开关

根据图 4-79 和表 4-46 中的标准值测量电阻。

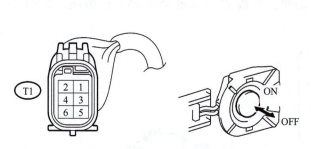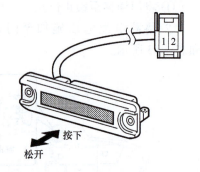

图 4-78　检查上车锁止开关　　　　　图 4-79　检查行李舱门开启器外部开关

表 4-46　行李舱门开启器外部开关标准电阻

检测仪连接	开关状态	规定值
1-2	未按下行李舱开启开关（OFF）	10kΩ 或更大
1-2	按下行李舱开启开关（ON）	小于 1Ω

2. 中控门锁系统故障维修

中控门锁系统故障维修，见表 4-47。

表 4-47　中控门锁系统故障维修

故障症状	怀疑故障部位	维修方案
机械钥匙不能锁/开车门	1. 中控锁的电源故障 2. 左前门锁机内的开/闭锁开关接触不良 3. 线束插头接触不良 4. 相关接地点接触不良 5. 线束故障 6. 中控锁电动机故障 7. BCM 故障	1. 检修电源线路 2. 检修线束、插头 3. 检修接地点故障 4. 更换门锁电动机总成 5. 检修 BCM，必要时更换 BCM
中控锁开关不能锁/开车门	1. 中控锁的电源故障 2. 中控锁开关故障 3. 线束插头接触不良 4. 相关接地点接触不良 5. 线束故障 6. 中控锁电动机故障 7. BCM 故障	1. 检修电源线路 2. 检修线束、插头 3. 检修接地点故障 4. 检修中控锁开关 5. 更换门锁电动机总成 6. 检修 BCM，必要时更换 BCM
只有左前门锁不能锁/开车门	1. 中控锁的电源故障 2. 左前门锁线束插头接触不良 3. 左前门锁接地点接触不良 4. 线束故障 5. 左前门中控锁电动机故障 6. BCM 故障	1. 检修电源线路 2. 检修线束、插头 3. 检修接地点故障 4. 更换门锁电动机总成 5. 检修 BCM，必要时更换 BCM
遥控器不能锁/开车门	1. 使用环境有电磁干扰 2. 遥控器故障 3. 中控锁的电源故障 4. 线束插头接触不良 5. 相关接地点接触不良 6. 线束故障 7. 中控锁电动机故障 8. BCM 故障	1. 移动至无干扰的环境中使用 2. 检修遥控器电池，必要时更换遥控器 3. 检修电源线路 4. 检修线束、插头 5. 检修接地点故障 6. 更换门锁电动机总成 7. 检修 BCM，必要时更换 BCM
防盗状态下中控锁不能自动落锁	1. 电源电压不足 2. 线束插头接触不良 3. 相关接地点接触不良 4. 线束故障 5. 中控锁电动机接触开关故障 6. BCM 故障	1. 检修电源线路 2. 检修线束、插头 3. 检修接地点故障 4. 更换门锁电动机总成 5. 检修 BCM，必要时更换 BCM
车门锁在行车中出现跳动	1. 门锁机械机构故障 2. 线束插头接触不良 3. 相关接地点接触不良 4. 线束故障 5. 中控锁电动机接触开关故障 6. BCM 故障	1. 调整门锁机械机构，必要时更换门锁机构 2. 检修线束、插头 3. 检修接地点故障 4. 更换门锁电动机总成 5. 检修 BCM，必要时更换 BCM

十一、防盗系统

1. 防盗系统组件检测

（1）检查发动机盖门控灯开关

根据图 4-80 以及表 4-48 中的标准电阻值，检测发动机盖门控灯开关。

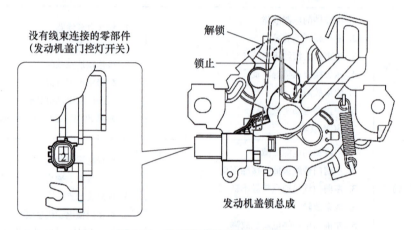

图 4-80　检查发动机盖门控灯开关

表 4-48　发动机盖门控灯标准电阻

检测仪连接	开关状态	规定值
1-2	LOCK 位置	小于 1Ω
	UNLOCK 位置	10kΩ 或更大

（2）检查警报喇叭总成

向喇叭施加蓄电池电压，检查喇叭的工作情况，如图 4-81 和表 4-49 所示。

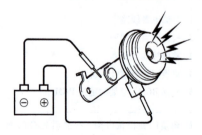

图 4-81　向喇叭施加蓄电池电压

表 4-49　喇叭正常状态

测量条件	规定状态
蓄电池正极（＋）→端子 1	喇叭鸣响
蓄电池负极（－）→喇叭体	

（3）检查安全指示灯

从线束背面将蓄电池电压施加到安全指示灯端子之间，检查安全指示灯的照明状态，如图 4-82 和表 4-50 所示。

注意：如果正极（＋）引线和负极（－）引线连接不正确，安全指示灯不会亮起。电压高于 12V 时会损坏安全指示灯。如果电压过低，则安全指示灯不会亮起。

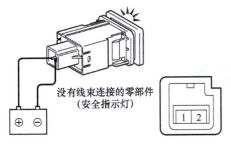

图 4-82　施加蓄电池电压到安全指示灯

表 4-50　安全指示灯正常状态

测量条件	规定状态
蓄电池正极（＋）→端子 E87-2（LP） 蓄电池负极（－）→端子 E87-1（E）	安全指示灯亮起

2. 防盗系统故障检查

（1）车辆不能起动故障诊断与排除

1）故障现象。汽车防盗系统工作正常，点火系统、起动系统运转正常，但车辆不能发动。

2）故障原因。由防盗器或汽车本身电气故障引起。

3）故障诊断。将汽车防盗器附件切断点火继电器（12V/30A，一般安放在汽车钥匙门附近）的两条粗线短接，若此时车辆能起动，说明防盗系统有故障，且多为继电器损坏。若短接切断点火继电器的两条粗线后，车辆仍无法起动，则说明汽车本身电路有故障。此外，车辆在行驶过程中遇到颠簸路段时，很容易熄火或临时熄火，应特别注意该切断点火继电器常闭触点有无接触不良、接线松动的情况。

（2）汽车遥控距离越来越短故障诊断与排除

1）故障现象。汽车遥控开门或关门的距离越来越短，只有 2~3m。

2）故障原因。

① 钥匙电池电量不足。

② 汽车接收天线故障。

3）故障诊断。出现此现象多是钥匙电池电量不足，首先更换钥匙电池，如果问题不能解决再更换遥控器，最后检查接收天线。

（3）汽车遥控器没反应故障诊断与排除

1）故障现象。按下遥控器开门或锁门时，车辆没反应。

2）故障原因。

① 汽车遥控钥匙里的电池没电了，造成汽车遥控器失灵。

② 其他电子信号干扰，造成汽车遥控钥匙失灵。

③ 汽车遥控钥匙进水了，导致电路短路失灵。

3）故障诊断。

①汽车遥控钥匙里的电池没电了，造成汽车遥控器失灵。更换汽车遥控器电池。需要特别注意的是，一些车型在更换遥控器电池时，需要对钥匙进行重新匹配。

② 其他电子信号干扰，造成汽车遥控钥匙失灵。让车换个地方，再锁车。

③ 汽车遥控钥匙进水了，导致电路短路失灵。把遥控器拆开，把水晾干，一般情况下，遥控器都能恢复工作。

十二、点火系统

（1）检查火花塞是否有火花

1）拆下 4 个点火线圈和 4 个火花塞。

2）断开 4 个喷油器插接器。

3）将火花塞安装到各点火线圈上，并连接点火线圈插接器（图 4-83）。

4）将火花塞搭铁。

5）检查并确认发动机起动过程中出现火花。

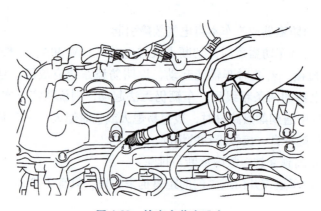

图 4-83　检查火花塞跳火

注意事项：

1）检查时将火花塞搭铁。

2）更换任何受到物理碰撞影响的点火线圈。

3）不要使发动机起动超过 2s。

（2）测量火花塞绝缘电阻

用绝缘电阻表测量绝缘电阻，如图 4-84 所示。

标准电阻：10MΩ 或更大。

（3）测量火花塞电极间隙

以丰田品牌发动机为例。使用塞尺测量火花塞电极间隙，如图 4-85 所示。旧火花塞的最大电极间隙：1.3mm 新火花塞的电极间隙：1.0～1.1mm 其他汽车品牌发动机火花塞电极间隙，需以原厂维修手册为准。

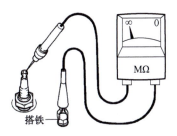

图 4-84　测量火花塞绝缘电阻

搭铁

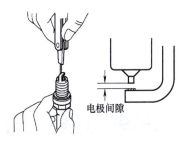

图 4-85　测量火花塞电极间隙

电极间隙

第5章
汽车总线系统

一、总线系统基本知识

1. 概述

汽车总线技术是指汽车内部导线采用总线控制的一种技术，通常称为汽车总线或汽车总线技术。随着电子技术的迅速发展和在汽车上的广泛应用，汽车电子化程度越来越高。从发动机控制系统到传动控制系统，从行驶、制动、转向控制系统到安全保证系统，以及仪表报警系统，渐渐形成了一个复杂的大系统。

总线系统的信息一般采用多路传输。所谓多路传输，也叫时分复用技术（Time-Division Multiplexing，TDM），它是将不同的信号相互交织在不同的时间段内，沿着同一个信道传输，在接收端再将各个时间段内的信号提取出来还原成原始信号的通信技术，如图 5-1 所示

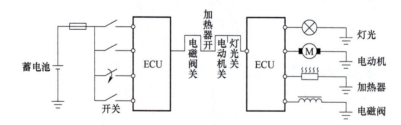

图 5-1 多路传输线路

总线系统主要由控制器、数据总线、网络、通信协议、网关等组成。

2. 总线类型

目前，绝大多数车用总线都被国际自动机工程师学会（SAE）下属的汽车网络委员会按照协议特性分为 A、B、C、D 四类。

（1）A 类总线（LIN）

A 类总线应用于传感器或执行器管理的低速网络，它的位传输速率通常小于 20kbit/s。

（2）B 类总线（CAN）

B 类总线应用于独立控制模块间信息共享的中速网络，位速率一般在 10～125kbit/s 之间。

（3）C 类总线（FlexRay）

C 类总线应用于闭环实时控制的多路传输高速网络，位速率多在 125kbit/s～1Mbit/s 之间。

（4）D 类总线（MOST/1394）

D 类总线应用于多媒体设备、高速数据流传输的高性能网络，位速率一般在 2Mbit/s 以上，主要用于 CD 等播放机和液晶显示设备。

3. 总线特点

（1）LIN 总线

LIN 是由摩托罗拉与奥迪等知名企业联手推出的一种新型低成本的开放式串行通信协议，主要用于车内分布式电控系统，尤其是面向智能传感器或执行器的数字化通信场合。主要应用于电动门窗、座椅调节、灯光照明等的控制，如图 5-2 所示。

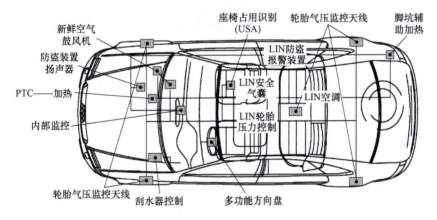

图 5-2　LIN 总线的组成

LIN 总线有以下这些特点。

1）只需单根导线传输。

2）最高速率 20kbit/s，满足车身上大部分的应用需求。

3）单主/多从结构无需仲裁。

4）基于通用 UART/SCI 的低成本接口硬件，几乎所有 MCU 都具备 LIN 总线的硬件基础。

5）从节点无需晶振或陶瓷振荡器就可以实现同步，大幅度降低成本。

6）保证信号传输的延迟时间。

7）可灵活地增加或减少从节点，无需改变其他节点的硬件电路。

8）一条总线最多可连接 16 个节点，由总线电气特性决定。

（2）CAN 总线

CAN 总线又称为汽车网络总线，全称为"控制器局域网（Controller Area Network）"，是一种能有效支持分布式控制和实时控制的串行通信网络。它将各个单一的控制单元以某种形式（多为星形）连接起来，形成一个完整的系统。

CAN 总线最早是德国博世（Bosch）公司为解决现代汽车中众多的电子控制单元（ECU）之间的数据交换而开发的一种串行通信协议，如图 5-3 所示。

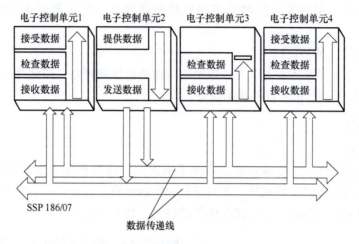

图 5-3　CAN 总线的数据传递

CAN 总线有以下这些特点。

1）CAN 总线在数据通信传输时没有主从之分，任意一个节点都可以向其他任何节点（一个或多个）发起数据通信，靠各个节点信息优先级先后顺序来决定通信次序。

2）对于 CAN 总线上的通信，在多个节点同时发起通信时，优先级高的先通信，优先级低的及时避让，因而通信线路不会拥堵。

3）CAN 总线是两根导线绞接连接，可以避免信号干扰，使得信号传输更加可靠。

4）如果某个节点在通信时发生了严重错误，节点通信有自动离开总线的功能。

5）CAN 总线是双绞线。CAN 总线对实时性的要求比较高，因而 CAN 总线适用于大数据量短距离通信，或者长距离小数据量通信。

CAN 总线可以分为高速 CAN 和低速 CAN，高速 CAN 系统的传输速率为 500kbit/s，主要控制 ECU、ABS 等模块的信号传输；低速 CAN 系统的传输速率为 125kbit/s，主要控制仪表、防盗系统等。

（3）FlexRay 总线

FlexRay 总线是由宝马、飞利浦、飞思卡尔和博世等公司共同制定的一种新型通信标准，专为车内联网而设计，如图 5-4 所示。

FlexRay 总线有以下这些特点。

1）高传输速率：FlexRay 的每个信道具有 10Mbit/s 带宽，由于它不仅可以像 CAN 和 LIN 网络这

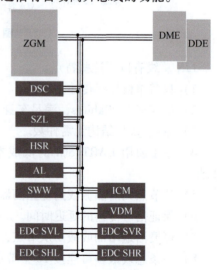

图 5-4　中央网关模块（ZGM）用于不同总线系统与 FlexRay 之间的连接

样的单信道系统一样运行，而且还可以作为一个双信道系统运行，因此可以达到 20Mbit/s 的最大传输速率，是当前 CAN 最高运行速率的 20 倍。

2）同步时基：FlexRay 中使用的访问方法是基于同步时基的。该时基通过协议自动建立和同步，并提供给应用。时基的精确度介于 0.5μs 和 10μs 之间（通常为 1~2μs）。

3）确定性：通信是在不断循环的周期中进行的，特定消息在通信周期中拥有固定位置，因此，接收器已经提前知道了消息到达的时间。到达时间的临时偏差幅度会非常小，并能得到硬件保证。

4）高容错：强大的错误检测性能和容错功能是 FlexRay 设计时考虑的重要方面。FlexRay 总线使用循环冗余校验 CRC（Cydlic Redundancy Cheek）来检验通信中的差错。FlexRay 总线通过双通道通信，能够提供冗余功能，并且使用星形场拓扑，可完全解决容错问题。

5）灵活性：在 FlexRay 协议的开发过程中，关注的主要问题是灵活性，反映在如下几个方面。

① 支持多种方式的网络拓扑结构。

② 消息长度可配置：可根据实际控制应用需求，为其设定相应的数据载荷长度。

③ 使用双通道拓扑时，即可用以增加带宽，也可用于传输冗余的消息。

④ 周期内静态、动态消息传输部分的时间都可随具体应用而定。

（4）MOST 总线

MOST（面向媒体的系统传输总线）是一种专门针对车内使用而开发的、服务于多媒体应用的数据总线技术。MOST 表示"多媒体传输系统"。自从宝马 7 系列汽车首次采用 MOST 技术以来，近几年该技术的普及速度突飞猛进，可以实现实时传输声音、视频，以满足高端汽车娱乐装置的需求，也可以用在车载摄像头等行车辅助系统上，如图 5-5 所示。

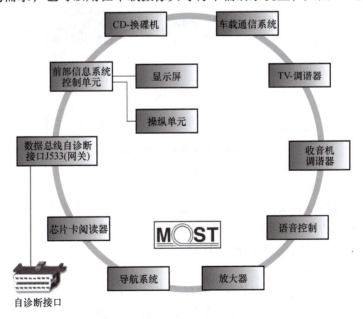

图 5-5　MOST 总线

MOST 总线有以下特点。

1）在保证低成本的条件下，可以达到 24.8Mbit/s 的数据传输速度。

2）无论是否有主控计算机都可以工作。

3）支持声音和压缩图像的实时处理。

4）支持数据的同步和异步传输。

5）发送/接收器支持多种网络连接，嵌有虚拟网络管理系统。

6）提供 MOST 设备标准，帮助方便、快捷地应用 MOST。

7）不仅可以减轻各部件的线束的质量、降低噪声，而且可以减轻系统开发技术人员的负担，最终在用户处实现各种设备的集中控制。

8）光纤网络不会受到电磁辐射干扰与搭铁环的影响。

4. 网关

按照汽车装配的不同控制单元对总线系统性能要求的不同，汽车上的总线系统各有不同。为此，需要网关来加以控制。

网关的作用有以下几项。

（1）识别和改变不同总线网络的信号和速率

由于不同区域车载网络的速率和识别代号不同，一个信号要从一个总线进入另一个总线区域，必须把它的识别信号和速率进行改变，以使另一个数据总线系统能够接收，这个任务由网关来完成。

通过网关将 5 个系统联成网络，由于电压和电阻配置不同，所以在 CAN 动力数据总线和 CAN 舒适/信息数据总线之间无法进行耦合连接，为此必须通过网关通信，如图 5-6 所示。

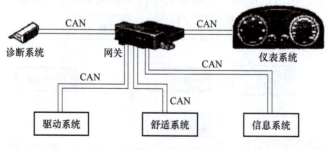

图 5-6　将 5 个系统联成网络

（2）改变信息优先级

如车辆发生相撞事故，安全气囊控制单元会发出负加速度传感器的信号，这个信号的优先级在动力系统总线中是非常高的，但转到舒适系统车载网络后，网关调低了它的优先级，因为它在舒适系统中的功能只是打开车门和车灯。

（3）网关可作为诊断接口

根据车辆的不同，网关可能安装在组合仪表内、车上供电控制单元内，或在自己的网关控制单元内。由于通过 CAN 数据总线的所有信息都供网关使用，所以网关也可以用作诊断接口。

网关的主要任务是使两个速度不同系统之间能进行信息交换。

5. 总线系统网络拓扑

拓扑的结构（Topology Structure，TS）是指网络节点的几何结构，即各个节点相互连接的方式，一般分为星形网络拓扑结构、环形网络拓扑结构和总线型网络拓扑结构。

（1）星形网络拓扑结构

星形网络拓扑结构如图 5-7 所示，以 1 台中央处理器为中心，中央处理器与每台入网机器有 1 个物理连接。它的特点是结构简单，通信数据量较少，可以根据需要由中央处理器安排网络访问优先权或访问时间。它的缺点是中央处理器负载高，功能单一，线路利用率低，当系统出现故障时容易影响中央处理器。

（2）环形网络拓扑结构

环形网络拓扑结构是指电控单元通过网络部件连到 1 个环形物理链路中，其优点是信息在网络中传输实时性好、传输数据量大及抗干扰能力强，每个节点只与其他 2 个节点有物理连接。缺点是 1 个节点故障可能影响整个网络，可靠性较差。网络调整时要重新调整整个网络的排序，在增加功能时需添加电控单元，相对比较复杂。环形网络拓扑结构如图 5-8 所示。

（3）总线型网络拓扑结构

这种结构中所有的控制单元通过分接头接入一条载波传输线上，如图 5-9 所示。

图 5-7　星形网络拓扑结构　　　图 5-8　环形网络拓扑结构　　　图 5-9　总线型网络拓扑结构

6. 控制单元和控制器

（1）控制单元

控制单元是 CAN 数据总线的主要计算单元，将控制器传递来的信息进行运算，并将运算数据传输给控制器。它还具有故障记忆功能。

（2）控制器

控制器是 CAN 通信的控制单元，它的主要作用是接收来自传感器的信号，形成要发送的指令，或将总线通过接收器传递的信号进行转换，传递给控制单元（CPU），再将控制单元传来的信号形成发送指令，通过发送器传递给总线，或直接驱动执行元件。

数据传输总线构件通过接收邮箱（接收信息存储器），或发送邮箱（发送信息存储器）与控制单元相连，该构件一般集成在控制单元的微控制器芯片内。

7. 诊断总线

诊断总线是用于诊断仪器和相应控制单元之间的信息交换。

ISO 15765-4（CAN-BUS）是现在使用最多的通信协议，它的通信端子定义如图5-10所示。诊断通信使用端子6、14，传输速率为250~500kbit/s。

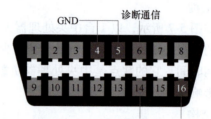

图5-10 诊断通信端子定义

1、3、8、9、11、12、13—制造商定义　2—SAE-J1850PWM和SAE-1850VPW总线正　4—车身地　5—信号地　6—CAN-high（ISO 15765-4和SAE-J2284）　7—ISO 9141-2和ISO 14230-4总线的K线　10—SAE-J1850总线负　14—CAN-Low（ISO 15765-4和SAE-J2284）　15—ISO 9141-2和ISO 14230-4总线的L线　16—蓄电池电压

二、总线系统故障特点

1. CAN总线和LIN总线正常波形

CAN总线和LIN总线正常波形如图5-11所示。

在示波器上进行下面的设定。

通道A：0.5V/Div；通道B：0.5V/Div。

时间：10ms/Div；触发器：通道B 3.25V。

2. CAN-Low线对蓄电池短路波形

CAN-Low线对蓄电池短路波形如图5-12所示。

在示波器上进行下面的设定。

通道A：2V/Div；通道B：2V/Div。

时间：0.1ms/Div。

触发器（CAN-Low线对12V）：通道A 2V；触发器（CAN-High线对12V）：通道B 2V。

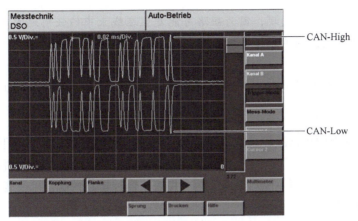

a) CAN总线正常波形

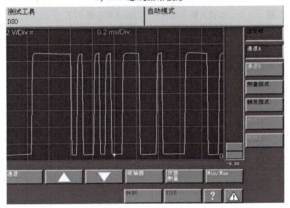

b) LIN总线正常波形

图 5-11　CAN 总线和 LIN 总线正常波形

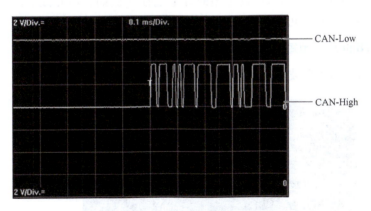

图 5-12　CAN-Low 线对蓄电池短路波形

对于这种故障，典型的情况是 CAN-Low 线上作用有蓄电池电压，且 CAN-High 线继续传送 CAN 信号。

注意：短路相对来说较难发现，因为短路可能发生在线束中的任何地方，而使用万用表又几乎无法测量，这是因为无法得知短路点处的接触电阻，而且不能通过电阻测量来推断出导线的长度。

休眠模式与这种 CAN-Low 线对蓄电池电压短路的区别在于：CAN-High 线上的电平恒为 0V，无明显波动。

分叉式电缆柱上的短路故障是很不容易测量的，因此应先目视检查一下导线是否损坏。如果目视检查没发现什么，下一步应拔下各控制单元的插头，检查针脚是否弯曲、插头内是否有金属丝屑或类似的东西。随后就应该用万用表来监控短路情况，以便能确定是否是控制单元引起的短路，如图 5-13 所示。

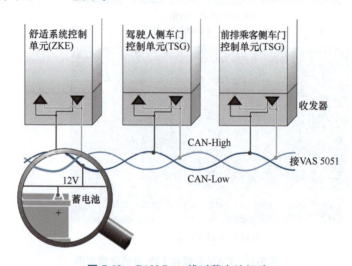

图 5-13　CAN-Low 线对蓄电池短路

如果仍未能查明情况，那么应逐个地断开电缆柱（例如可以先拔下插头以便断开与车门的连接），用这种方法就可以将故障限制在电缆柱的某一部分上。

3. CAN-High 线对地短路波形

CAN-High 线对地短路波形，如图 5-14 所示。

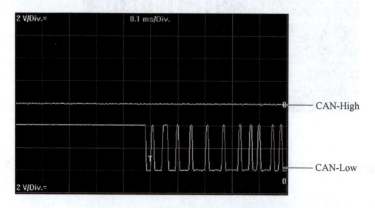

图 5-14　CAN-High 线对地短路波形

在示波器上进行下面的设定。

通道 A：2V/Div；通道 B：2V/Div。

时间：0.1ms/Div。

触发器（CAN-Low 线对 12V）：通道 A 2V；触发器（CAN-High 线对 12V）：通道 B 2V。

此处特殊的是接地的 CAN-High 信号。与导线断路不同，这里也没有"正常"的 CAN 信号，CAN-High 信号一直为 0V，如图 5-15 所示。

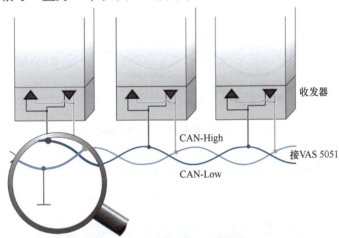

图 5-15　CAN-High 线对地短路

4. CAN-High 线对 CAN-Low 线短路波形

CAN-High 线对 CAN-Low 线短路波形如图 5-16 所示。

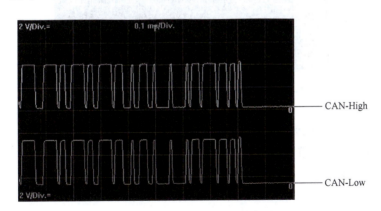

图 5-16　CAN-High 线对 CAN-Low 线短路波形

在示波器上进行下面的设定。

通道 A：2V/Div；通道 B：2V/Div。

时间：0.1ms/Div。

触发器（CAN-Low 线对 12V）：通道 A 2V；触发器（CAN-High 线对 12V）：通道 B 2V。

这种故障情况很明了，两条 CAN 导线电平是相同的。CAN 收发器关闭 CAN-Low 线，只用 CAN-High 线来工作，如图 5-17 所示。

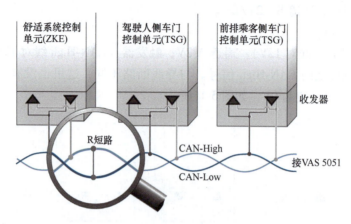

图 5-17　CAN-High 线对 CAN-Low 线短路

5. CAN-High 线和 CAN-Low 线装混的波形

一个或多个控制单元的 CAN-High 线和 CAN-Low 线装混的波形如图 5-18 所示。

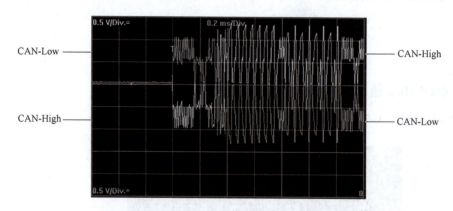

图 5-18　CAN-High 线和 CAN-Low 线装混的波形

在示波器上进行下面的设定。

通道 A：0.5V/Div；通道 B：0.5V/Div。

时间：0.2ms/Div。

触发器：通道 B 3.25V。

当线装混时，CAN-Low 线上会出现一条高于 2.5V（静电平）的电压波形曲线，图 5-18 中也正是利用这个事实来显示的（在 DSO 左侧：CAN-Low 线电压高于 2.5V）。

隐性电平有一个偏移（在波形图的左边缘）。在隐性状态，某控制单元的导线装混会导致 CAN-High 线上的电压升高和 CAN-Low 线上的电压下降。

导线装混总是出现在最后一个能正常工作的控制单元和第一个不能正常工作的控制单元之间，如图 5-19 所示。导线装混的故障大多出现在修理数据总线时，应重点检查经过修理地方。应根据导线的颜色来进行目视检查。

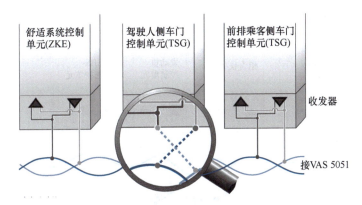

图 5-19　CAN-High 线和 CAN-Low 线装混

> **注意：** 进行故障排除前应断开蓄电池，因为在测量时，CAN 舒适/Infotainment 数据总线可能会开始工作，这就会导致测量结果不准。断开蓄电池后就可以用万用表来测量装混的 CAN 导线了。

在本故障中，驾驶员侧车门控制单元上的 CAN-Low 线的相应针脚与舒适控制单元上的 CAN-High 线之间肯定存在电气连接，舒适控制单元上的 CAN-Low 线与侧车门控制单元上的 CAN-High 线之间也肯定存在电气连接。

如果插头装混了，其他控制单元上也会出现这个故障。不管是哪种情况，最好先检查无法联系上的控制单元的插头。

6. CAN-Low 线断路波形

发动机控制单元 CAN-Low 线断路波形，如图 5-20 所示。

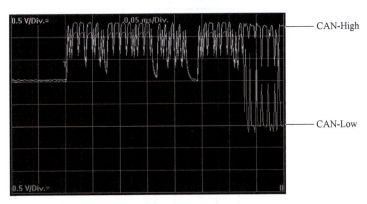

图 5-20　CAN-Low 线断路波形

在示波器上进行下面的设定。

通道 A：0.5V/Div；通道 B：0.5V/Div。

时间：0.05ms/Div。

触发器：通道 B 3V。

这个故障的一个重要特征就是在 CAN-Low 通道出现高于 2.5V 的电压，在正常工况是没有这个电压的，如图 5-21 所示。

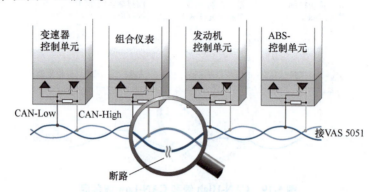

图 5-21　发动机控制单元 CAN-Low 线断路

注意： 如果是 CAN-High 线断路，那么相应地就应先进行 CAN-High 线的检查。这时示波器上的故障波形就向下翻转，并处在低于 2.5V 的区域，触发器应调到通道 A1.7V。

三、总线系统检查

1. CAN 总线检查

（1）电路图

CAN 总线电路图如图 5-22 所示。

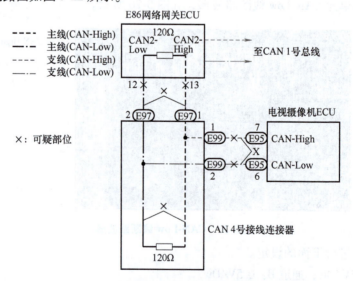

图 5-22　CAN 总线电路图

1）主总线：主总线是总线（通信线路）上介于两个终端电阻器之间的线束。它是 CAN

通信系统的主总线。

2）支线：支线是从主总线分离出来通往 ECU 或传感器的线束。

3）终端电阻器：两个 120Ω 的电阻器并联安装在 CAN 主总线的末端。它们被称为终端电阻器。这些电阻器使得 CAN 总线之间的电压差能够得到精确测定。为使 CAN 通信能够正常工作，两个终端电阻器必须安装妥当。由于两个电阻器是并联安装的，两条 CAN 总线间的电阻可能接近 60Ω。

（2）检查 CAN 2 号总线

以 CAN 总线与网关模块失去通信（网络网关 ECU）为例讲解。

> **注意**：测量 CAN 总线主线和 CAN 总线支线的电阻前，首先请将点火开关置于 OFF 位置。
>
> 1）将点火开关置于 OFF 位置后，检查并确认钥匙提醒警告系统和车灯提醒警告系统未处于工作状态。
>
> 2）开始测量电阻前，使车辆保持原来状态至少 1min，不要操作点火开关或进行任何开关车门的动作。如果需要打开任何车门以检测插接器，则打开该车门并让它保持打开。
>
> 3）将点火开关置于 OFF 位置。
>
> 4）使用万用表电阻挡测量，根据图 5-22 电路和表 5-1 中的标准值测量电阻。
>
> 表 5-1　CAN 2 号总线标准电阻 1
>
> | 万用表连接 | 条件 | 规定值 | 故障 |
> | --- | --- | --- | --- |
> | E86-13（CAN 2-High）-
E86-12（CAN 2-Low） | 点火开关置于 OFF 位置 | 54~69Ω | 小于 53Ω：线路短路 |
> | | | | 70Ω 或更大：CAN 主总线断路 |
> | E86-13（CAN 2-High）-
E11-16（BAT） | 断开蓄电池负极端子 | 6kΩ 或更大 | 小于 6kΩ：对+B 短路 |
> | E86-12（CAN 2-Low）-
E11-16（BAT） | 断开蓄电池负极端子 | 6kΩ 或更大 | 小于 6kΩ：对+B 短路 |
> | E86-13（CAN 2-High）-
E11-4（CG） | 点火开关置于 OFF 位置 | 200Ω 或更大 | 小于 200Ω：对搭铁短路 |
> | E86-12（CAN 2-Low）-
E11-4（CG） | 点火开关置于 OFF 位置 | 200Ω 或更大 | 小于 200Ω：对搭铁短路 |
>
> 5）如果测量正常，则检查结束。
>
> 6）如果 CAN 主总线断路，则检查 CAN 2 号总线主线是否断路（网络网关 ECU-CAN 4 号接线插接器）。
>
> 7）如果线路短路、对+B 短路、对搭铁短路，则检查 CAN 2 号总线是否短路。

（3）检查 CAN 2 号总线主线是否断路（网络网关 ECU-CAN 4 号接线插接器）

1）断开网络网关 ECU 插接器。

2）使用万用表电阻挡，根据图 5-22 电路和表 5-2 中的标准值测量线束侧插接器的电阻。

表 5-2　CAN 2 号总线标准电阻 2

万用表连接	条件	规定值
E86-13（CAN 2-High）-E86-12（CAN 2-Low）	点火开关置于 OFF 位置	108~132Ω

3）重新连接网络网关 ECU 插接器。

4）如果测量数据异常，则检查 CAN 2 号总线主线是否断路（CAN 4 号接线插接器-网络网关 ECU）。

5）如果测量数据正常，更换网络网关 ECU，检查结束。

（4）检查 CAN 2 号总线主线是否断路（CAN 4 号接线插接器-网络网关 ECU）

1）断开 CAN 4 号接线插接器（E97）。

2）使用万用表电阻挡，根据图 5-22 电路和表 5-3 中的标准值测量电阻。

表 5-3　CAN 2 号总线标准电阻 3

万用表连接	条件	规定值
E97-1（CAN-High）-E97-2（CAN-Low）	点火开关置于 OFF 位置	108~132Ω

3）如果测量数据异常，则维修或更换 CAN 2 号总线主线或插接器（网络网关 ECU-CAN 4 号接线插接器）。

4）如果测量数据正常，维修或更换仪表板线束（CAN 4 号接线插接器），检查结束。

（5）检查 CAN 2 号总线是否短路

1）断开网络网关 ECU 插接器。

2）使用万用表电阻挡，根据图 5-22 和表 5-4 中的标准值测量电阻。

表 5-4　CAN 2 号总线标准电阻 4

万用表连接	条件	规定值
E86-13（CAN 2-High）-E86-12（CAN-Low）	点火开关置于 OFF 位置	108~132Ω
E86-13（CAN 2-High）-E11-16（BAT）	断开蓄电池负极端子	6kΩ 或更大
E86-12（CAN-Low）-E11-16（BAT）	断开蓄电池负极端子	6kΩ 或更大
E86-13（CAN 2-High）-E11-4（CG）	点火开关置于 OFF 位置	200Ω 或更大
E86-12（CAN-Low）-E11-4（CG）	点火开关置于 OFF 位置	200Ω 或更大

3）如果测量数据异常，则检查 CAN 2 号总线是否短路（摄像机 ECU 支线）。

4）如果测量数据正常，则更换网络网关 ECU，检查结束。

（6）检查 CAN 2 号总线是否短路（摄像机 ECU 支线 1）

1）断开 CAN 4 号接线插接器（E99）。

2）使用万用表电阻挡，根据图 5-22 电路和表 5-5 中的标准值测量电阻。

表 5-5　CAN 2 号总线标准电阻 5

万用表连接	条件	规定值
E86-13（CAN 2-High）-E86-12（CAN-Low）	点火开关置于 OFF 位置	108~132Ω
E86-13（CAN 2-High）-E11-16（BAT）	断开蓄电池负极端子	6kΩ 或更大
E86-12（CAN-Low）-E11-16（BAT）	断开蓄电池负极端子	6kΩ 或更大
E86-13（CAN 2-High）-E11-4（CG）	点火开关置于 OFF 位置	200Ω 或更大
E86-12（CAN-Low）-E11-4（CG）	点火开关置于 OFF 位置	200Ω 或更大

3）如果测量数据异常，则检查 CAN 2 号总线是否短路（CAN 4 号接线插接器-网络网关主线）。

4）如果测量数据正常，则检查 CAN 2 号总线是否短路（摄像机 ECU 支线）。

（7）检查 CAN 2 号总线是否短路（摄像机 ECU 支线 2）

1）断开摄像机 ECU 插接器。

2）使用万用表电阻挡，根据图 5-22 电路和表 5-6 中的标准值测量电阻。

表 5-6　标准电阻

万用表连接	条件	规定值
E95-7（CAN-High）-E95-6（CAN-Low）	点火开关置于 OFF 位置	1MΩ 或更大
E95-7（CAN-High）-E11-16（BAT）	断开蓄电池负极端子	6kΩ 或更大
E95-6（CAN-Low）-E11-16（BAT）	断开蓄电池负极端子	6kΩ 或更大
E95-7（CAN-High）-E11-4（CG）	点火开关置于 OFF 位置	200Ω 或更大
E95-6（CAN-Low）-E11-4（CG）	点火开关置于 OFF 位置	200Ω 或更大

3）如果测量数据异常，则维修或更换 CAN 2 号总线支线或插接器（摄像机 ECU 支线），检查结束。

4）如果测量数据正常，则更换摄像机总成，检查结束。

（8）检查 CAN 2 号总线是否短路（CAN 4 号接线插接器-网络网关主线）

1）断开 CAN 4 号接线插接器（E97）。

2）使用万用表电阻挡，根据图 5-22 电路和表 5-7 中的标准值测量电阻。

表 5-7　CAN 2 号总线标准电阻 6

万用表连接	条件	规定值
E86-13（CAN-High）-E86-12（CAN-Low）	点火开关置于 OFF 位置	1MΩ 或更大
E86-13（CAN-High）-E11-16（BAT）	断开蓄电池负极端子	6kΩ 或更大
E86-12（CAN-Low）-E11-16（BAT）	断开蓄电池负极端子	6kΩ 或更大
E86-13（CAN-High）-E11-4（CG）	点火开关置于 OFF 位置	200Ω 或更大
E86-12（CAN-Low）-E11-4（CG）	点火开关置于 OFF 位置	200Ω 或更大

3）如果测量数据异常，则维修或更换 CAN 2 号总线主线或插接器（网络网关 ECU-CAN 4 号接线插接器），检查结束。

4）如果测量数据正常，则维修或更换仪表板线束（CAN 4 号接线插接器），检查结束。

2. LIN 总线检查

（1）电路图

丰田汽车 LIN 总线电路图如图 5-23 所示。

（2）检查线束和插接器（认证 ECU-主车身 ECU）

下面以 LIN 通信主单元故障为例讲解。

1）当主车身 ECU 和认证 ECU 之间存在断路、短路或 ECU 通信故障时，会出现 LIN 通信主单元故障。

2）断开插接器 E36 和 2C。

3）使用万用表，根据图 5-23 电路和表 5-8、表 5-9 中的标准值测量电阻和电压。

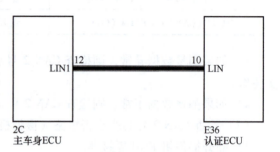

图 5-23　丰田汽车 LIN 总线电路图

表 5-8　LIN 通信主单元标准电阻

万用表连接	条件	规定值
E36-10（LIN)-2C-12（LIN1)	始终	小于 1Ω
E36-10（LIN）或 2C-12（LIN1)-车身搭铁	始终	10kΩ 或更大

表 5-9　LIN 通信主单元标准电压

万用表连接	条件	规定值
E36-10（LIN)-车身搭铁	始终	低于 1V

4）如果测量数据异常，则维修或更换线束或插接器，检查结束。

5）如果测量数据正常，则更换主车身 ECU（仪表板接线盒），检查结束。

第6章
发动机电子控制系统

一、发动机电子控制系统基本知识

1. 发动机控制单元

（1）发动机控制单元概述

为了使计算机进行正常的功能控制，需要有一个由各种输出和输入设备组成的系统。

在汽车上，传感器，例如冷却液温度传感器或空气流量计要与输入设备对应，而执行器，例如喷油器或点火器要与输出设备对应。

以丰田车型为例，控制系统的计算机称为电子控制单元（ECU）。控制发动机的计算机称为发动机 ECU 或发动机控制模块（ECM），发动机电子控制系统如图 6-1 所示。

发动机电子控制系统主要由传感器、发动机控制模块（ECM）、执行器三个部分组成，对发动机工作时的吸入空气量、喷油量和点火提前角等进行控制。在发动机电子控制系统中，传感器作为输入部分，用于测量各种物理信号（温度、压力等），并将其转化为相应的电信号；ECM 的作用是接收传感器的输入信号，并按设定的程序进行计算处理，产生相应的控制信号输出到功率驱动电路，功率驱动电路通过驱动各个执行器执行不同的动作，使发动机按照既定的控制策略运转；同时，ECM 的故障诊断系统对系统中各部件或控制功能进行监控，一旦探测到故障并确认，则存储故障码，当探测到故障被消除时，则恢复正常功能。

（2）发动机控制单元（ECM）的作用

根据发动机的进气量和转速信号，计算出基本喷油持续时间，以接近理想空燃比的混合气供发动机工作，并控制其运转。例如，在冷车起动时，ECM 根据有关信号，通过增加喷油量并控制怠速控制阀等执行元件动作，使发动机顺利起动并控制怠速的转速。此外，ECM 还具有故障自诊断和保护功能，当发动机出现故障时，ECM 可自动诊断故障，保存故障码，并通过故障指示灯发出警告，所保存的故障码在一定的触发条件下还可以输出。一旦传感器或执行器失效，ECM 自动启用其备用系统投入工作，以保证车辆的安全，维持车辆一定的行驶能力。ECM 还可以与故障诊断仪进行通信，利用故障诊断仪可以查看存储于 ECM 内存

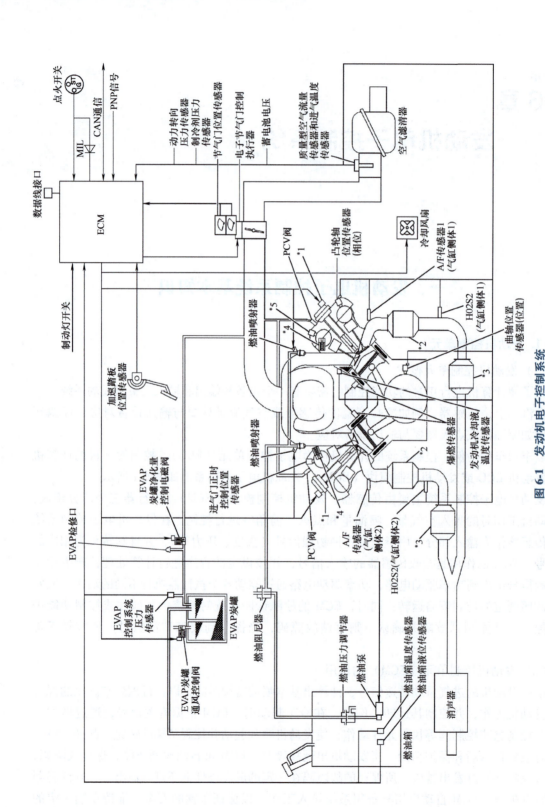

图6-1 发动机电子控制系统

*1—点火线圈（带功率晶体管）　*2—一排气催化净化器（前）　*3—一排气催化净化器（后）
*4—进气门正时控制电磁阀　*5—进气门正时控制位置传感器

中的故障码，并可以扫描当前 ECM 运行的系统参数，即数据流，还可以利用故障诊断仪对控制系统的执行器进行强制驱动测试，为控制系统的维修、诊断提供极大的便利。

2. 电子控制燃油喷射系统

（1）电子控制燃油喷射系统的概述

电子控制燃油喷射系统（EFI）简称为"电控燃油喷射系统""电喷系统"，它是以电控单元为控制中心，并利用安装在发动机上的各种传感器监测发动机的各种运行参数，再按照 ECM 中预存的控制程序，精确地控制喷油器的喷油量，使发动机在各种工况下都能获得具有最佳空燃比的可燃混合气。电子控制燃油喷射系统如图 6-2 所示。

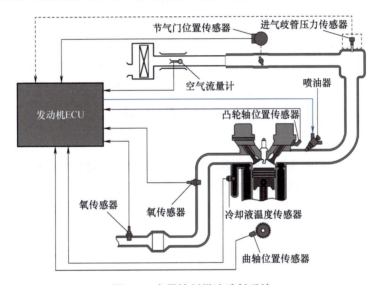

图 6-2　电子控制燃油喷射系统

电子控制燃油喷射系统中各部件的作用如下。

1）发动机 ECU（ECM）。根据传感器传送的信号，计算出最佳的燃油喷射时间。

2）空气流量计/进气歧管压力传感器。探测进气流量或进气歧管压力。

3）曲轴位置传感器。探测曲轴转角和发动机转速。

4）凸轮轴位置传感器。探测凸轮轴转角的信息（用于气缸位置的判别）和配气正时。

5）冷却液温度传感器。探测冷却液温度。

6）节气门位置传感器。探测节气门开度。

7）氧传感器。探测废气中的氧含量。

（2）电子燃油喷射的类型

按进气流量探测法分类，有两种电子燃油喷射系统，如图 6-3 所示。

1）L-EFI（空气流量控制型）。这种 EFI 系统采用空气流量计直接测量进气歧管中流入的空气量。

2）D-EFI（歧管压力控制型）。这种 EFI 通过测量进气歧管的压力，再利用进气空气密度，换算出进气流量。

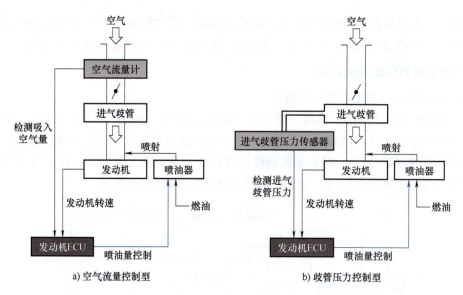

a) 空气流量控制型　　　　　　　　　b) 歧管压力控制型

图6-3　电子燃油喷射的类型

（3）燃油系统的组成

燃油被燃油泵从油箱吸出，由喷油器在压力下进行喷射，如图6-4所示。燃油管里的燃油压力必须由压力调节器和脉冲缓冲器进行调节，以保持稳定的燃油喷射。燃油系统的主要部件如下。

① 燃油箱。

② 燃油泵总成。

a. 燃油泵。

b. 燃油泵滤清器。

c. 燃油滤清器。

d. 压力调节器。

③ 输油管。

④ 喷油器。

⑤ 脉动缓冲器。

1）燃油泵。燃油泵安装于油箱中，与燃油滤清器、压力调节器和燃油表等结合为一整体，如图6-5所示。

电动机带动燃油泵叶轮压缩燃油。燃油泵停止时，单向阀关闭，以维持燃油管路内的残余压力，这样更有助于顺利使发动机重新起动。若没有残余压力，在高温时很容易出现气阻，使发动机重新起动变得很困难。当出油口侧压力过高时，安全阀开启，防止燃油压力过高。

2）压力调节器。压力调节器将喷油器的燃油压力控制在324kPa（视发动机型号不同，具体压力值也会不同）。此外，压力调节器能像燃油泵的单向阀一样，维持燃油管里的残余压力。有两种燃油压力调节方法。

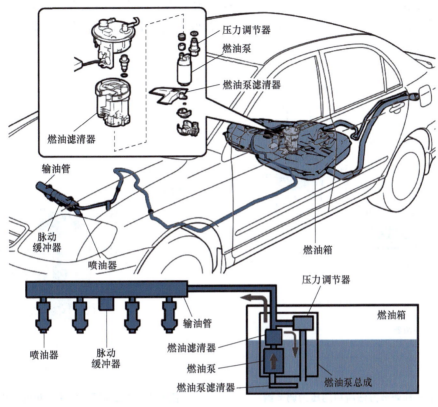

图 6-4 燃油系统的组成

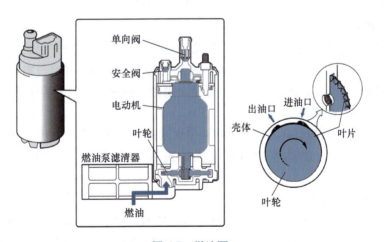

图 6-5 燃油泵

① 第一种。这种燃油调节方法是将燃油压力控制在一个恒定的压力值。当燃油压力超过压力调节器的弹簧的压力时，阀门开启，使燃油回流到燃油箱，以此调节燃油压力，如图 6-6 所示。

② 第二种。这种燃油调节方法下，压力调节器中装备有一个高压油管，它持续调节燃油压力，使燃油压力高于进气歧管压力，产生一个固定压力差。它的基本工作原理与第一种

燃油调节方法类似，但由于进气歧管真空度被作用于调节器膜片的上腔，燃油压力就可以，根据进气歧管压力的改变而改变，多余燃油通过回油管流回燃油箱。第二种调节方法所用压力调节器如图 6-7 所示。

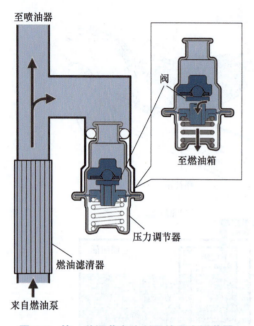

图 6-6　第一种调节方法所用的压力调节器

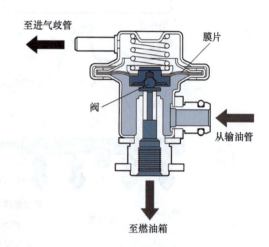

图 6-7　第二种调节方法所用的压力调节器

3）脉动缓冲器。脉动缓冲器采用一个膜片，吸收燃油喷射和燃油泵泵油压力产生的燃油压力脉动，如图 6-8 所示。

4）喷油器。喷油器根据发动机 ECU 传来的信号，将燃油喷射进气缸的进气口。发动机 ECU 传来的信号使电流在电磁线圈中流动，拉动针阀，此时阀门开启，喷射燃油，如图 6-9 所示。由于针阀行程是固定的，燃油喷油量是由电磁线圈通电时间来控制的。

5）燃油滤清器/燃油泵滤清器。

① 燃油滤清器。燃油滤清器能去除管路中燃油的灰尘和杂质，如图 6-10 所示。

② 燃油泵滤清器。燃油泵滤清器在燃油进入燃油泵之前，去除燃油中的灰尘和杂质。

（4）燃油喷射系统说明

喷油器喷射的燃油量由 ECM 决定。ECM 控制喷油器开启时间的长短（喷射脉冲周期）。喷射的燃油量取决于 ECM 内存中的程序值。这个程序值是根据发动机运转状况预先设定的。这些运转状况又取决于来自曲轴位置传感器、凸轮轴位置传感器和质量型空气流量传感器的输入信号（发动机转速和进气量），如图 6-11 所示。

另外，在下列各种不同的工作状况下，为了提高发动机的性能，可以对燃油喷射量进行补偿修正。

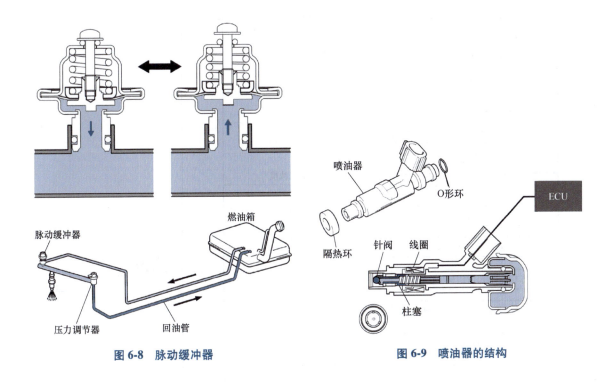

图 6-8　脉动缓冲器

图 6-9　喷油器的结构

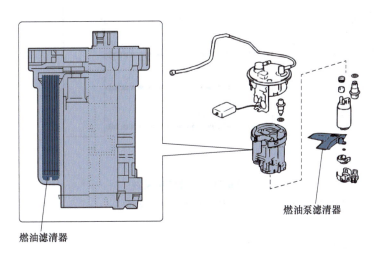

图 6-10　燃油滤清器/燃油泵滤清器

以下工况应增加燃油供给。

① 暖机期间。

② 起动发动机时。

③ 加速时。

④ 发动机高速运转时。

⑤ 当变速杆位置从 N 换到 D。

⑥ 高负荷、高速操作。

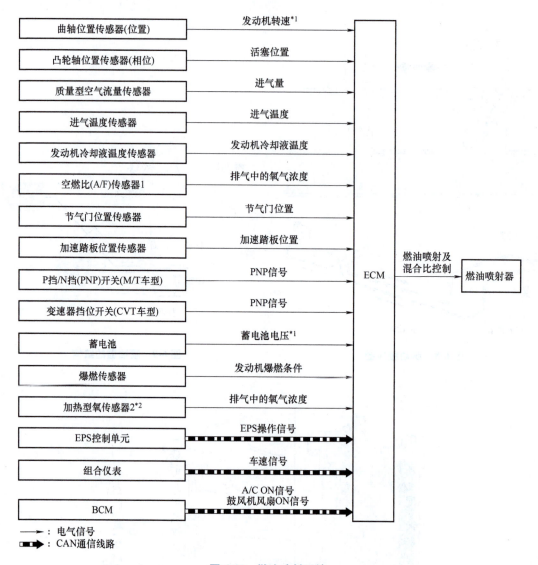

图 6-11　燃油喷射系统

*1—ECM 根据发动机的转速信号和蓄电池的电压信号决定起动信号状态。

*2—在正常情况下，该传感器并不用于控制发动机系统。

以下工况应减少燃油供给。

① 减速时。

② 发动机高速运转时。

3. 电子控制点火提前系统

（1）电子控制点火提前系统的概述

电子控制点火提前（ESA）系统是一个根据各种传感器传来的信号，采用发动机 ECU 来确定点火正时的系统，如图 6-12 所示。发动机 ECU 根据内存中存储的最佳点火正时与发动机工况相对应的情况下，计算出最佳点火正时，并将点火信号传送给点火器。最佳点火正时主要由发动机转速和进气量（进气歧管压力）决定。

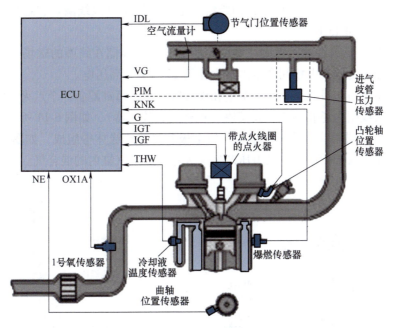

图 6-12　电子控制点火提前（ESA）系统的组成

（2）电子点火提前（ESA）控制系统的组成

ESA 系统由各种传感器、发动机 ECU、点火器、点火线圈和火花塞组成。

1）传感器的作用如下。

① 凸轮轴位置传感器（G 信号）。探测凸轮轴转角的信息（用于气缸位置的判别）和配气正时。

② 曲轴位置传感器（NE 信号）。探测曲轴转角和发动机转速。

③ 空气流量计/进气歧管压力传感器（VG 或 PIM 信号）。探测进气流量或进气歧管压力。

④ 节气门位置传感器（IDL 信号）。探测怠速状态。

⑤ 冷却液温度传感器（THW 信号）。探测冷却液温度。

⑥ 爆燃传感器（KNK 信号）。探测爆燃状态。

⑦ 氧传感器（OX 信号）。探测排气中氧含量。

2）发动机 ECU 的作用。发动机 ECU 接收从传感器传来的信号，计算出发动机在每种工况下相对应的最佳点火正时，将点火（IGT）信号传递给点火器，如图 6-13 所示。

3）点火执行器。点火执行器主要包括点火控制器、点火线圈及火花塞等。

① 点火控制器。点火控制器针对发动

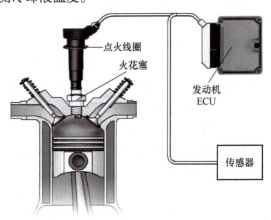

图 6-13　发动机 ECU 的作用

机 ECU 输出的 IGT 信号，间歇性地将初级绕组电流作用于点火线圈。它还将点火确认信号（IGF）传递给发动机 ECU。

② 点火线圈。点火线圈可将火花塞跳火所需的能量存储在线圈的磁场中，并将电源提供的低压电转变为足以在电极间产生击穿火花的 15~20kV 高压电。

点火线圈主要由初级绕组、次级绕组和铁心等组成，每缸配备一个点火线圈的独立点火系统一般在点火线圈内还有一个点火模块（也称点火放大器），如图 6-14 所示。

③ 火花塞。火花塞主要由中心电极、侧电极和陶瓷绝缘体等组成，如图 6-15 所示。火花塞主要是利用点火线圈产生的高电压产生电火花，点燃气缸内的混合气。

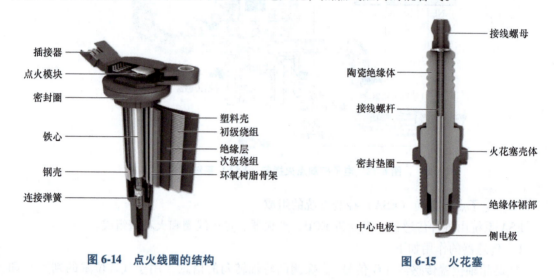

图 6-14　点火线圈的结构

图 6-15　火花塞

（3）点火电路

1）点火电路的概述。发动机 ECU 根据 G 信号、NE 信号以及其他各种传感器传来的信号确定点火正时。点火正时一旦确定，发动机 ECU 将 IGT 信号传递给点火器。当传递给点火器的点火信号处于"开"的状态时，初级绕组通电。当点火信号关闭时，初级绕组断电。同时，点火确认信号 IGF 被传递给发动机 ECU，如图 6-16 所示。

目前使用的主要点火电路是直接点火系统（DIS）。发动机 ECU 按照点火次序，把各个点火信号传递给点火器，从而将低压电流分配至各气缸。

2）IGT 和 IGF 信号。

① IGT 信号。根据不同传感器的信号，发动机 ECU 计算优化点火正时，并发送 IGT 信号到点火器。在发动机 ECU 计算点火正时前，IGT 信号被接通，然后断开；当 IGT 信号被断开时，火花塞点火，如图 6-17 所示。

② IGF 信号。点火器利用一个反向电动势把一个 IGF 信号发送至发动机 ECU，此向反电动势是在施加在点火器点火线圈的初级电流被切断时产生的。当发动机 ECU 接收到此 IGF 信号时，便确定已点火。

如果发动机 ECU 没有收到 IGF 信号，相应故障码（DTC）被存入发动机 ECU，并且失效保护功能使燃油喷射停止，如图 6-18 所示。

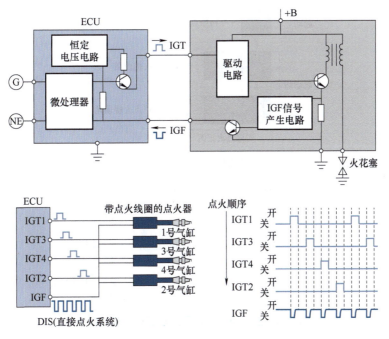

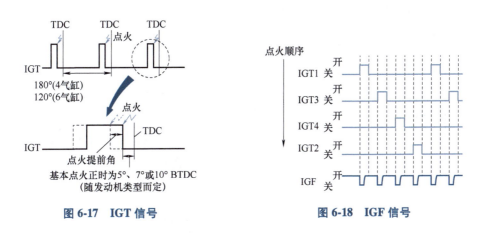

图 6-16　点火电路

图 6-17　IGT 信号

图 6-18　IGF 信号

（4）点火正时控制

1）点火正时（ESA）控制概述。点火正时控制包括以下两类基本控制。

① 起动点火控制。起动点火控制是在预定的曲轴转角进行点火，而不考虑发动机的运行情况。该曲轴转角称为"初始点火正时角"

②起动后点火正时控制。起动后点火正时控制是由初始点火正时角、基本点火提前角和各种校正点火提前角综合而成的，如图 6-19 所示。基本点火提前角是根据发动机负荷和转速而计算出的。

2）初始点火正时角判断。初始点火正时角度由以下因素决定：当发动机 ECU 接收到了 G 信号（图 6-20 左边 A 点）后，再接收到 NE 信号（图 6-20 左边 B 点），这就可以确定曲

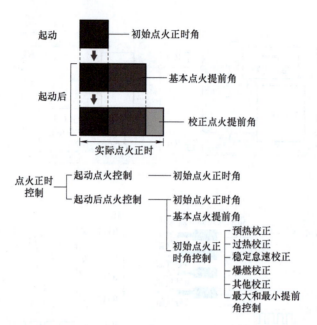

图 6-19　起动点火控制和起动后点火正时控制

轴转角达到了上止点前 5°、7°或 10°时（不同的机型角度也不同），此时的角度即为初始点火正时角度，如图 6-20 所示。

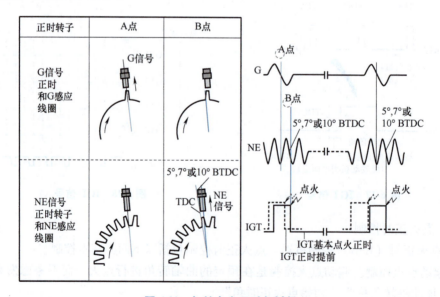

图 6-20　初始点火正时角判断

3）起动点火控制和起动后点火控制。

① 起动点火控制。当发动机起动时，由于其速度较低再加上进入的空气流量不稳定，因此 VG 和 PIM 信号不能被用作控制信号。所以，点火正时设置在初始点火正时角。初始点火正时角是由发动机 ECU 的备份 IC 控制的。此外，NE 信号用于确定发动机什么时候被起

动，并且当发动机转速小于或等于 500r/min 时，表明发动机正在起动，如图 6-21 所示。

② 起动后点火控制。起动后点火控制就是当发动机起动后正常运转时的有效控制。这种控制是通过对初始点火正时角和基本点火提前角进行各种校正来完成的。

点火正时 = 初始点火正时角 + 基本点火提前角 + 校正点火提前角

当起动后点火控制有效时，微处理器计算出 IGT 信号并通过支持备份 IC 输出，如图 6-22 所示。

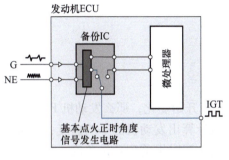

图 6-21　起动点火控制

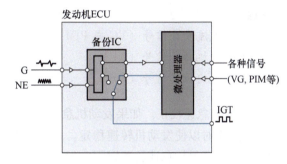

图 6-22　起动后点火控制

4）基本点火提前角。基本点火提前角是由 NE 信号和 VG 信号或者 PIM 信号来决定的。决定基本点火提前角的 NE 信号和 VG 信号被贮存在发动机 ECU 的内存中。

① IDL 信号打开时的控制。IDL 信号打开后，发动机 ECU 根据发动机转速确定点火正时提前角。

② IDL 信号关闭后的控制。点火正时按 NE 信号和 VG 或者 PIM 信号来确定，而这些信号又以存贮在发动机 ECU 上的数据为依据。此时的点火提前角取决于车型，两个基本点火提前角被存入发动机 ECU，这些数据中的一个被用于确定基于燃油辛烷值的提前角，因此需要选择与所用燃油相匹配的数据。

此外，某些具有辛烷值调节能力的车辆使用 KNK 信号来自动改变确定点火正时的数据。

5）校正点火提前控制。

① 预热校正。当冷却液温度太低而要改善发动机的稳定性时，使用调整后的点火提前角。某些机型的发动机为了适应进入的空气流量，也会进行点火提前角校正。

在极冷的条件下，通过该校正功能可将点火角提前大约 15°，如图 6-23 所示。

② 过热校正。当冷却液温度极高时，点火正时将被延迟以防止爆燃或过热。这种校正使点火提前角延迟最大 5°，如图 6-24 所示。

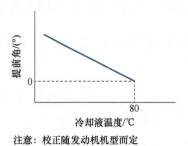

注意：校正随发动机机型而定

图 6-23　预热校正

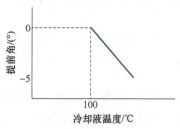

注意：校正随发动机机型而定

图 6-24　过热校正

> **注意**：某些机型也使用以下信号进行校正控制：
> - 空气流量计信号（VG 或 PIM）。
> - 发动机转速信号（NE）。
> - 节气门位置信号（IDL）。

③ 稳定怠速校正。如果发动机怠速时从目标怠速速度开始变化，那么发动机 ECU 将会调节点火正时以使发动机转速稳定。发动机 ECU 不断地计算出发动机的平均速度，如果发动机转速降至目标怠速转速以下，发动机 ECU 将会使点火正时提前到预设角度。如果发动机转速高于目标怠速转速，则发动机 ECU 将延迟预设提前角。通过这种校正，点火提前角变化值最大为±5°。

④ 爆燃修正。如果发动机出现爆燃，爆燃传感器则会把爆燃产生的振动转化为一个电压信号（KNK 信号），并把它传给发动机 ECU。发动机 ECU 根据 KNK 信号的强度来判断爆燃是强烈、中等强或弱。

然后，ECU 通过延迟点火时间进行校正，以使点火时间和 KNK 信号的强度相一致。换句话说，就是当爆燃较强烈时，点火时间延迟较长；而当爆燃较弱时，点火时间仅稍有延迟。当发动机停止爆燃后，发动机 ECU 便停止延迟点火时间，而且有时还会稍微地提前点火时间直到再次发生爆燃。

通过这种修正，点火提前角延迟最大为 10°。

某些机型在几乎整个负荷范围内都进行这种校正，而另一些机型只在高负荷时使用这种校正方法。

⑤ 其他校正。还有一些发动机机型为 ESA 系统增加了下列几种校正，以便更准确、有效地控制点火时间。

空燃比反馈校正：在空燃比反馈校正过程中，发动机的怠速速度是随着燃料喷油量的增加/减少而相应变动的。为了保持怠速稳定，在空燃比例反馈中，要使点火提前角与进入的空气量相匹配。在车辆行驶中不执行这种校正方式。

EGR（排气的再循环）校正：当排气再循环开关处于关闭状态时，要提前点火正时以便和进入的空气质量和发动机转速相一致，最终改善发动机稳定性。

转矩控制校正：一些车辆配备了 ECT（电子控制变速器），传动装置中的离合器和制动器在变速过程中会产生一定量的振动。某些车型在换挡加速或减速时为减小这种振动。通过延迟点火正时以降低发动机转矩。

转换校正：当从减速转换为加速时，点火时间需要提前或者延迟，以便满足加速过程的需要。

巡航控制校正：当以巡航控制行驶时，在下坡行驶中，巡航控制 ECU 发出一个信号给发动机 ECU 以延迟点火正时，使得在制动过程中产生的发动机转矩变化最小，以执行平稳巡航控制。

牵引力控制校正：牵引力控制运作时，为了降低发动机转矩，也会延迟点火正时。

4. 怠速控制系统

（1）怠速控制系统的概述

怠速控制（ISC）系统装配在节气门的旁通管路内，由 ISCV（怠速控制阀）来控制通过旁通管路空气吸入量，如图 6-25 所示。ISCV 利用发动机 ECU 发送出的信号，始终将发动机怠速控制在最佳状态。ISC 系统由 ISCV（怠速控制阀），发动机 ECU，多个传感器及开关组成。

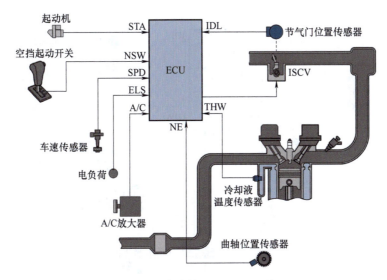

图 6-25　怠速控制（ISC）系统

1）起动时。旁通管路被打开，以改善发动机的起动性能，如图 6-26 所示。

2）发动机预热。如果发动机冷却液的温度较低，将提高发动机怠速的转速，以便发动机能平稳运转（快怠速），如图 6-27 所示。在发动机冷却液温度升高后，则怠速转速会降低。

3）反馈控制系统及故障预测系统。当使用空调时；当打开前照灯时；驻车时，将变速杆从 N 挡换至 D 挡或从 D 挡换至 N 挡；上述三种情况下，如果负荷增加或变化，则怠速速度也将升高。

（2）ISCV（怠速控制阀）

ISCV（怠速控制阀）是一种利用发动机 ECU 信号来控制怠速运转期间的进气总量的装置，以达到控制发动机怠速速度的目的。发动机怠速控制阀具有以下两种类型。

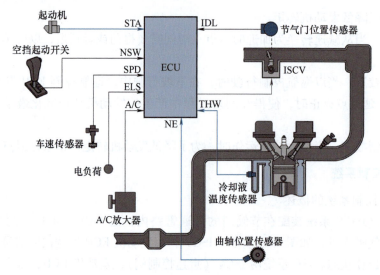

图 6-26　发动机起动时

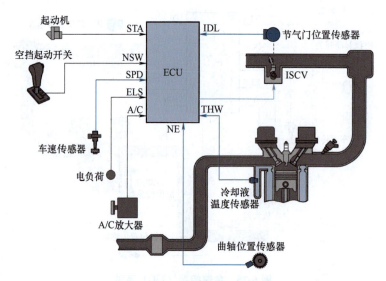

图 6-27　发动机预热

1）节气门旁通型，控制发动机吸入空气量。由于怠速期间，节气门关闭，可从 ISCV（怠速控制阀）的通道提供发动机怠速运转期间所需的空气量，如图 6-28a 所示。

2）节气门控制进气量型，利用节气门控制发动机吸入空气量。装有这种类型怠速控制阀的发动机，可利用节气门准确控制发动机怠速运转期间的空气吸入量。该系统称之为 ETCS-i（智能电子节气门控制系统），可在发动机怠速运转期间控制吸入空气量，如图6-28b 所示。

①电磁转阀型怠速控制阀。电磁转阀型怠速控制阀包括一组电磁线圈，IC（集成电路）、永久磁铁和阀。该阀附接在节气门体上。

IC（集成电路）是利用发动机 ECU 发出的占空比信号，控制流入电磁线圈电流的方向

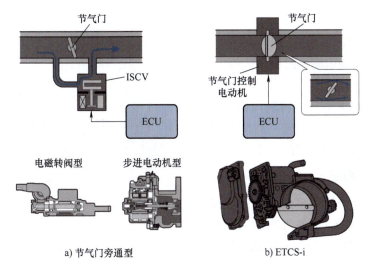

a) 节气门旁通型　　　　　　　　b) ETCS-i

图 6-28　ISCV（怠速控制阀）的类型

及大小，使阀门转动，从而控制从节气门的旁通通道流入的空气量，如图 6-29 所示。

工作原理：占空比较高时，IC 将阀门向打开方向转动；占空比较低时，IC 将阀门向关闭方向转动。

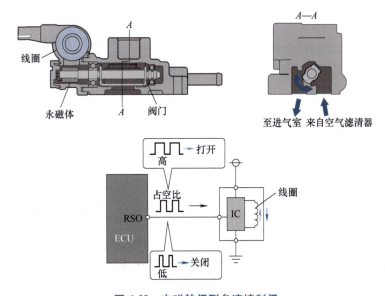

图 6-29　电磁转阀型怠速控制阀

② 步进电动机型。步进电动机型的 ISCV 附接在进气室上。阀门被安装在转子末端上，通过其在转子的旋转过程中的被转出或转入，来控制从旁通通道流入的空气量，如图 6-30 所示。

工作原理：步进电动机利用电流流进电磁线圈时对永磁体产生的拉力作用，及弹簧回弹作用原理。当电流流向 C1 时，使电磁铁产生拉力作用。同时，当切断流向 C1 的电流时，电流将流向 C2，则电磁铁将被拉向 C2。按顺序，C3，C4 同样接通/切断电流，从而实现电磁铁的运动。

如果按从 C4 到 C3 到 C2 到 C1 的顺序切换电流，则可以实现电磁铁的反向运动。

这种方法用于将电磁铁转到所需要的位置。一台实际的步进电动机将利用四组电磁线圈，使电磁铁（转子）旋转一圈具有 32 步（有些电动机每旋转一圈只有 24 步。）

5. 诊断系统概述

目前，汽车上使用较多的为第二代随车自诊断系统（OBD-Ⅱ），各汽车制造厂依照 OBD-Ⅱ 的标准提供统一的诊断模式，统一的诊断插座，并且只要一台诊断仪即可对各车种进行诊断检测。

（1）OBD-Ⅱ 的特点

1）统一各车诊断插座形状为 16 脚（端子），如图 6-31 所示。

2）具有数值分析资料传输功能（Data Link Connector，DLC）。

3）统一各车种故障码及含义，即不同品牌车型的故障码及含义都相同。

4）具有行车记录器功能（定格数据），能锁定记忆故障码时的数据流。

5）具有重新显示记忆的故障码功能。

6）具有可由仪器直接消除故障码的功能。

（2）OBD-Ⅱ 的统一故障码标准

一组 OBD-Ⅱ 故障码是由 5 个代码组合而成的，第一个代码为英文代码，代表测试系统，如 B 代表车身控制系统（BODY），C 代表底盘控制系统（CHASSIS），P 代表发动机/变速器控制系统，即动力控制总成（POWERTRAIN），U 代表车载网络系统（CAN）。

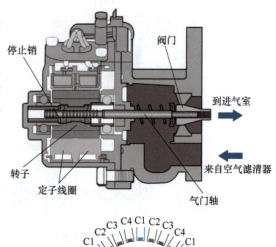

图 6-30　步进电动机型

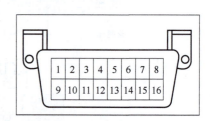

图 6-31　诊断插座

例如：福特 EEC-V（第五代控制系统）的"P1352"故障码，其中第一位"P"代表测试系统；第二位"1"代表汽车制造厂码，该码可以是"0-3"的数字，如果该码为"0"代表是 SAE 所定义的故障码。其他的"1"、"2"或"3"等代码，代表汽车制造厂，由制造厂自己定义；第三位"3"代表 SAE 定义的故障范围（表 6-1）；第四、五位"52"代表原制造厂设定的故障码。

表 6-1　OBD-Ⅱ故障码代码定义

代码	SAE 定义故障范围	代码	SAE 定义故障范围
1	燃料或空气计量系统不良	5	怠速控制系统不良
2	燃料或空气计量系统不良	6	控制单元或输出控制元件不良
3	点火不良或间歇熄火	7	变速器控制系统不良
4	废气控制系统不良	8	变速器控制系统不良

（3）OBD-Ⅱ故障码种类

根据故障是否对排放有影响及其严重程度，故障码分为两类。

1）影响排放故障码。

A 类：发生一次就会点亮故障指示灯和记录故障码。

B 类：两个连续行程中各发生一次，才会点亮故障指示灯和记录故障码。

E 类：三个连续行程中各发生一次，才会点亮故障指示灯和记录故障码。

OBD-Ⅱ要求任何影响排放的故障都必须在三个连续行程中诊断出，且点亮故障指示灯，记录故障发生时的定格数据。

> **注意**：一个行程是指一个 OBD-Ⅱ测试能得以完成的驱动循环。

2）不影响排放故障码。

C 类：故障发生时记录故障码，但不点亮故障指示灯。汽车厂家可根据需要点亮另一个指示灯。

D 类：故障发生时记录故障码但不点亮故障指示灯。

（4）OBD-Ⅱ故障检测和故障指示灯的熄灭

1）故障检测。对于绝大多数车型，不再提供手工（即不用故障诊断仪）诊断闪烁码。

2）对 OBD-Ⅱ的故障检测必须通过故障诊断仪和标准诊断插座。市面上普通的故障诊断仪只要具有 OBD-Ⅱ（EOBD）功能就可以用于任何 OBD-Ⅱ车型。

3）故障指示灯的熄灭。

① 强制熄灭。用故障诊断仪清零或者断开控制单元的电源，可以暂时清除故障码和熄灭故障指示灯。如果故障没有被排除，OBD-Ⅱ会再次诊断出故障，1 个或多个行程后还会点亮故障指示灯。此功能多用于汽车维修服务后的诊断测试。

② 自动熄灭。如果发生的故障自动消失，且通过了 3 次连续行程的自诊断，故障指示灯会自动熄灭。

4）OBD-Ⅱ检测的主要传感器。以下传感器发生故障时会点亮故障指示灯：空气流量传感器（MAF）；进气压力传感器（MAP）；节气门位置传感器（TPS）；冷却液温度传感器（ECT）；进气温度传感器（IAT）；氧传感器（O2S）；车速传感器（VSS）；凸轮位置传感器（CMP）；曲轴位置传感器（CKP）；排气再循环阀位置传感器（EGRP）；爆燃传感器（KS）。以下传感器不影响排放，发生故障时不点亮故障指示灯，只记忆故障码：G 传感器（用于缺火诊断时路面状况判别）；空调压力传感器。

（5）OBD-Ⅱ检测的主要执行器

以下执行器发生故障时会点亮故障指示灯：点火控制回路；喷油器控制回路；炭罐电磁阀控制回路；怠速控制阀；排气再循环阀控制电磁阀。

以下执行器不影响排放，发生故障时不点亮故障指示灯，只记忆故障码：空调压缩机离合器继电器；冷却风扇继电器；可变进气管道控制电磁阀（需通过排放确认对排放影响不大）。

（6）故障码性质

发动机故障指示灯点亮后，对故障信息需要通过诊断仪读取故障码，根据故障码判断故障原因。诊断仪所读取的发动机故障码，不表示一定存在此故障，因为故障码的性质不确定，根据故障码的性质，读取的故障码分为如下几种。

1）历史故障码和当前故障码。历史故障码又称间歇性故障码或软故障码，它是过去发生但当前没有发生的故障所产生的，并且还未被清除的故障码。

历史故障码产生有两种情况：一种是故障已经排除，只是未清除故障码，该故障码被清除后就不会再次产生；另一种是故障并未排除，只是当前没有发生，该故障码被清除后，当故障再次发生时，故障码还会出现，所以只有在彻底排除相关故障后，才能完全清除历史故障码。

当前故障码又称硬故障码，是正在发生的故障所产生的故障码，是当前确实存在的故障，且故障码也存在。它属于持续性故障产生的当前故障码，它无法被清除。

2）自生性故障码和他生性故障码。自生性故障码就是由故障码所指示的元器件或相关的电路故障导致的故障码；他生性故障码是非故障码所指示的元器件或相关电路，包括非电控系统所导致的故障码。若自诊断系统储存的是自生性故障码，故障可通过换件或维修相关的电路修复；若是他生性故障码，更换故障码显示的元器件或维修相关电路不但不能消除故障，有时甚至会误导维修方向。

6. 发动机控制单元电源电路与接地电路

（1）发动机控制单元（ECU）的组成

发动机电控系统中使用的 ECU 主要由输入回路、模/数转换器（AD 转换器）、微处理器和输出回路组成，如图 6-32 所示。

1）微处理器。微处理器主要由以下三部分组成：中央处理器（CPU）（控制核心）；数据存储器（RAM、ROM）；输入输出（IO）接口（输入输出接口）。

微处理器只能识别 0～5V 的方波状数字信号，但传感器输送给发动机控制单元（ECU）的信号有两种：模拟信号、数字信号。微处理器不能直接处理模拟信号。

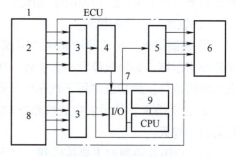

图 6-32 发动机 ECU

1—传感器　2—模拟信号　3—输入回路　4—A/D 转换器　5—输出回路　6—执行元件　7—微处理器　8—数字信号　9—ROM/RAM 内存

2）输入回路。输入回路的作用是将信号波形的杂波滤去，并削峰后输入到 A/D 转换器，将模拟信号转换成数字信号。

3）A/D 转换器。A/D 转换器的作用是将模拟信号转换成数字信号，然后输入微处理器进行处理，如图 6-33 所示。

4）输出回路。输出回路的作用是将这种低电压的数字信号转换成可以驱动执行器工作的控制信号。

输出回路一般采用大功率的电子元件（如晶体管、场效应管、达林顿管等），由微处理器输出的信号控制其导通和截止，从而控制执行器的供电或接地回路来控制执行器的动作。

（2）发动机控制单元（ECU）电源电路

组成：蓄电池、EFI（电子燃油喷射）主继电器及点火开关。

ECU 电源电路的要求：

① 在点火开关接通时与电源连通。

② 在点火开关关闭时也要与电源连通。

当点火开关接通时，ECU 经由一个熔丝（如通用车系为 10A 熔丝）获得电源电压，并将蓄电池电压（一般为 12～14V）调节到 5V 或 12V 后，供给内部和外部元件使用，如图 6-34 所示。

在点火开关关闭时，ECU 也需要供电，以保存相应的车辆参数和故障码等信息。因此，还有一个电路通过一个独立的熔丝（如通用车系为 20A 熔丝）不间断地为 ECU 提供蓄电池电压，若此电路断路，将使 ECU 中存储的怠速学习参数、燃油修正参数、故障码等信息全部丢失。

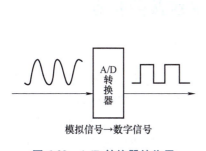

图 6-33　A/D 转换器的作用

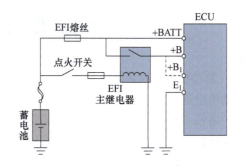

图 6-34　发动机控制单元电源电路

1）ECU 电源电路有三部分。

① ECU 电源电路。

② ECU 内部电源电路（微处理器电源电路）。

③ 接地电路。

2）EFI 主继电器。EFI 主继电器的作用是接通 ECU 与其电源间的连线，其功能是防止 ECU 电路的电压下降。当点火开关接通（ON）时，电流流过继电器线圈，各触点接通，电流经熔丝流入 ECU。

3）ECU 电源电路的共性。两种电源电路都由一条导线通过 EFI 熔丝，直接从蓄电池连接到发动机控制模块的"+BATT"端子。它的作用是不管点火开关在"ON"位置还是"OFF"位置，蓄电池都向发动机控制模块的随机存储器（RAM）持续供电，以保证发动机控制模块能持续存储故障码、空燃比修正值等数据。

4）ECU 内部电源电路。当内部电源电路（+5V 恒定电压电路）开路时，由 ECU 提供 5V 电源电压的传感器都将不再工作，如图 6-35 所示。

当内部电源电路（+5V 恒定电压电路）短路时，微处理器不再工作，所以 ECU 也不再工作。

（3）发动机控制单元接地电路

ECU 接地线对发动机电控系统的正常工作十分关键。ECU 一般至少有两条接地线，以确保 ECU 总是有良好的接地。以丰田汽车的发动机控制模（ECU）为例，它有三条接地电路，如图 6-36 所示。

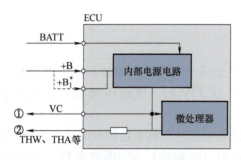

图 6-35　ECU 内部电源电路

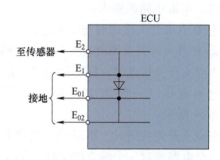

图 6-36　发动机控制单元接地电路

二、发动机电子控制系统故障特点

（1）发动机电控单元故障特点

发动机电控单元（ECU）工作一般比较可靠，故障率很低。但随着汽车运行里程和使用年限的增长（里程超过 15 万 km，使用年限达到 6~8 年，尤其运行环境条件恶劣时）也会出现这样或那样的故障，如个别集成块老化、损坏，电阻、电容失效，固定螺栓松动及电子元件焊脚接头松脱等，这样就会引起 ECU 的控制功能失效或控制系统工作不良，从而造成发动机起动困难、怠速不稳、动力性差、油耗增大及排放超标等故障。

（2）传感器

传感器种类繁多，结构不尽相同，但大致分为热敏电阻式、真空压力式、机械传动式等几种形式。传感器随时监测着发动机的工作状况，并把信号即时输给 ECU。传感器的零件损坏，如电阻老化迟钝、真空膜片破损、弹片弹性失效、回位弹簧失效等，都将导致它不能及时、准确地反映发动机工况，影响 ECU 准确、及时地获得控制信息，使控制系统工作失常，导致发动机工作不良、性能下降。

（3）电磁阀

电磁阀故障是指用电磁线圈脉冲控制的阀门闭合故障。电磁喷油阀、怠速控制电磁阀、点火装置的电磁线圈等的工作好坏，都将直接影响汽车的喷油、点火、怠速、起动等工作的正常完成。

例如，电磁喷油器。时间一长，有时候会因为电磁线圈工作不良、针阀卡死不喷油，造成汽油雾化不良或不雾化，使发动机工作不良或不能工作。当冷起动困难时，要重点检查喷油器的工作情况以及有关的连接电路，因为冷起动时喷油器工作不良或不工作，将直接影响起动加浓作用。

（4）电动燃油泵

电动燃油泵在无油工作或油质太差时工作，会造成电动燃油泵磨损或损坏。另外，电动燃油泵受空气流量传感器上的微动开关控制，若开关工作不良，动作迟缓，也会造成燃油泵供油不足，影响汽车起动和加速性能。

（5）油压调节器

油压调节器的作用是使燃油压力相对于进气管负压的压差经常保持恒定，从而使喷油量仅根据喷油电磁阀的通电时间确定。如果油压调节器的真空膜片损坏，或真空软管漏气，都会造成压力调节器的回油量失调，使发动机的喷油量不准确，发动机工作不良。

（6）点火线圈

正确的点火时刻和足够的点火电压是保证发动机正常工作的重要条件。当设置好基本点火正时，每一转速工况下的最佳点火时刻由 ECU 自动控制，而点火电压则和点火线圈的性能有关。一般点火线圈常见故障，如线圈绕组短路、断路或搭铁，会导致不产生高压电；另外点火线圈绝缘层材料老化，绝缘性能变差，点火线圈漏电，则使电火花弱，点火能量不够，以致引起怠速不稳、间断熄火和不能着火等。遇到这种故障必须检查点火线圈的电阻和绝缘性能是否符合要求，不符合就要更换。

（7）火花塞

火花塞承受高温、高压、冷热高频交变冲刷、燃烧废气的腐蚀等，加上工作环境恶劣，随着运行里程的增加，其性能会逐渐变坏，产生电极烧损、积炭、积油等问题。所以，火花塞必须按不同车型所规定的使用寿命及时更换，并且按原厂资料规定调整好电极的跳火间隙。

（8）插接件

电控系统传感器、执行元件的插接件很多，常因老化或多次拆卸导致接头松动或接触不良，造成许多控制信号传递不良，导致发动机不能正常工作，或工作状态时好时坏。例如，电子控制单元的接头接触不良，空气流量传感器插接件中的电动输油泵电路开关接头接触不良，会导致发动机起动不正常；还有发动机因为电控喷油阀的电源插接线脱落而造成某个气缸不工作。

接触不良可能是由插接器端子氧化锈蚀、污物进入端子或插接器插头与插座之间接触压力过小所致。把插接器分开后，对其进行检查、清洁、打磨和修整后再重新插上，可能会恢复其正常接触。如果在进行故障诊断时，检查配线和插接器均正常，但将插接器插回原位后再检查，故障消失，则故障有可能是由配线和插接器接触不良所致。

（9）线束故障

断路故障主要由导线折断、插接器接触不良、插接器端子被拔出等造成。检查线路断路故障时，应先脱开 ECU 和相应传感器的插接器，然后测量插接器相应端子间的电阻，以确定是否断路或接触不良。一般导线中间折断的情况很少见，大多是在连接处断开，因此尤其应仔细检查传感器和插接器连接处的导线。

短路故障主要由电气配线与车身搭铁，或者由开关内部短路所致。检查电气配线与车身之间是否短路时，应检查有无导线卡在车身内，有无导线与车身车架摩擦使其绝缘层磨损漏电。检查导线是否有搭铁短路故障时，应拆开线路两端的插接器，然后测量插接器被测端子与车身搭铁之间的电阻值，电阻值大于 $1M\Omega$ 为合格。

（10）空气滤清器、汽油滤清器

空气滤清器堵塞造成空气进气量减少，使混合气相应变浓。汽油滤清器堵塞不通畅，会造成混合气过稀，致使起动困难，转速不平稳，发动机运转无力。

7

第 7 章
汽车电气维修

一、拆装发电机

1. 拆卸发电机

1）关闭点火开关及所有用电器，拔出点火钥匙。

2）断开蓄电池负极连接柱。

3）拆卸发电机传动带。

4）断开发电机插头连接①，剥开导线绝缘保护套③，旋出固定螺母②，取出充电导线，如图 7-1 所示。

5）旋出固定螺母（图 7-1 中箭头处），取出固定螺栓。

6）旋出发电机固定螺母①，取出固定螺栓，取出发电机，如图 7-2 所示。

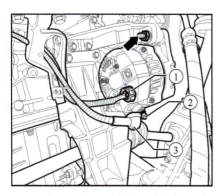

图 7-1　拆卸发电机固定螺栓

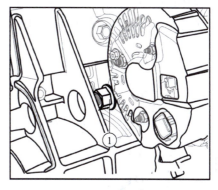

图 7-2　取出发电机

2. 安装发电机

安装大体以倒序进行，同时注意下列事项：

● 安装时，使用冲子①将弹性衬套②向外敲出约 0.8mm，如图 7-3 所示。

- 发电机固定螺栓标准力矩：（70±5）N·m。

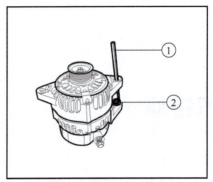

图 7-3　调整弹性衬套的位置

二、拆装起动机

1. 拆卸起动机

1）关闭点火开关及所有用电器，拔出点火钥匙。
2）脱开蓄电池负极接线柱。
3）拔出导线插头①，如图 7-4 所示。
4）脱开绝缘保护套③，旋出固定螺母②，取出发电机导线，如图 7-4 所示。
5）旋出固定螺栓（箭头处），取出起动机，如图 7-4 所示。

2. 安装起动机

安装大体以倒序进行，同时注意下列事项：

- 检查定位套①是否安装到位，如图 7-5 所示。

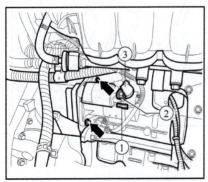

图 7-4　旋出起动机固定螺栓

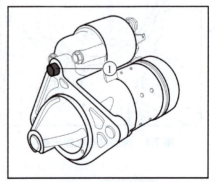

图 7-5　检查定位套

- 起动机固定螺栓标准力矩：（30±3）N·m。

三、拆装电子风扇

1. 拆卸电子风扇

1）关闭点火开关及所有用电器，拔出点火钥匙。

2）拆卸散热器。

3）断开电子风扇插头①和风扇电阻插头②，如图 7-6 所示。

4）如图 7-7 所示，按压风扇护风罩的固定卡子（箭头处），拔出电子风扇总成。

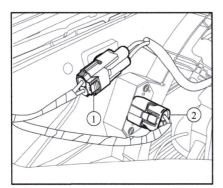

图 7-6　断开电子风扇插头

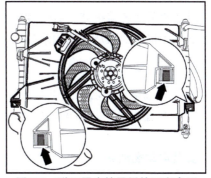

图 7-7　脱开风扇护风罩的固定卡子

2. 安装电子风扇

安装大体以倒序进行。

四、拆装电动燃油泵

1. 拆卸电动燃油泵

1）关闭点火开关及所有用电器，拔出点火钥匙。

2）断开蓄电池负极接线柱。

3）旋出固定螺钉（箭头处），取出盖板①，如图 7-8 所示。

4）按压快装接头锁销，脱开燃油泵供油管路②和回油管路③，如图 7-9 所示。

5）断开燃油泵插头连接①，如图 7-9 所示。

注意：燃油系统管路内有残留压力，打开燃油管路前在接口处放置抹布，然后小心松开连接处释放压力。

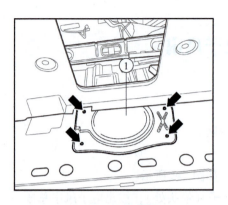

图 7-8　取出盖板

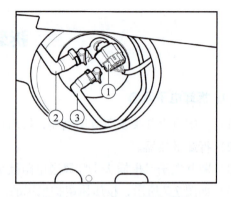

图 7-9　断开燃油泵插头连接

6）用燃油泵安装盖拆装工具①旋出燃油泵安装盖，如图 7-10 所示。

7）小心地将燃油泵从油箱内取出。

注意：

　① 取出燃油泵时，必须戴上防护手套。

　② 取出燃油泵时，应确保不损坏线束和燃油软管，不得弯折油位传感器的浮子臂。

2. 安装电动燃油泵

安装大体以倒序进行，同时注意下列事项：

•注意燃油泵的安装位置，如图 7-11 所示，安装时，使燃油泵壳体上的标记①与燃油箱壳体上的标记②处于同一条直线上。

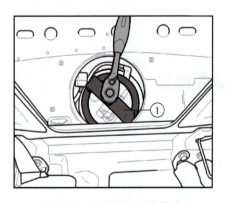

图 7-10　旋出燃油泵安装盖

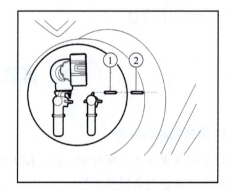

图 7-11　安装标记

五、拆装节气门

1. 拆卸节气门

1）关闭点火开关及所有用电器，拔出点火钥匙。

2）断开蓄电池负极接线柱。

3）拆卸空气滤清器总成。

4）松开卡箍（箭头处），拔出电子节气门体进、出水管①，如图 7-12 所示。

5）断开插头连接②，如图 7-13 所示。

6）旋出固定螺栓（箭头处），取出电子节气门体①，如图 7-13 所示。

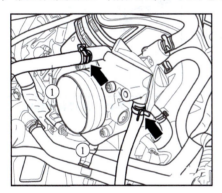
图 7-12　拔出电子节气门体进、出水管

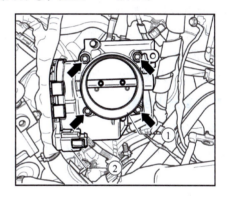
图 7-13　取出电子节气门体

7）清洗节气门体。

8）用手打开节气门，并用一个合适的物体（箭头处）将其锁定在完全打开的位置，如图 7-14 所示。

9）仔细清洁节气门壳体，特别是关闭的节气门区域（箭头），如图 7-15 所示。

10）用无毛纤维的布擦干节气门壳体。

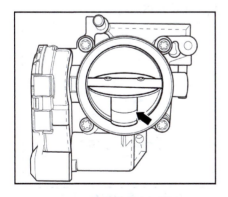
图 7-14　清洗节气门体

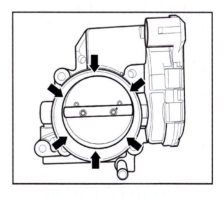
图 7-15　清洁节气门壳体

2. 安装节气门

安装大体以倒序进行，同时注意下列事项：

• 使用诊断仪对发动机进行匹配。

六、拆装点火线圈

1. 拆卸点火线圈

1）关闭点火开关及所有用电器，拔出点火钥匙。

2）断开蓄电池负极接线柱。

3）取出发动机盖板。

4）断开插头连接①，旋出固定螺栓（箭头处），如图 7-16 所示。

5）拔出点火线圈②，如图 7-16 所示。

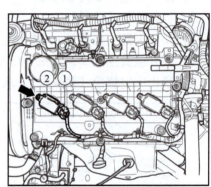

图 7-16　拆卸点火线圈

2. 安装点火线圈

安装大体以倒序进行。

螺栓（图 7-16 中箭头处）的拧紧力矩为（10±2）N·m。

七、拆装组合前照灯

1. 拆卸组合前照灯

1）关闭点火开关及所有用电器，拔出点火钥匙。

2）拆卸前保险杠外罩。

3）旋出固定螺栓（箭头处），拉出组合前照灯，如图 7-17 所示。

4）断开插头连接（箭头处），取出组合前照灯，如图 7-18 所示。

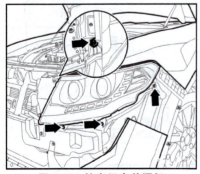

图 7-17　拉出组合前照灯

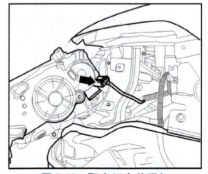

图 7-18　取出组合前照灯

2. 安装组合前照灯

安装大体以倒序进行，然后对前照灯进行调整。

八、拆装后尾灯

1. 拆卸后尾灯

1）关闭点火开关及所有用电器，拔出点火钥匙。

2）沿箭头方向翻开盖板①，如图 7-19 所示。

3）旋出固定螺母（箭头处），如图 7-20 所示。

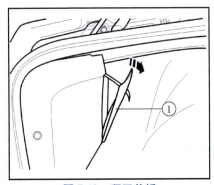

图 7-19　翻开盖板

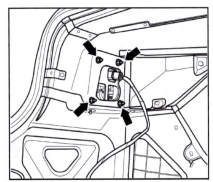

图 7-20　旋出固定螺母

4）沿箭头方向拉出后组合灯①，如图 7-21 所示。

5）断开插头连接①，取出后组合灯，如图 7-22 所示。

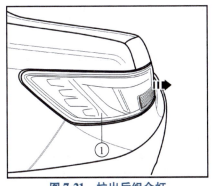

图 7-21　拉出后组合灯

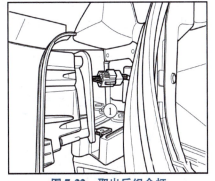

图 7-22　取出后组合灯

2. 安装后尾灯

安装大体以倒序进行，同时注意下列事项：

• 检查后组合灯密封条是否正确安装。

九、拆装后视镜

1. 拆卸后视镜

1）拆卸前车门饰板。

2）脱开后视镜①的连接插头②，如图 7-23 所示。

3）旋出固定螺栓③，如图 7-23 所示。

4）取下后视镜①，如图 7-23 所示。

2. 安装后视镜

安装大体以倒序进行，同时注意下列事项：

• 在安装完成后对后视镜玻璃进行功能检测。

• 螺栓拧紧力矩为（9.5±1.9）N·m。

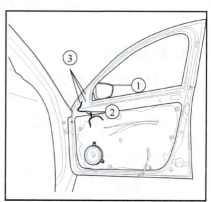

图 7-23　取下后视镜

十、拆装组合仪表

1. 拆卸组合仪表

1）关闭点火开关及所有用电器，拔出点火钥匙。

2）将转向管柱调整到最低位置，并锁定。

3）沿（箭头 A）方向撬出转向管柱护罩连接盖板①，如图 7-24 所示。

4）沿（箭头 B）方向拔出连接饰板②，取出转向管柱护罩上盖总成，如图 7-24 所示。

5）旋出固定螺钉（箭头处），如图 7-25 所示。

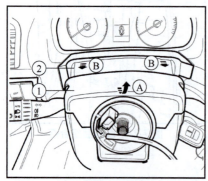

图 7-24　取出转向管柱护罩上盖总成

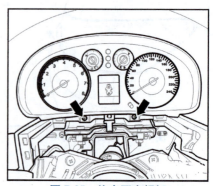

图 7-25　旋出固定螺钉

6）使用拆卸楔②插入组合仪表上部，沿箭头 A 方向撬动组合仪表①，如图 7-26 所示。

7）使用尖嘴钳③夹紧组合仪表中部预留孔，沿箭头 B 方向拔出仪表总成①，如图 7-26 所示。

8）如局部图所示，按下卡扣①，沿箭头方向松开锁止卡子，脱开插头连接，如图 7-27 所示。

9）取出组合仪表。

图 7-26　拔出仪表总成

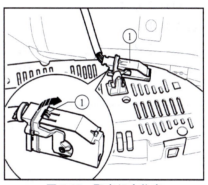
图 7-27　取出组合仪表

2. 安装组合仪表

1）安装大体以倒序进行，同时注意下列事项：

- 执行检查组合仪表所有部件的功能。

2）安装后进行控制单元匹配。

十一、拆装玻璃升降器

1. 拆卸玻璃升降器

1）拆卸前门玻璃。

2）脱开插头连接②，如图 7-28 所示。

3）旋出箭头处螺栓和固定螺栓③，如图 7-28 所示。

4）取出车窗升降器总成①，如图 7-28 所示。

2. 安装玻璃升降器

1）安装大体以倒序进行，同时注意下列事项：

- 玻璃升降器固定螺栓拧紧力矩为（8±1.6）N·m。

2）在安装车门饰板之前进行功能检查。

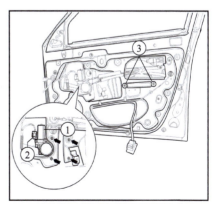
图 7-28　取出车窗升降器总成

十二、拆装车窗玻璃刮水器电动机

1. 拆卸车窗玻璃刮水器电动机

1）关闭点火开关及所有用电器，拔出点火钥匙。

2）拆卸刮水器臂。

3）拆卸刮水器盖板。

4）旋出固定螺栓（箭头处），拉出刮水器电动机，如图 7-29 所示。

5）断开连接插头①，取出刮水器电动机，如图 7-30 所示。

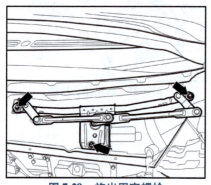

图 7-29　旋出固定螺栓

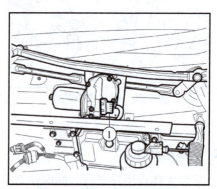

图 7-30　取出刮水器电动机

2. 安装车窗玻璃刮水器电动机

安装大体以倒序进行。

8

第 8 章

发动机电气故障诊断与排除

一、冷却液温度传感器故障

1. 冷却液温度传感器检测

1）将冷却液温度传感器放入水中，使用万用表连接冷却液温度传感器的两个端子。对水进行加热，读取并记录测量数据，如图 8-1 所示，标准电阻见表 8-1。

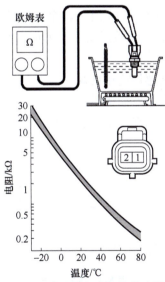

图 8-1　检查冷却液温度传感器

表 8-1　冷却液温度传感器标准电阻

万用表连接	条件	规定值
1-2	20℃	2.32~2.59kΩ
	80℃	0.310~0.326kΩ

注意： 在水中检查发动机冷却液温度传感器时，不要让水进入端子。检查后，应干燥冷却液温度传感器。

2）如果结果不符合规定，则更换冷却液温度传感器。

2. 冷却液温度传感器电路检测

（1）电路图

冷却液温度传感器电路图如图 8-2 所示。

图 8-2　丰田汽车冷却液温度传感器电路图

（2）检查冷却液温度传感器电压

参考图 8-2，使用万用表 20V 电压挡，表笔分别连接 B31-97（THW）和 B31-96（ETHW），在发动机怠速、发动机冷却液温度为 80℃时，测量值应为 0.2~1.0V。

（3）检查线束是否断路

1）确认发动机冷却液温度传感器连接良好。

2）断开发动机冷却液温度传感器插接器。

3）连接线束侧发动机冷却液温度传感器插接器的端子 1 和 2，如图 8-3 所示。

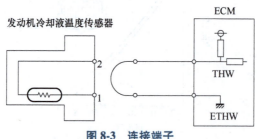

图 8-3　连接端子

4）使用诊断仪读取冷却液温度传感器数据流。

标准值为 140℃或更高。

5）如果测量值异常，则说明线束断路。

6）重新连接发动机冷却液温度传感器插接器。

（4）检查发动机冷却液温度传感器至 ECM 的线束和插接器

1）断开发动机冷却液温度传感器插接器。

2）断开 ECM 插接器。

3）使用万用表电阻挡，根据图 8-2 电路和表 8-2 中的标准值测量电阻。

表 8-2　标准电阻 1

万用表连接	条件	规定值
B3-2-B31-97（THW）	始终	小于 1Ω
B3-1-B31-96（ETHW）	始终	小于 1Ω

4）如果测量值为无限大，说明线束或插接器断路。

5）重新连接发动机冷却液温度传感器插接器。

6）重新连接 ECM 插接器。

（5）检查线束是否短路

1）断开发动机冷却液温度传感器插接器，如图 8-4 所示。

2）使用诊断仪读取冷却液温度传感器数据流。

标准值为 -40℃。

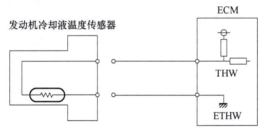

图 8-4　断开发动机冷却液温度传感器插接器

3）如果测量值不符合标准，则说明线束或插接器有短路。

（6）检查搭铁

1）断开发动机冷却液温度传感器插接器。

2）断开 ECM 插接器。

3）根据图 8-2 电路和表 8-3 中的标准值测量电阻。

表 8-3　标准电阻 2

万用表连接	条件	规定值
B3-2 或 B31-97（THW）-车身搭铁	始终	10kΩ 或更大

二、曲轴位置传感器故障

1. 曲轴位置传感器检测

（1）曲轴位置传感器电路图

曲轴位置传感器和凸轮轴位置传感器电路图如图8-5所示。

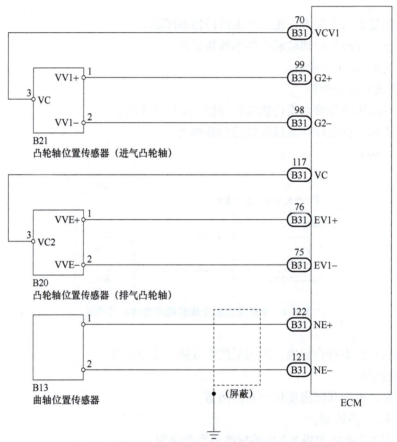

图8-5　曲轴位置传感器和凸轮轴位置传感器电路图

（2）测量曲轴位置传感器的波形

1）信号盘旋转时，每个齿经过1次感应线圈，便产生1个脉冲信号。发动机每转一圈，感应线圈便产生34个信号。ECM根据这些信号计算出曲轴位置和发动机转速。

2）参考图8-5，使用示波器测量曲轴位置传感器的波形，如图8-6所示。

3）G2代表凸轮轴位置传感器信号，而NE代表曲轴位置传感器信号。

提示：波长随发动机转速的增加而变短。

4）波形的测量条件见表8-4。

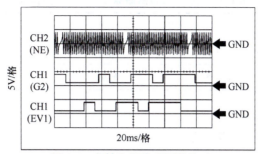

图 8-6　曲轴位置传感器的波形

表 8-4　波形的测量条件

ECM 端子名称	CH1：在 G2+和 G2-之间 CH1：在 EV1+和 EV1-之间 CH2：在 NE+和 NE-之间
检测仪量程	5V/格，20ms/格
条件	发动机暖机后怠速运转

（3）检查曲轴位置传感器

使用万用表，根据图 8-5 电路和表 8-5 中的标准值测量电阻。

表 8-5　曲轴位置传感器标准电阻

万用表连接	条件	规定值
1-2	冷态	1630~2740Ω
	热态	2065~3225Ω

提示："冷态"和"热态"是指感应线圈自身的温度。"冷态"是-10~50℃，"热态"是 50~100℃。

2. 曲轴位置传感器电路检测

检查曲轴位置传感器至 ECM 的线束和插接器是否断路或短路。

1）断开曲轴位置传感器插接器。

2）断开 ECM 插接器。

3）根据图 8-5 电路和表 8-6、表 8-7 的标准值测量电阻。

表 8-6　曲轴位置传感器标准电阻（断路检查）

万用表连接	条件	规定值
B13-1（NE+）-B31-122（NE+）	始终	小于 1Ω
B13-2（NE-）-B31-121（NE-）	始终	小于 1Ω

表 8-7　曲轴位置传感器标准电阻（短路检查）

万用表连接	条件	规定值
B13-1（NE+）或 B31-122（NE+）-车身搭铁	始终	10kΩ 或更大
B13-2（NE-）或 B31-121（NE-）-车身搭铁	始终	10kΩ 或更大

4）重新连接 ECM 插接器。

5）重新连接曲轴位置传感器插接器。

三、凸轮轴位置传感器故障

1. 凸轮轴位置传感器检测

（1）电路图

凸轮轴位置传感器电路图如图 8-5 所示。

（2）检查进气凸轮轴位置传感器电源电压

1）断开凸轮轴位置传感器插接器。

2）将点火开关置于 ON 位置。

3）使用万用表电压挡，根据图 8-5 电路和表 8-8 的标准值测量电压。

表 8-8　凸轮轴位置传感器标准电压

万用表连接	开关状态	规定值
B21-3（VC）-车身搭铁	点火开关置于 ON（IG）位置	4.5~5.0V

4）重新连接凸轮轴位置传感器插接器。

2. 凸轮轴位置传感器电路检测

1）检查进气凸轮轴位置传感器至 ECM 的线束和插接器：

2）断开凸轮轴位置传感器插接器。

3）断开 ECM 插接器。

4）使用万用表电阻挡，根据图 8-5 电路和表 8-9、表 8-10 的标准值测量电阻。

表 8-9　凸轮轴位置传感器标准电阻（断路检查）

万用表连接	条件	规定值
B21-1（VV1+）-B31-99（G2+）	始终	小于 1Ω
B21-2（VV1-）-B31-98（G2-）	始终	小于 1Ω

表 8-10　凸轮轴位置传感器标准电阻（短路检查）

万用表连接	条件	规定值
B21-1（VV1+）或 B31-99（G2+）-车身搭铁	始终	10kΩ 或更大
B21-2（VV1−）或 B31-98（G2−）-车身搭铁	始终	10kΩ 或更大

5）重新连接凸轮轴位置传感器插接器。

6）重新连接 ECM 插接器。

四、机油压力开关故障

1）断开机油压力开关插接器。

2）起动发动机。

3）使用万用表 200Ω 电阻挡，根据图 8-7 中的连接方式和表 8-11 中的标准值测量电阻

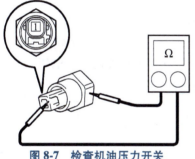

图 8-7　检查机油压力开关

表 8-11　机油压力开关标准电阻

万用表连接	条件	规定值
B6-1-开关壳体	急速运转时	10kΩ 或更大
B6-1-开关壳体	发动机停止	小于 1Ω

五、质量空气流量计故障

1. 质量空气流量计检测

（1）电路图

质量空气流量计电路图如图 8-8 所示。

（2）检测质量空气流量计电源电压

1）断开质量空气流量计插接器。

2）将点火开关置于 ON 位置。

3）使用万用表 20V 直流电压挡，根据图 8-8 电路和表 8-12 中的标准值测量电压。

表 8-12　质量空气流量计电源标准电压

万用表连接	开关状态	规定值
B2-3（+B）-车身搭铁	点火开关置于 ON 位置	9~14V

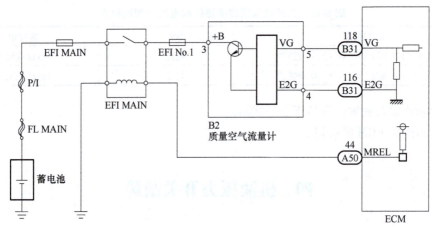

图 8-8　质量空气流量计电路图

4）重新连接质量空气流量计插接器。

（3）检查质量空气流量计 VG 电压

1）断开质量空气流量计插接器。

2）根据图 8-8，在端子+B 和 E2G 之间施加蓄电池电压。

3）将检测仪正极（+）探针连接至端子 VG，检测仪负极（-）探针连接至端子 E2G。

4）使用万用表 20V 直流电压挡，根据图 8-8 电路和表 8-13 中的标准值测量电压。

表 8-13　质量空气流量计 VG 标准电压

万用表连接	条件	规定值
5（VG）-4（E2G）	向端子+B 和 E2G 之间施加蓄电池电压	0.2~4.9V

5）重新连接质量空气流量计插接器。

2. 质量空气流量计电路检测

（1）检查质量空气流量计至 ECM 的线束和插接器是否断路或短路

1）断开质量空气流量计插接器。

2）断开 ECM 插接器。

3）使用万用表 200Ω 电阻挡，根据图 8-8 电路和表 8-14、表 8-15 中的标准值测量电阻。

表 8-14　质量空气流量计标准电阻（断路检查）

万用表连接	条件	规定值
B2-5（VG）-B31-118（VG）	始终	小于 1Ω
B2-4（E2G）-B31-116（E2G）	始终	小于 1Ω

表 8-15　质量空气流量计标准电阻（短路检查）

万用表连接	条件	规定值
B2-5（VG）或 B31-118（VG）-车身搭铁	始终	10kΩ 或更大

4）重新连接质量空气流量计插接器。

5）重新连接 ECM 插接器。

（2）检查质量空气流量计接地

1）断开质量空气流量计插接器。

2）使用万用表 200Ω 电阻挡，根据图 8-8 电路和表 8-16 中的标准值测量电阻。

表 8-16　质量空气流量计标准电阻

万用表连接	条件	规定值
B2-4（E2G）-车身搭铁	始终	小于 1Ω

3）重新连接质量空气流量计插接器。

六、节气门检查

1. 节气门检测

（1）电路图

节气门位置传感器电路图如图 8-9 所示。节气门执行器电路图如图 8-10 所示。

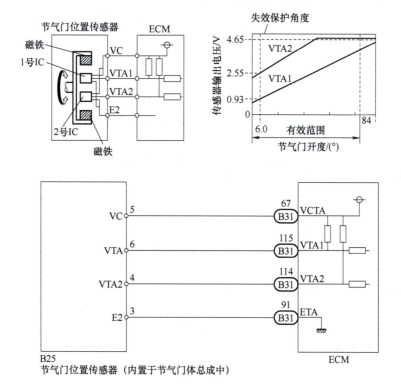

图 8-9　节气门位置传感器电路图

注：传感器端子 VTA1 检测时，节气门开度将以百分比形式表示，10%～24% 之间表示节气门全关，

64%～96% 之间表示节气门全开，约 16% 表示失效保护角度（6°）。

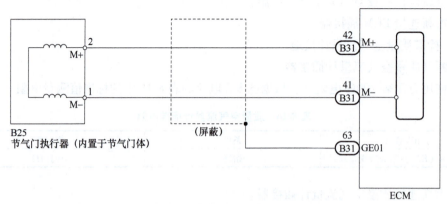

图 8-10　节气门执行器电路图

（2）节气门波形

1）节气门执行器正极端子波形。使用示波器检测节气门正极端子，波形如图 8-11 所示，检测条件见表 8-17。

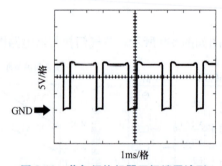

图 8-11　节气门执行器正极端子波形

表 8-17　节气门执行器正极检测条件

ECM 端子名称	在 M+和 ME01 之间
检测仪量程	5V/格，1ms/格
条件	发动机暖机后怠速运转

注意：占空比随节气门执行器的操作而变化。

2）节气门执行器负极端子波形。使用示波器检测节气门负极端子，波形如图 8-12 所示，检测条件见表 8-18 所示。

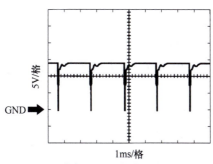

图 8-12　节气门执行器负极端子波形

表 8-18　节气门执行器负极检测条件

ECM 端子名称	在 M-和 ME01 之间
检测仪量程	5V/格，1ms/格
条件	发动机暖机后急速运转

注意：占空比随节气门执行器的操作而变化。

（3）检查节气门执行器

1）检查节气门执行器电阻。

① 断开节气门体总成插接器。

② 使用万用表 200Ω 电阻挡，根据图 8-10 电路和表 8-19 中的标准值测量电阻。

表 8-19　节气门执行器标准电阻

万用表连接	条件	规定值
2（M+)-1（M-）	20℃	0.3~100Ω

③ 重新连接节气门体总成插接器。

④ 如果不符合要求，则需要更换节气门总成。

2）使用诊断仪读取节气门执行器数据流。

节气门执行器电流最小为 0A，最大为 80A。

正常状态：0~3.0A 表示急速。

节气门执行器占空比（开启）最小为 0%，最大为 100%。

正常状态：0~40% 表示急速。

节气门执行器占空比（关闭）最小为 0%，最大为 100%。

正常状态：0~40% 表示急速。

（4）检查节气门位置传感器。

1）使用诊断仪读取节气门位置传感器数据流，节气门开度应为 60% 或更高。

2）1 号加速踏板位置传感器电压（发动机未起动）最小为 0V，最大为 5V。

正常状态：

0.5~1.1V 表示加速踏板松开。

2.6~4.5V 表示加速踏板完全踩下。

3）2 号加速踏板位置传感器电压（发动机未起动）最小为 0V，最大为 5V。

正常状态：

1.2~2.0V 表示加速踏板松开。

3.4~5.0V 表示加速踏板完全踩下。

> **注意**：检查标准节气门开度百分比时，变速杆应在 N 位。

4）如果百分比小于 60%，则更换节气门体。

2. 节气门电路检测

（1）检查节气门位置传感器 VC 电压

1）断开节气门体插接器。

2）将点火开关置于 ON 位置。

3）使用万用表 20V 直流电压挡，根据图 8-9 电路和表 8-20 中的标准值测量电压。

表 8-20　节气门位置传感器 VC 标准电压

万用表连接	开关状态	规定值
B25-5（VC)-B25-3（E2)	点火开关置于 ON 位置	4.5~5.5V

4）如果测量数据异常，则更换 ECM 总成。

5）重新连接节气门体插接器。

（2）检查节气门位置传感器至 ECM 的线束和插接器是否断路或短路

1）断开节气门体插接器。

2）断开 ECM 插接器。

3）使用万用表 20Ω 电阻挡，根据表 8-21、表 8-22 中的标准值测量电阻。

表 8-21　节气门位置传感器标准电阻（断路检查）

万用表连接	条件	规定值
B25-5（VC)-B31-67（VCTA)	始终	小于 1Ω
B25-6（VTA)-B31-115（VTA1)	始终	小于 1Ω
B25-4（VTA2)-B31-114（VTA2)	始终	小于 1Ω
B25-3（E2)-B31-91（ETA)	始终	小于 1Ω

表 8-22　节气门位置传感器标准电阻（短路检查）

万用表连接	条件	规定值
B25-5（VC）或 B31-67（VCTA)-车身搭铁	始终	10kΩ 或更大
B25-6（VTA）或 B31-115（VTA1)-车身搭铁	始终	10kΩ 或更大
B25-4（VTA2）或 B31-114（VTA2)-车身搭铁	始终	10kΩ 或更大

4）重新连接节气门体插接器。

5）重新连接 ECM 插接器。

6）如果测量数据异常，则维修或更换节气门位置传感器至 ECM 线束和插接器。

七、爆燃传感器检查

1. 爆燃传感器检测

（1）电路图

爆燃传感器电路图如图 8-13 所示。

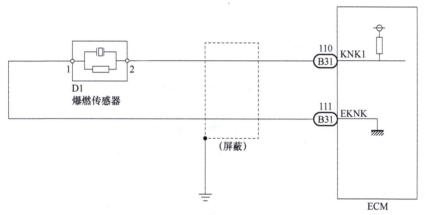

图 8-13　爆燃传感器电路图

（2）检测爆燃传感器波形

根据图 8-13，使用示波器检测爆燃传感器波形，波形如图 8-14 所示，检测条件见表 8-23。

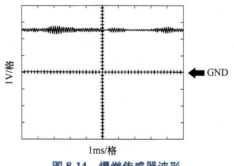

图 8-14　爆燃传感器波形

表 8-23   爆燃传感器检测条件

ECM 端子名称	在 KNK1 和 EKNK 之间
检测仪量程	1V/格，1ms/格
条件	发动机暖机后，使发动机转速保持在 4000r/min

（3）检查爆燃传感器

1）拆下爆燃传感器。

2）根据图 8-15 连接方式和表 8-24 中的标准值测量电阻。

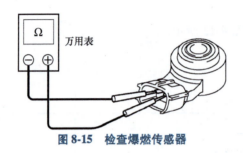

图 8-15   检查爆燃传感器

表 8-24   爆燃传感器标准电阻

万用表连接	条件	规定值
2-1	20℃（68℉）	120~280kΩ

3）如果测量数据异常，则更换爆燃传感器

2. 爆燃传感器电路检测

（1）检测爆燃传感器电源电压

1）断开爆燃传感器插接器。

2）将点火开关置于 ON 位置。

3）根据图 8-13 电路和表 8-25 中的标准值测量电压。

表 8-25   爆燃传感器标准电压

万用表连接	开关状态	规定值
D1-2-D1-1	点火开关置于 ON 位置	4.5~5.5V

4）重新连接爆燃传感器插接器。

（2）检查 ECM 至爆燃传感器线束和插接器是否断路或短路

1）断开爆燃传感器插接器。

2）断开 ECM 插接器。

3）根据图 8-13 电路和表 8-26、表 8-27 中的标准值测量电阻。

表 8-26　爆燃传感器标准电阻（断路检查）

万用表连接	条件	规定值
D1-2-B31-110（KNK1）	始终	小于 1Ω
D1-1-B31-111（EKNK）	始终	小于 1Ω

表 8-27　爆燃传感器标准电阻（短路检查）

万用表连接	条件	规定值
D1-2 或 B31-110（KNK1）-车身搭铁	始终	10kΩ 或更大
D1-1 或 B31-111（EKNK）-车身搭铁	始终	10kΩ 或更大

4）重新连接爆燃传感器插接器。

5）重新连接 ECM 插接器。

6）如果检测数据异常，则维修或更换 ECM 至爆燃传感器线束或插接器。

八、点火线圈检查

1. 点火线圈检测

（1）目视检查

点火线圈外观是否老化裂纹、破损；线束插头是否插接牢固完好、线束是否破损/断裂；点火线圈与高压线或火花塞是否安装牢靠。

在发动机运行时，向点火线圈附近喷洒水雾，检测是否有漏电情况发生。

（2）进行跳火试验

如果没有高压电，利用替换法，使用一个已知良好的点火线圈进行跳火试验。如果可以跳火，说明原点火线圈损坏；如果依然不能跳火，则问题在于线路和 ECM 的控制方面。

2. 点火线圈电路检测

（1）电路图

点火线圈电路图如图 8-16 所示。

（2）检查点火线圈电源电压

1）断开点火线圈总成插接器。

2）将点火开关置于 ON（IG）位置。

3）根据图 8-16 电路和表 8-28 中的标准值测量电压。

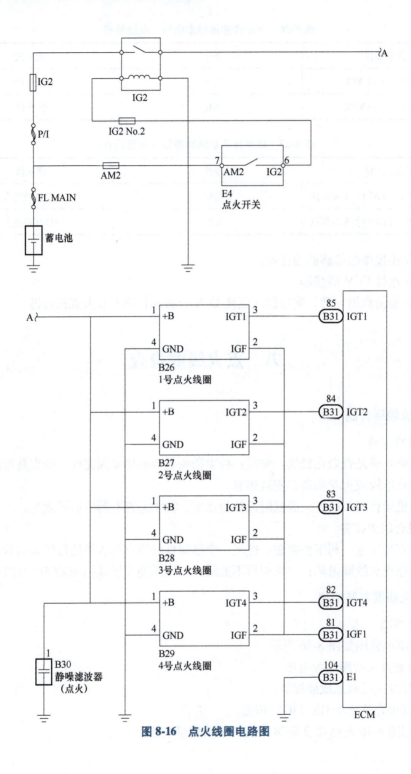

图 8-16 点火线圈电路图

表 8-28　点火线圈电源标准电压

万用表连接	开关状态	规定值
B26-1（+B）-B26-4（GND）	点火开关置于 ON（IG）位置	9~14V
B27-1（+B）-B27-4（GND）	点火开关置于 ON（IG）位置	9~14V
B28-1（+B）-B28-4（GND）	点火开关置于 ON（IG）位置	9~14V
B29-1（+B）-B29-4（GND）	点火开关置于 ON（IG）位置	9~14V

4）如果检测数据异常，则按图 8-16 检测电源。

5）重新连接点火线圈总成插接器。

（3）检查点火线圈至 ECM 的线束和插接器是否断路或短路

1）断开点火线圈总成插接器。

2）断开 ECM 插接器。

3）根据图 8-16 电路和表 8-29、表 8-30 中的标准值测量电阻。

表 8-29　点火线圈至 ECM 标准电阻（断路检查）

万用表连接	条件	规定值
B26-2（IGF）-B31-81（IGF1）	始终	小于 1Ω
B27-2（IGF）-B31-81（IGF1）	始终	小于 1Ω
B28-2（IGF）-B31-81（IGF1）	始终	小于 1Ω
B29-2（IGF）-B31-81（IGF1）	始终	小于 1Ω
B26-3（IGT1）-B31-85（IGT1）	始终	小于 1Ω
B27-3（IGT2）-B31-84（IGT2）	始终	小于 1Ω
B28-3（IGT3）-B31-83（IGT3）	始终	小于 1Ω
B29-3（IGT4）-B31-82（IGT4）	始终	小于 1Ω
B26-4（GND）-车身搭铁	始终	小于 1Ω
B27-4（GND）-车身搭铁	始终	小于 1Ω
B28-4（GND）-车身搭铁	始终	小于 1Ω
B29-4（GND）-车身搭铁	始终	小于 1Ω

表 8-30　点火线圈至 ECM 标准电阻（短路检查）

万用表连接	条件	规定值
B26-2（IGF）或 B31-81（IGF1）-车身搭铁	始终	10kΩ 或更大
B27-2（IGF）或 B31-81（IGF1）-车身搭铁	始终	10kΩ 或更大
B28-2（IGF）或 B31-81（IGF1）-车身搭铁	始终	10kΩ 或更大
B29-2（IGF）或 B31-81（IGF1）-车身搭铁	始终	10kΩ 或更大
B26-3（IGT1）或 B31-85（IGT1）-车身搭铁	始终	10kΩ 或更大
B27-3（IGT2）或 B31-84（IGT2）-车身搭铁	始终	10kΩ 或更大
B28-3（IGT3）或 B31-83（IGT3）-车身搭铁	始终	10kΩ 或更大
B29-3（IGT4）或 B31-82（IGT4）-车身搭铁	始终	10kΩ 或更大

4）如果检测数据异常，则维修或更换点火线圈至 ECM 线束或插接器。

5）重新连接 ECM 插接器。

6）重新连接点火线圈总成插接器。

（4）检查点火线圈总成至集成继电器（IG2 继电器）线束和插接器是否断路或短路

1）断开点火线圈总成插接器。

2）拆下集成继电器和发动机舱继电器盒。

3）断开集成继电器插接器。

4）根据图 8-16 电路和表 8-31、表 8-32 中的标准值测量电阻。

表 8-31　点火线圈总成至集成继电器标准电阻（断路检查）

万用表连接	条件	规定值
B26-1（+B）-1A-4	始终	小于 1Ω
B27-1（+B）-1A-4	始终	小于 1Ω
B28-1（+B）-1A-4	始终	小于 1Ω
B29-1（+B）-1A-4	始终	小于 1Ω

表 8-32　点火线圈总成至集成继电器标准电阻（短路检查）

万用表连接	条件	规定值
B26-1（+B）或 1A-4-车身搭铁	始终	10kΩ 或更大
B27-1（+B）或 1A-4-车身搭铁	始终	10kΩ 或更大
B28-1（+B）或 1A-4-车身搭铁	始终	10kΩ 或更大
B29-1（+B）或 1A-4-车身搭铁	始终	10kΩ 或更大

5）如果检测数据异常，则维修或更换点火线圈总成至集成继电器（IG2 继电器）线束和插接器。

6）重新连接集成继电器插接器。

7）重新安装集成继电器。

8）重新连接点火线圈总成插接器。

九、氧传感器故障

1. 氧传感器检查

（1）前氧传感器电路图

前氧传感器电路图如图 8-17 所示。

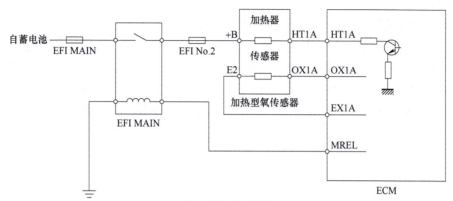

图 8-17　前氧传感器电路图

（2）后氧传感器电路图

后氧传感器电路图如图 8-18 所示。

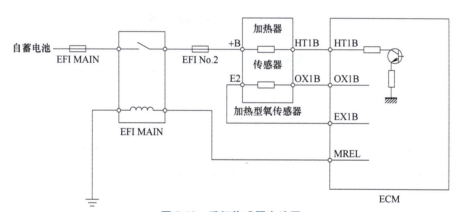

图 8-18　后氧传感器电路图

（3）氧传感器波形检测

1）加热型前氧传感器波形。前氧传感器指安装在三元催化转化器前面、靠近发动机总成的氧传感器。

为了提高废气中一氧化碳、碳氢化合物和氮氧化合物的转化率，采用了三元催化转化器。为了最有效地利用三元催化转化器，必须精确控制空燃比，使其务必接近理论空燃比。为了帮助 ECM 实现精确的空燃比控制，就采用了加热型氧传感器。

加热型氧传感器位于三元催化转化器前部，能检测废气中的氧含量。

空燃比变稀时，废气中的氧含量变浓。加热型氧传感器会通知 ECM，空燃比过稀（低电压，即低于 0.45V 的电压）。相反，当空燃比比理论空燃比浓时，废气中氧含量变稀。加热型氧传感器会通知 ECM，空燃比过浓（高电压，即高于 0.45V 的电压）。当空燃比接近理论空燃比时，加热型氧传感器的输出电压会急剧变化。

ECM 利用来自加热型氧传感器的补充信息，来判断空燃比是浓还是稀，并相应地调整燃油喷射时间。因此，如果加热型氧传感器由于内部故障工作不正常，ECM 就不能补偿主空燃比控制中出现的偏差。

　　加热型氧传感器与用来加热固体电解质（氧化锆元件）的加热器合为一体。此加热器由 ECM 控制。当进气量偏小（废气温度偏低）时，电流流向加热器以加热传感器，使传感器尽快升温，从而可以准确检测空燃比。此外，与传统类型相比，此传感器和加热器部分较窄。加热器产生的热量通过氧化铝传导至固体电解质，从而加速了传感器的激活。

　　使用示波器，根据图 8-17 和表 8-33 检测前氧传感器波形，波形如图 8-19 所示。

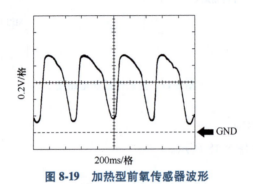

图 8-19　加热型前氧传感器波形

表 8-33　前氧传感器检测条件

ECM 端子名称	在 OX1A 和 EX1A 之间
检测仪量程	0. 2V/格，200ms/格
条件	传感器预热后，保持发动机转速 2500r/min，保持 2min

　　2）加热型后氧传感器波形。使用示波器根据图 8-18 和表 8-34 检测前氧传感器波形，波形如图 8-20 所示。

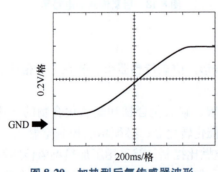

图 8-20　加热型后氧传感器波形

表 8-34　后氧传感器检测条件

ECM 端子名称	在 OX1B 和 EX1B 之间
检测仪量程	0. 2V/格，200ms/格
条件	传感器预热后，保持发动机转速 2500r/min，保持 2min

（4）检查加热型前氧传感器（加热器电阻）

1）断开加热型氧传感器插接器。

2）根据图 8-17 电路、图 8-21 的插接器示意和表 8-35 中的标准值测量电阻。

表 8-35　前氧传感器标准电阻

万用表连接	条件	规定值
B15-1（HT1A）-B15-2（+B）	20℃	5.0~10.0Ω
B15-1（HT1A）-B15-4（E2）	20℃	10kΩ 或更大

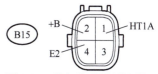

图 8-21　前氧传感器插接器 1

3）如果检测数据异常，则更换前氧传感器。

（5）检查加热型后氧传感器（加热器电阻）

1）断开加热型氧传感器插接器。

2）根据图 8-18 电路、图 8-22 中的插接器示意和表 8-36 中的标准值测量电阻。

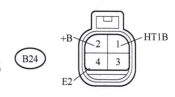

图 8-22　后氧传感器插接器

表 8-36　后氧传感器标准电阻

万用表连接	条件	规定值
B24-1（HT1B）-B24-2（+B）	20℃	11~16Ω
B24-1（HT1B）-B24-4（E2）	始终	10kΩ 或更大

3）如果检测数据异常，则更换后氧传感器。

2. 氧传感器电路检测

下面以前氧传感器为例讲解。

（1）检查加热型前氧传感器（电源）

1）断开加热型氧传感器插接器。

2）将点火开关置于 ON 位置。

3）根据图 8-17 电路、图 8-23 中的插接器示意和表 8-37 中的标准值测量电压。

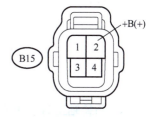

图 8-23　前氧传感器插接器 2

表 8-37　前氧传感器标准电压

检测仪连接	开关状态	规定值
B15-2（+B）-车身搭铁	点火开关置于 ON 位置	9~14V

（2）检查前氧传感器至 ECM 线束和插接器是否断路或短路

1）断开加热型氧传感器插接器。

2）断开 ECM 插接器。

3）根据图 8-17 电路、图 8-24 中的插接器示意和表 8-38、表 8-39 中的标准值测量电阻。

图 8-24　前氧传感器线束插接器

表 8-38　前氧传感器标准电阻（断路检查）

检测仪连接	条件	规定值
B15-1（HT1A）-B31-109（HT1A）	始终	小于 1Ω
B15-3（OX1A）-B31-112（OX1A）	始终	小于 1Ω
B15-4（E2）-B31-90（EX1A）	始终	小于 1Ω

表 8-39　前氧传感器标准电阻（短路检查）

检测仪连接	条件	规定值
B15-1（HT1A）或 B31-109（HT1A）-车身搭铁	始终	10kΩ 或更大
B15-3（OX1Λ）或 B31-112（OX1A）-车身搭铁	始终	10kΩ 或更大
B15-4（E2）或 B31-90（EX1A）-车身搭铁	始终	10kΩ 或更大

4）重新连接 ECM 插接器。

5）重新连接加热型氧传感器插接器。

十、凸轮轴正时机油控制阀检测

1. 凸轮轴正时机油控制阀检查

（1）电路图

凸轮轴正时机油控制阀的电路图如图 8-25、图 8-26 所示。

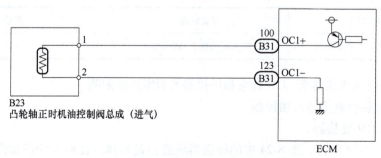

图 8-25　进气凸轮轴正时机油控制阀电路图

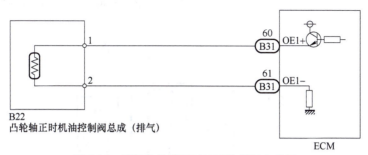

图 8-26　排气凸轮轴正时机油控制阀电路图

（2）进气凸轮轴正时机油控制阀波形

使用示波器根据图 8-25 和表 8-40 检测进气凸轮轴正时机油控制阀波形，波形如图 8-27 所示。

表 8-40　进气凸轮轴正时机油控制阀检测条件

ECM 端子名称	在 OC1+ 和 OC1- 之间
检测仪量程	5V/格，1ms/格
条件	怠速运转时

（3）排气凸轮轴正时机油控制阀波形

使用示波器根据图 8-26 和表 8-41 检测排气凸轮轴正时机油控制阀波形，波形如图 8-28 所示。

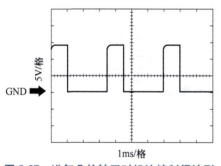

图 8-27　进气凸轮轴正时机油控制阀波形

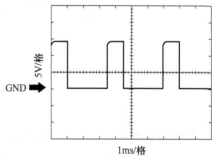

图 8-28　排气凸轮轴正时机油控制阀波形

表 8-41　排气凸轮轴正时机油控制阀检测条件

ECM 端子名称	在 OE1+ 和 OE1- 之间
检测仪量程	5V/格，1ms/格
条件	怠速运转时

（4）检查凸轮轴正时机油控制阀

1）拆下凸轮轴正时机油控制阀总成。

2）使用万用表 200Ω 电阻挡，根据图 8-29 电路和表 8-42 中的标准值测量电阻。

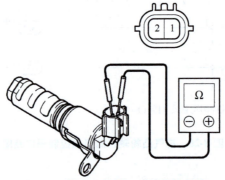

图 8-29 检查凸轮轴正时机油控制阀

表 8-42 凸轮轴正时机油控制阀标准电阻

万用表连接	条件	规定值
1-2	20℃	6.9~7.9Ω

3）将蓄电池正极连接到端子 1，负极连接到端子 2，如图 8-30 所示。

4）检查阀的工作情况。

• 正常：阀迅速移动。

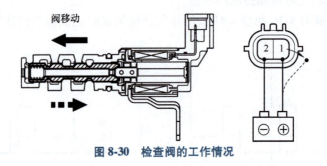

图 8-30 检查阀的工作情况

2. 凸轮轴正时机油控制阀电路检测

检查凸轮轴正时机油控制阀至 ECM 线束和插接器是否断路或短路

1）断开凸轮轴正时机油控制阀总成插接器。

2）断开 ECM 插接器。

3）使用万用表 200Ω 电阻挡，根据图 8-25 电路和表 8-43、表 8-44 中的标准值测量电阻。

表 8-43 凸轮轴正时机油控制阀标准电阻（断路检查）

万用表连接	条件	规定值
B23-1-B31-100（OC1+）	始终	小于 1Ω
B23-2-B31-123（OC1-）	始终	小于 1Ω

表 8-44　凸轮轴正时机油控制阀标准电阻（短路检查）

万用表连接	条件	规定值
B23-1 或 B31-100（OC1+）-车身搭铁	始终	10kΩ 或更大
B23-2 或 B31-123（OC1-）-车身搭铁	始终	10kΩ 或更大

4）重新连接凸轮轴正时机油控制阀总成插接器。

5）重新连接 ECM 插接器。

十一、喷油器检查

1. 喷油器检测

（1）电路图

喷油器电路图如图 8-31 所示。

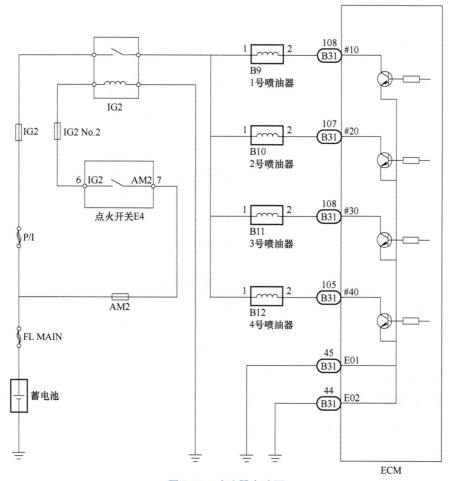

图 8-31　喷油器电路图

（2）喷油器波形

使用示波器根据图 8-31 和表 8-45 检测喷油器波形，波形如图 8-32 所示。

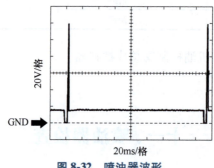

图 8-32　喷油器波形

表 8-45　喷油器检测条件

ECM 端子名称	在 10 号（至 40 号）和 E01 之间
检测仪量程	20V/格，20ms/格
条件	怠速运转时

（3）检查喷油器

1）根据图 8-33 中的连接方式和表 8-46 中的标准值，用万用表测量电阻。

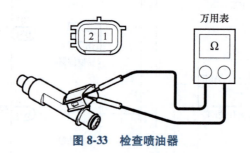

图 8-33　检查喷油器

表 8-46　喷油器标准电阻

万用表连接	条件	规定值
1-2	20℃	11.6~12.4Ω

2）如果结果不符合规定，则更换喷油器总成。

2. 喷油器电路检测

（1）检查喷油器电源电压

1）断开喷油器总成插接器。

2）将点火开关置于 ON 位置。

3）根据图 8-31 电路和表 8-47 中的标准值测量电压。

表 8-47　喷油器标准电压

万用表连接	开关状态	规定值
B9-1-车身搭铁	点火开关置于 ON 位置	9~14V
B10-1-车身搭铁	点火开关置于 ON 位置	9~14V
B11-1-车身搭铁	点火开关置于 ON 位置	9~14V
B12-1-车身搭铁	点火开关置于 ON 位置	9~14V

4）重新连接喷油器总成插接器。

（2）检查喷油器至 ECM 的线束和插接器是否断路或短路

1）断开喷油器总成插接器（缺火气缸的）。

2）断开 ECM 插接器。

3）根据图 8-31 电路和表 8-48、表 8-49 中的标准值测量电阻。

表 8-48　喷油器至 ECM 标准电阻（断路检查）

万用表连接	条件	规定值
B9-2-B31-108（#10）	始终	小于 1Ω
B10-2-B31-107（#20）	始终	小于 1Ω
B11-2-B31-106（#30）	始终	小于 1Ω
B12-2-B31-105（#40）	始终	小于 1Ω

表 8-49　喷油器至 ECM 标准电阻（短路检查）

万用表连接	条件	规定值
B9-2 或 B31-108（#10）-车身搭铁	始终	10kΩ 或更大
B10-2 或 B31-107（#20）-车身搭铁	始终	10kΩ 或更大
B11-2 或 B31-106（#30）-车身搭铁	始终	10kΩ 或更大
B12-2 或 B31-105（#40）-车身搭铁	始终	10kΩ 或更大

重新连接喷油器总成插接器。

4）重新连接 ECM 插接器。

十二、燃油泵检查

1. 燃油泵检测

（1）电路图

燃油泵电路图如图 8-34 所示。

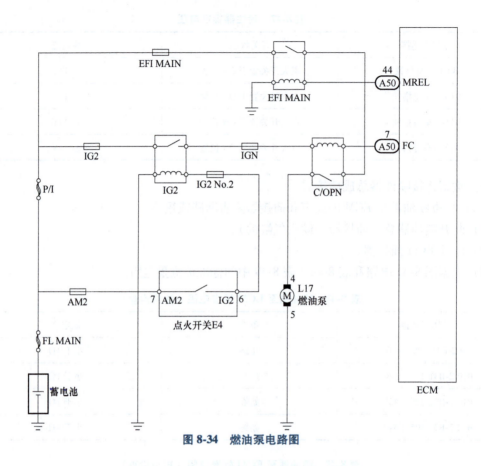

图 8-34　燃油泵电路图

（2）检查电阻

1）根据图 8-35 中的插接器示意和表 8-50 中的标准值，用万用表测量电阻。

图 8-35　燃油泵插接器

表 8-50　燃油泵标准电阻

万用表连接	条件	规定值
1-2	20℃	0.2~3.0Ω

2）如果结果不符合规定，则更换燃油泵。

（3）检查工作情况

1）在图 8-35 中的两个端子之间施加蓄电池电压。检查并确认燃油泵正常工作。

注意事项：

① 这些测试必须迅速完成（少于 10s），以防止线圈烧坏。

② 使燃油泵尽量远离蓄电池。

③ 务必在蓄电池侧进行操作。

2）如果燃油泵电动机不工作，则更换燃油泵。

2. 燃油泵电路检测

（1）检查 C/OPN 继电器至燃油泵的线束和插接器是否断路或短路

1）断开燃油泵插接器。

2）断开仪表板接线盒插接器。

3）根据图 8-34 电路和表 8-51、表 8-52 中的标准值测量电阻。

表 8-51　**C/OPN 继电器至燃油泵标准电阻**（断路检查）

万用表连接	条件	规定值
2A-8-L17-4	始终	小于 1Ω

表 8-52　**C/OPN 继电器至燃油泵标准电阻**（短路检查）

万用表连接	条件	规定值
2A-8 或 L17-4-车身搭铁	始终	10kΩ 或更大

4）如果测量数据不符合要求，则对线束或插接器进行维修或更换。

（2）检查燃油泵至搭铁的线束和插接器

1）断开燃油泵插接器。

2）根据图 8-34 电路和表 8-53 中的标准值测量电阻。

表 8-53　**燃油泵至搭铁标准电阻**

万用表连接	条件	规定值
L17-5-车身搭铁	始终	小于 1Ω

3）如果测量数据不符合要求，则对线束或插接器进行维修或更换。

9

第 9 章

底盘电气故障诊断与排除

一、电动转向系统检查

1. 电动转向系统的组成与工作原理

（1）电动转向系统的组成

电动助力转向系统一般由机械转向器、转向力矩传感器、EPS 控制器、转向柱、转向器和电动机等组成，如图 9-1 所示。

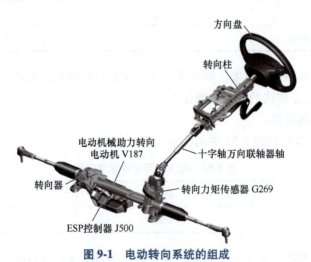

图9-1　电动转向系统的组成

（2）电动转向系统的工作原理

EPS 控制器通过采集各个传感器的测量值，得到驾驶员施加在方向盘上的转向力矩、方向盘转角和车速信号；根据 EPS 控制策略，计算出目标助力力矩并转化为电动机的电流指令，控制电动机产生相应的助力力矩；该助力矩经过减速机构放大后，作用在机械转向器上，辅助驾驶员克服转向阻力矩，实现车辆的转向。

2. 电动转向系统的常见故障

电动转向系统的常见故障,见表 9-1。

表 9-1 电动转向系统的常见故障

故障	怀疑部位	措施
方向盘松动	1. 方向盘固定螺母（松动/损坏）	紧固或更换螺母
	2. 电动助力转向管柱总成系统的连接螺栓（松动/损坏）	紧固或更换螺栓
	3. 中间轴万向联轴器（磨损）	更换中间轴总成
	4. 方向盘花键套（磨损）	更换方向盘
	5. 转向管柱花键轴（磨损）	更换转向管柱
	6. 中间轴花键套/轴（磨损）	更换中间轴
	7. 机械转向器带横拉杆总成	修理或更换动力转向器带横拉杆总成
电动助力转向管柱总成松动	1. 电动助力转向管柱安装螺栓（松动/损坏）	紧固或更换
	2. 电动助力转向管柱总成安装支座（损坏）	更换仪表台托架
	3. 电动助力转向管柱总成（损坏）	更换电动助力转向管柱总成
电动助力转向管柱总成内有噪声	1. 电动助力转向管柱总成安装螺栓（松动/损坏）	紧固或更换
	2. 安全气囊螺旋电缆（松动/损坏）	重新安装或更换螺旋电缆
	3. 电动助力转向管柱总成系统的连接螺栓（松动/损坏）	紧固或更换螺栓
	4. 电动助力转向管柱总成系统的连接螺栓（松动/损坏）	更换电动助力转向管柱总成
	5. 中间轴万向联轴器（缺少润滑/磨损）	涂抹润滑脂或更换中间轴

3. 电动转向系统电路检测

（1）EPS 模块检查

1）EPS 模块电路图如图 9-2 所示。

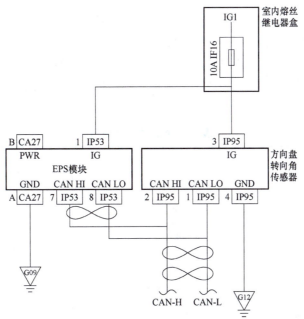

图 9-2 EPS 模块电路图

2）检查蓄电池供电线路。

① 操作起动开关至 OFF 模式。

② 断开 EPS 模块插接器 CA27。

③ 使用万用表 20V 直流电压挡，根据图 9-2 测量 EPS 模块插接器 CA27 端子 B 电压。

• 电压标准值：11~14V。

3）检查 EPS 控制单元 IG2 电路。

① 操作起动开关使电源模式至 ON 状态。

② 使用万用表 20V 直流电压挡，根据图 9-2 测量 EPS 助力转向系统线束插接器 IP53 端子 1 的电压。

• 标准值：11~14V。

4）检查 EPS 控制单元接地。使用万用表 200Ω 电阻挡，根据图 9-2 测量 EPS 插接器 CA27 端子 A 与车身接地之间的电阻。

• 电阻标准值：小于 1Ω。

（2）转向角传感器检查

1）检查转向角传感器电源线路。

① 操作起动开关使电源模式至 OFF 状态。

② 断开转向角传感器插接器 IP95。

③ 操作起动开关使电源模式至 ON 状态，使用万用表 20V 直流电压挡，根据图 9-2，测量转向角传感器插接器 IP95 端子 3 电压。

• 标准值：11~14V。

2）检查转向角传感器接地线路使用万用表 200Ω 电阻挡，根据图 9-2 测量转向角传感器插接器 IP95 端子 4 与车身接地之间的电阻。

• 标准值：小于 1Ω。

3）检查 EPS 控制单元与转向角传感器之间通信线路。

① 操作起动开关使电源模式至 OFF 状态。

② 断开 EPS 插接器 IP53 和助力转向系统线束插接器 IP95。

③ 使用万用表 200Ω 电阻挡和 20V 直流电压挡，根据图 9-2 电路和表 9-2 测量端子间电压或电阻。

表 9-2　标准电阻和电压

端子	电阻标准值	电压标准值
IP53（8）-IP95（2）	小于 1Ω	—
IP53（7）-IP95（1）	小于 1Ω	—
IP53（8）-车身接地	10kΩ 或更高	0V
IP53（7）-车身接地	10kΩ 或更高	0V
IP95（2）-车身接地	10kΩ 或更高	0V
IP95（1）-车身接地	10kΩ 或更高	0V

4. 转向角传感器基本设置

（1）转向角传感器的作用

转向角传感器是电动转向系统的一个组成部分，一般通过 CAN 总线相连，可以分为模拟式转向角传感器和数字式转向角传感器。通常使用转向角传感器的三个机械齿轮来测量转向角和圈数，大齿轮随方向盘一起转动，两个小齿轮齿数相差 1 个，与传感器外壳一起固定在车身上，不随方向盘转动而转动，两个小齿轮分别采集方向盘转动的角度，由于相差一个齿，不同的圈数就会相差特定的角度，通过计算就可以得到转向角。

（2）基本设置步骤

下面以大众朗逸车型为例讲解

1）使用诊断设备连接车辆，选择上海大众-自动识别车型-03 制动电子装置-读取故障码显示为"转向角传感器，无基本设置"，返回，如图 9-3 所示。

图 9-3　读取故障码

2）选择常用特殊功能。转向角传感器基本设置（G85）-44 助力转向，如图 9-4 所示。

图 9-4　选择常用特殊功能

3）阅读提示，点击"是"下一步，如图 9-5 所示。

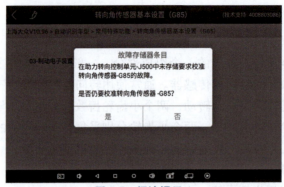

图 9-5 阅读提示 1

4）起动发动机，然后点击"确定"，如图 9-6 所示。

图 9-6 起动发动机

5）阅读提示，然后点击"确定"，如图 9-7 所示。

图 9-7 阅读提示 2

6）按照提示，往左往右转动方向盘直到索引标记数值为"1"时，点击"完成/继续"键，如图 9-8 所示。

7）转向角传感器已成功校准，点击"确定"，如图 9-9 所示。

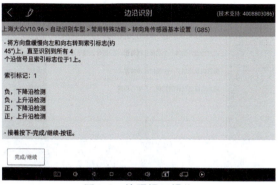

图 9-8　按照提示操作

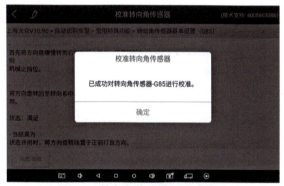

图 9-9　转向角传感器已成功校准

8）接着执行转向角传感器初始化，点击"确定"下一步，如图 9-10 所示。

图 9-10　转向角传感器初始化

9）将方向盘左/右转到极限位置，然后回到中间，点击"确定"，如图 9-11 所示。

10）检查仪表上面的故障指示灯是否熄灭，然后点击相对应的提示，如图 9-12 所示。

11）关闭发动机，然后再打开点火开关，点击"确定"，如图 9-13 所示。

12）转向角传感器初始化成功，返回，如图 9-14 所示。

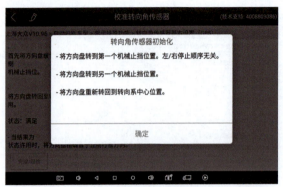

图 9-11　按显示步骤操作 1

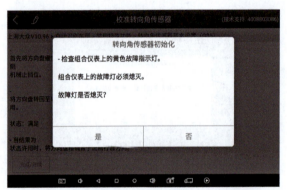

图 9-12　检查仪表上面的故障指示灯是否熄灭

图 9-13　按显示步骤操作 2

13）再次进入 03 制动电子装置读取故障码显示为"未侦测到故障码"，如图 9-15 所示。

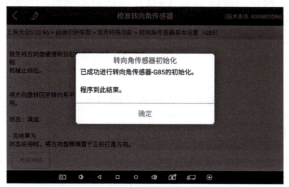

图 9-14　转向角传感器初始化成功

图 9-15　转向角传感器基本设置完成

二、汽车制动控制系统检查

1. 制动控制系统组件检测

（1）检查制动器执行器（ABS 泵）

1）连接诊断仪。

2）起动发动机并使其怠速运转。

3）进入制动系统。

4）检查执行器电动机的工作情况。

注意：不要使电动机继电器持续接通时间超过 5s。如果电动机继电器需要持续工作时，每工作 5s 应有一个超过 20s 的间隔期。

① 接通电动机继电器，检查执行器电动机的工作声音是否正常。

② 断开电动机继电器。

③ 完全踩下制动踏板并保持约 15s。检查并确认制动踏板的初始深度维持整 15s。

④ 接通电动机继电器，检查并确认制动踏板不脉动。

⑤ 断开电动机继电器并松开制动踏板。

5）检查右前轮的工作情况。

> **注意**：不得以不同于下述方式的其他方式接通电磁阀。

① 踩下制动踏板并保持。

② 同时接通 SFRH 和 SFRR 电磁阀，检查并确认制动踏板不能踩下。

> **注意**：每个电磁阀工作 2s 后自动关闭。

③ 同时关闭 SFRH 和 SFRR 电磁阀，检查并确认制动踏板可以踩下。

④ 接通电动机继电器，检查并确认制动踏板回位。

⑤ 断开电动机继电器并松开制动踏板。

6）检查其他车轮的工作情况。使用同样程序，检查其他车轮的电磁阀：

- 左前轮：SFLH、SFLR；
- 右后轮：SRRH、SRRR；
- 左后轮：SRLH、SRLR。

（2）检查轮速传感器

1）检查轮速传感器的安装情况，如图 9-16 所示。

① 将点火开关置于 OFF 位置。

- 正常：传感器与前转向节之间无间隙。

② 安装螺母紧固正确。

- 拧紧力矩：8.5N·m。

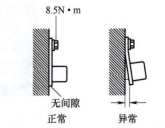

图 9-16　前轮速传感器安装位置

2）检查轮速传感器端部

① 拆下前轮速传感器。

② 检查轮速传感器端部。

- 正常：传感器端部无划痕或异物。

3）检查轮速传感器

① 断开轮速传感器插接器。

② 根据图 9-17 中的连接方式和表 9-3 中的标准值测量电阻。

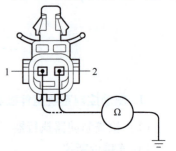

图 9-17　检查轮速传感器

表 9-3　轮速传感器标准电阻

万用表连接	条件	规定值
2（FR+）-车身搭铁	始终	10kΩ 或更大
1（FR−）-车身搭铁	始终	10kΩ 或更大

（3）检查驻车制动开关

1）将发动机开关置于 OFF 位置。

2）断开驻车制动开关插接器。

3）根据图 9-18 驻车制动开关示意和表 9-4 中的标准值测量电阻。

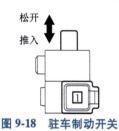

松开

推入

图 9-18　驻车制动开关

表 9-4　驻车制动开关标准电阻

万用表连接	开关状态	规定值
1-车身搭铁	驻车制动开关打开（松开开关销）	小于 1Ω
1-车身搭铁	驻车制动开关关闭（推入开关销）	10kΩ 或更大

（4）检查制动踏板

1）检查制动踏板高度。

① 测量制动踏板表面和地板之间的最短距离，如图 9-19 所示。

② 制动踏板距离地板的高度应为 145.8~155.8mm。

2）检查制动踏板自由行程。

① 关闭发动机。

② 多次踩下制动踏板直至制动助力器内无真空度。

③ 松开制动踏板。

④ 踩下制动踏板直至感觉到轻微的阻力，如图 9-20 所示。

⑤ 踏板自由行程应为 1.0~6.0mm。

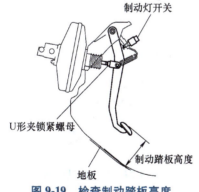

制动灯开关

U形夹锁紧螺母

制动踏板高度

地板

图 9-19　检查制动踏板高度

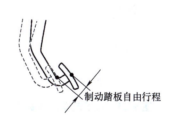

制动踏板自由行程

图 9-20　检查制动踏板自由行程

3）检查制动踏板行程余量。

注意：应在检查制动踏板高度的同一点测量行程余量。

① 松开驻车制动杠杆。

② 发动机运转时踩下制动踏板，并如图 9-21 所示测量制动踏板行程余量。

③ 当施加 294N 下压力时，自前围板制动踏板的行程余量应为 85mm。

（5）检查制动助力器总成

1）气密性检查。

① 起动发动机并在 1~2 分钟后关闭发动机。慢慢踩下制动踏板数次，如图 9-22 所示。

② 如果第一次制动踏板可以踩到底，但第二次和第三次不能踩到底，则说明助力器气密性良好。

③ 发动机运转时踩下制动踏板，然后关闭发动机。

④ 踩住制动踏板 30s，如果踏板行程余量没有变化，则说明助力器气密性良好。

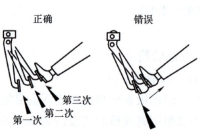

图 9-21　测量制动踏板行程余量　　图 9-22　制动助力器气密性检查

2）制动助力器操作检查。

① 点火开关置于 OFF 位置时踩下制动踏板数次，检查并确认踩下踏板时，踏板行程余量没有改变，如图 9-23 所示。

② 踩住制动踏板，然后起动发动机，如图 9-24 所示。

③ 如果制动踏板稍稍下移，说明制动助力器操作正常。

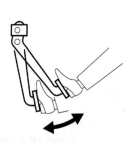
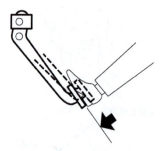

图 9-23　踩下制动踏板数次　　　　图 9-24　踩住制动踏板

（6）检查制动器真空单向阀总成

检查并确认从制动助力器到发动机有气流通过，但从发动机到制动助力器无气流通过。如果结果不符合规定，更换制动器真空单向阀总成，如图 9-25 所示。

2. 制动控制系统故障检查

（1）ABS 警告灯长亮故障诊断与排除

1）故障现象。

① 在发动机起动后或汽车行驶中 ABS 警告灯一直亮着。

② ABS 装置失去作用，汽车紧急制动时车轮会抱死。

③ 汽车制动效能较差。

2）故障原因。

① 制动主缸储液室内的制动液太少，液面高度太低。

② 制动系统管路中有空气。

③ 轮速传感器损坏或线路有故障。

④ 轮速传感器感应齿圈损坏，或传感器与感应齿圈间隙之间有杂物。

⑤ 电动回液泵继电器损坏或线路有故障。

⑥ 电动回液泵电动机损坏或线路有故障。

⑦ 二位二通电磁阀继电器损坏或线路有故障。

⑧ ABS 的 ECU 电源线路或搭铁线路有故障。

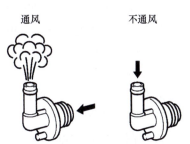

通风　　　　　不通风

图 9-25　检查制动器真空单向阀总成

3）故障诊断。

① 检查制动主缸储液室内的液面高度，若太低，应加注制动液至正常液面高度。

② 进行故障自诊断，按照读取的故障码查找故障原因。

③ 如果无法读取故障码，则可按 ABS 警告灯点亮的规律判断故障的大致范围：若打开点火开关后或发动机起动后 ABS 警告灯一直不熄灭，则可能是 ABS 的 ECU、电动回液泵、二位二通电磁阀损坏或其电源线路、搭铁线路有故障；若打开点火开关后或发动机起动后 ABS 警告灯能正常熄灭，但汽车行驶至 40km/h 时踩制动踏板后 ABS 警告灯又亮起，则通常是轮速传感器损坏或其线路有故障。

④ 检测 ABS 的 ECU 电源线路。打开点火开关，对照所检修车型的 ABS 线路图，从 ABS 的 ECU 线束插头上，检测与蓄电池正极及点火开关电源线路连接的各端子的电压，其值应等于蓄电池电压，否则说明熔丝或电源线路有故障，应予以修复。

⑤ 检测 ABS 的 ECU 搭铁情况。对照原厂手册的相关线路图，从 ABS 的 ECU 线束插头上检测各搭铁端子与蓄电池负极之间的电阻，其值应为 0，否则说明搭铁不良，应予以修复。

⑥ 检测电动回液泵继电器及其线路，若继电器有故障应予以更换；若继电器的电源线路或与 ECU 连接的控制线路有故障，应予以修复。

⑦ 检测电动回液泵电动机及其线路。拆开制动压力调节器上盖，拔下电动回液泵继电器，打开点火开关，将继电器插座上连接继电器开关触点的 2 个端子用一根导线短接，使蓄电池电源直接施加在电动机上，此时应能听到电动回液泵电动机转动的声音，否则说明电动机或其线路有故障，应检修线路或更换制动压力调节器总成。

⑧ 检测二位二通电磁阀继电器及其线路，如继电器有故障应更换，如线路有故障应予以修复。

⑨ 检测二位二通电磁阀。拔下制动压力调节器线束插接器，对照所修车型的 ABS 线路图，在制动压力调节器线束插座上分别测量各个二位二通电磁阀的线圈电阻，其阻值应符合标准（一般为 $0.8 \sim 1.5\Omega$）。如有异常，应更换制动压力调节器总成。

⑩ 测量制动灯开关，在踩下制动踏板时，制动灯开关应闭合；未踩制动踏板时，制动灯开关应断开。如有异常，应更换制动灯开关。

⑪ 检查各个车轮转速传感器，检查感应齿圈有无缺齿、齿圈与传感器之间有无杂物、齿圈与传感器之间的气隙是否正常。拔下传感器线束插接器，检测传感器电阻。其电阻值应符合标准。转动车轮，同时用万用表测量传感器输出电压信号，如无信号输出，说明传感器有故障，应予以更换。

（2）制动失效故障检查

制动失效故障检查流程，见表 9-5。

表 9-5　制动失效故障检查流程

序号	检查步骤	检查结果		
0	初步检查	正常	有故障	操作方法
	检查制动液储液罐中制动液是否缺失	进行第 1 步	制动液严重不足	添加制动液至规定位置
1	检查制动踏板	正常	有故障	操作方法
	轻踩踏板，感觉制动踏板的阻力	进行第 2 步	若感受不到阻力，制动主缸连接脱落	进行维修
2	检查制动管路	正常	有故障	操作方法
	检查制动管路有无断裂或泄漏	进行第 3 步	管路出现断裂或泄漏	更换制动管路
3	检查制动主缸和制动轮缸	正常	有故障	操作方法
	检查制动主缸和制动轮缸的密封圈	进行第 4 步	密封圈损坏	更换损坏的制动缸
4	检查操作	正常	有故障	操作方法
	正确操作后，检查故障是否出现	诊断结束	故障未消失	从其他症状查找故障原因

（3）紧急制动时车轮抱死故障检查。紧急制动时车轮抱死故障检查流程，见表 9-6。

表 9-6　紧急制动时车轮抱死故障检查流程

序号	检查步骤	检查结果		
0	初步检查	正常	有故障	操作方法
	进行试车，确定常规制动是否正常	进行第 1 步	常规制动出现故障	排除常规制动故障
1	检查 ABS 警告灯	正常	有故障	操作方法
	ABS 警告灯是否点亮	进行第 2 步	警告灯点亮	用车辆诊断仪读取故障码，维修相应的部件

（续）

序号	检查步骤	检查结果		
2	检查 ABS 控制单元	正常	有故障	操作方法
	打开点火开关，检查 ABS 控制单元中的电磁阀是否有咔嗒响声	进行第 3 步	无任何响声	参照电路图，检查 ABS 控制单元的供电线路与接地线路是否正常
3	进行试车	正常	有故障	操作方法
	在试车时，用车辆故障诊断仪读取数据	进行第 4 步	车轮转速出现异常	检查轮速传感器
4	检查线束	正常	有故障	操作方法
	检查线束是否出现短路或断路	进行第 5 步	线路出现短路或断路	维修线束，必要时更换线束
5	检查 ABS 控制单元	正常	有故障	操作方法
	用诊断仪检查 ABS 控制单元是否损坏	进行第 6 步	ABS 控制单元损坏	更换 ABS 控制单元
6	检查操作	正常	有故障	操作方法
	正确操作后，检查故障是否出现	诊断结束	故障未消失	从其他症状查找故障原因

第 10 章
自动变速器检查

一、自动变速器基本知识

1. 自动变速器换挡控制系统

换挡控制装置按照换挡规律的要求，随着控制参数的变化，自动地选择最佳换挡点发出换挡信号，控制换挡执行机构，完成挡位的自动变换。液压换挡控制装置有手动阀、换挡控制阀。

（1）手动阀

手动阀是一种直接由驾驶员控制的多路换向阀，位于控制系统的阀板总成中，经机械传动机构和自动变速器变速杆相连。手动阀根据自动变速器变速杆的位置，使自动变速器处于不同的挡位状态。在变速杆处于不同位置时，如驻车挡 P、空挡 N、倒挡 R、前进挡 D、前进低挡 S、L 或 2、1 等，手动阀也随之移至相应的位置，使进入手动阀的主油路与不同的控制油路接通，或直接将主油路压力油送入不同的控制油路，并让不参加工作的控制油路与泄油孔接通，如图 10-1 所示。

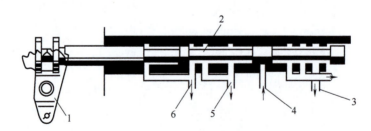

图 10-1　自动变速器手动阀
1—连接杆　2—阀体　3、5、6—出油管路　4—主油路调节油压

阀体通过连接杆受变速杆操纵，阀体能左右移动，移动时能分别打开或关闭阀体中的油道。手动阀的进油口与主油路压力调节阀相通，出油口与各换挡阀、动作阀或离合器调节阀相通。

（2）换挡控制阀

换挡控制阀是一种由液压控制的两位换向阀，它根据节气门开度或车速的变化，自动制挡位的升降，使自动变速器处于最适合汽车行驶状态的挡位上。

液压控制自动变速器是用换挡控制阀来实现自动换挡的，控制阀的数量根据变速器前进挡位数而定，安装在自动变速器阀板内。阀由阀体、阀等组成。

对于全液压控制自动变速器来说，自动变速器换挡阀的滑阀移动，完全由节气门阀产生的节气门油压和车速调压阀产生的油压 P1 大小来控制。节气门开度越大，节气门油压也越大，车速调压阀产生的油压取决于车速，车速越高，速度调节油压也就越高。若汽车行驶中，节气门开度保持不变，当车速较低时，滑阀右端的调节油压 P 较小，低于左端节气门油压 P2 和弹力 F 之和，此时滑阀保持在右端低挡位置，主油路压力油进入低挡换挡执行元件，如图 10-2a 所示。

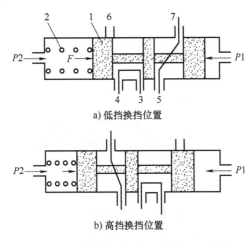

a) 低挡换挡位置

b) 高挡换挡位置

图 10-2　换挡控制阀的工作原理示意图

1—滑阀　2—弹簧　3—主油路进油孔　4—至低挡换挡执行元件　5—至高挡换挡执行元件
6、7—泄油孔　P1—速度调压阀的调节油压　P2—节气门油压　F—弹簧力

随着车速的提高，速度调节油压 P1 逐渐增大，当车速提高到某一车速时，滑阀右端的速度调节油压 P1 增大至超过左端节气门油压 P2 和弹力 F 之和，此时滑阀将移向左端高挡位置，主油路压力油进入高挡换挡执行元件，让自动变速器升高一个挡位，如图 10-2b 所示。若汽车在高挡位行驶中因上坡或阻力增大而使车速下降时，速度调节油压也随之降低，当车速下降到某一数值时，换挡阀右端的速度调节油压巧将降低至小于左端节气门油压巧和弹簧力 F 之和，此时滑阀移向右端低挡位置，使自动变速器降低一个挡位。因此，当节气门开度不变时，汽车升挡和降挡时刻完全取决于车速。

若汽车行驶中保持较大的节气门开度，则滑阀左端的节气门油压也较大，速度调节油压必须在较高的车速下才能达到节气门油压和弹簧弹力之和，使自动变速器升挡，因而相应的升、降挡车速都较高。反之，若汽车行驶中保持较小的节气门开度，则滑阀左端节气门油压也较小，速度调节油压在较低的车速下就能达到节气门油压和弹簧弹力之和，因而相应的升挡、降挡车速都较低。

因此，汽车的升挡和降挡车速取决于节气门的开度，节气门的开度越大，汽车升挡和降挡的车速就越高。反之，节气门开度越小，汽车升挡和降挡的车速也就越低。当汽车行驶阻力较大时，驾驶员必须将节气门保持在较大的开度才能保证汽车的加速，此时汽车的换挡车速也应比平路行驶时稍高一些，以防止过早换挡而导致"拖挡"现象。反之，当汽车平路行驶或载重较小时，节气门保持在较小的开度，换挡车速也可以低一些，以节省燃油。这种换挡车速随节气门开度变化的规律符合汽车的实际使用要求。

（3）强制降挡阀

强制降挡阀用于节气门全开或接近全开时，强制性地将自动变速器降低一个挡位，以获得良好的加速性能。强制降挡阀主要有两种类型，一种类似于节气门阀，另一种是电磁阀类型。类似于节气门阀的强制降挡阀结构如图10-3所示，它由控制节气门阀的节气门拉索和节气门阀凸轮控制其工作。在节气门接近全开时，节气门拉索通过节气门阀凸轮推动强制降挡阀，使之打开一个通往各个换挡阀的油路B。该油路的压力油作用在阀上，使强制降挡阀转至低挡位置，使自动变速器降低一个挡位。

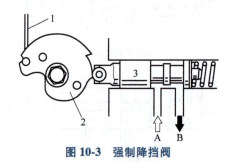

图 10-3 强制降挡阀

1—节气门拉索 2—节气门阀凸轮 3—强制降挡阀 A—通主油道 B—通换挡阀

另一种强制降挡阀是一种电磁阀，由安装在加速踏板上的强制降挡开关控制。当加速踏板踩到底时，强制降挡开关闭合，使强制降挡电磁阀打开油路，主油路压力油进入换挡阀，使自动变速器降低一个挡位。

2. 涡轮输入转速传感器检查

（1）电路图

涡轮输入转速传感器电路图如图10-4所示。

图 10-4 涡轮输入转速传感器电路图

（2）涡轮输入转速传感器检测

1）传感器检测涡轮输入转速。通过将涡轮输入转速信号（NT）和输出轴转速信号进行比较，ECM 检测出变速的换挡时刻，并根据各种条件相应控制发动机转矩和液压，从而达到平稳换挡的效果。

2）根据图 10-4 电路和表 10-1 中的标准值测量电阻。

表 10-1　涡轮输入转速传感器标准电阻

万用表连接	条件	规定值
1-2	20℃	560~680Ω

3）如果电阻值不符合规定，则更换涡轮输入转速传感器。

（3）涡轮输入转速传感器电路检测

1）检查涡轮输入转速传感器至 ECM 的线束和插接器。

2）连接转速传感器插接器。

3）断开 ECM 插接器。

4）根据图 10-4 电路和表 10-2、表 10-3 中的标准值测量电阻。

表 10-2　涡轮输入转速传感器至 ECM 标准电阻（断路状态）

万用表连接	条件	规定值
B31-125（NT+）-B31-124（NT-）	20℃	560~680Ω

表 10-3　涡轮输入转速传感器至 ECM 标准电阻（短路检查）

万用表连接	条件	规定值
B31-125（NT+）-车身搭铁	始终	10kΩ 或更大
B31-124（NT-）-车身搭铁	始终	10kΩ 或更大

5）如果测量数据不符合要求，则维修或更换线束或插接器。

3. 自动变速器油温度传感器检查

（1）电路图

自动变速器油温度传感器电路图如图 10-5 所示。

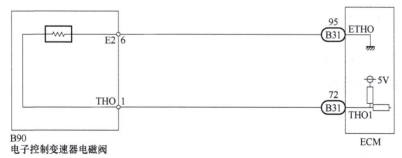

图 10-5　自动变速器油温度传感器电路图

（2）检测自动变速器油温度传感器

1）自动变速器油（ATF）温度传感器将油液温度转换为输入到 ECM 的电阻值。

2）通过 ECM 端子 THO1（THO），ECM 将电压施加到 ATF 温度传感器。

3）ATF 温度传感器电阻随着 ATF 温度的改变而改变。随着温度升高，传感器电阻减小。

4）传感器的一个端子搭铁，所以随着温度升高，传感器电阻减小，电压会降低。

5）ECM 根据电压信号计算油液温度。

（3）检查 ATF 温度传感器及变速器线束

1）从传感器上断开变速器线束插接器。

2）根据图 10-5 电路和表 10-4 中的标准值测量电阻。

表 10-4　ATF 温度传感器及变速器线束标准电阻

万用表连接	条件	规定值
1（THO）-6（E2）	始终	79~156kΩ
1（THO）-车身搭铁	始终	10kΩ 或更大
6（E2）-车身搭铁	始终	10kΩ 或更大

（4）检查变速器线束至 ECM 的线束和插接器

1）将变速器线束插接器连接至传感器。

2）断开 ECM 插接器。

3）根据图 10-5 电路和表 10-5、表 10-6 中的标准值测量电阻。

表 10-5　变速器线束至 ECM 标准电阻（断路检查）

万用表连接	条件	规定值
B31-72（THO1）-B31-95（ETHO）	始终	79~156kΩ

表 10-6　变速器线束至 ECM 标准电阻（短路检查）

万用表连接	条件	规定值
B31-72（THO1）-车身搭铁	始终	10kΩ 或更大
B31-95（ETHO）-车身搭铁	始终	10kΩ 或更大

4）如果测量数据不符合要求，则维修或更换线束或插接器。

4. 换挡电磁阀检查

（1）电路图

以其中的换挡电磁阀 ST 为例讲解，它的电路图如图 10-6 所示。

（2）检测换挡电磁阀

1）拆下换挡电磁阀 ST。

2）使用万用表 200Ω 电阻挡，根据图 10-7 连接方式和表 10-7 表中的标准值测量电阻。

图 10-6　换挡电磁阀 ST 电路图

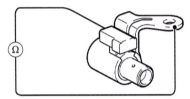

图 10-7　检查换挡电磁阀 ST

表 10-7　换挡电磁阀标准电阻

万用表连接	条件	规定值
电磁阀插接器（ST)-电磁阀阀体（ST）	20℃	11~15Ω

3）将正极（+）引线连接到换挡电磁阀 ST 插接器端子，将负极（-）引线连接到换挡电磁阀 ST 阀体上，如图 10-8 所示。

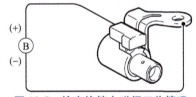

    ● 标准：电磁阀发出工作噪声。

（3）检查变速器换挡电磁阀 ST 线束

1）从换挡电磁阀 ST 上断开变速器线束插接器。

图 10-8　检查换挡电磁阀工作情况

2）根据图 10-6 电路和表 10-8 中的标准值测量电阻。

表 10-8　换挡电磁阀 ST 线束标准电阻

万用表连接	条件	规定值
2-车身搭铁	20℃	11~15Ω

（4）检查变速器线束至 ECM 的线束和插接器

1）将变速器插接器连接到换挡电磁阀 ST 上。

2）从 ECM 上断开插接器。

3）根据图 10-6 电路和表 10-9 中的标准值测量电阻。

表 10-9　变速器线束至 ECM 标准电阻

万用表连接	条件	规定值
B31-80（ST)-车身搭铁	20℃	11~15Ω

5. 驻车挡/空挡位置开关检查

（1）电路图

驻车挡/空挡位置开关电路图如图 10-9 所示。

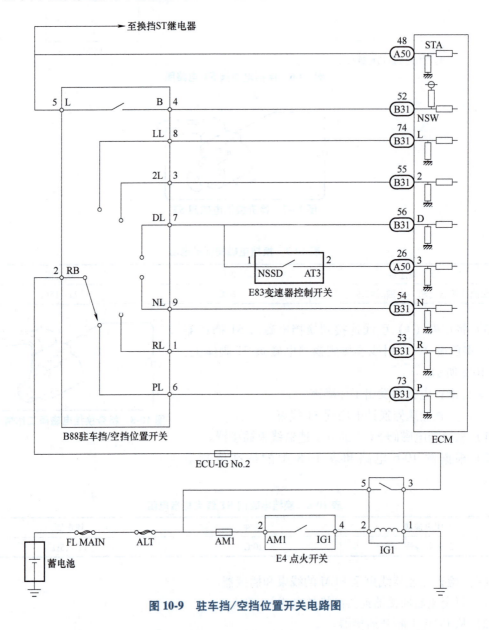

图 10-9　驻车挡/空挡位置开关电路图

（2）检查驻车挡/空挡位置开关总成

使用万用表 20Ω 电阻挡测量，当变速杆移至各个位置时，根据图 10-9 电路和表 10-10 中的标准值测量电阻。

表 10-10 位置开关标准电阻

万用表连接	变速杆位置	规定值
4-5	P 和 N	小于 1Ω
	除 P 和 N 外	10kΩ 或更大
2-6	P	小于 1Ω
	除 P 外	10kΩ 或更大
2-1	R	小于 1Ω
	除 R 外	10kΩ 或更大
2-9	N	小于 1Ω
	除 N 外	10kΩ 或更大
2-7	D 和 3	小于 1Ω
	除 D 和 3 外	10kΩ 或更大
2-3	2	小于 1Ω
	除 2 外	10kΩ 或更大
2-8	L	小于 1Ω
	除 L 外	10kΩ 或更大

（3）检查驻车挡/空挡位置开关电源电压

① 断开驻车挡/空挡位置开关插接器。

② 将点火开关置于 ON 位置。

③ 使用万用表 20V 直流电压挡测量，根据图 10-9 电路和表 10-11 中的标准值测量电压。

表 10-11 位置开关电源标准电压

万用表连接	开关状态	规定值
B88-2（RB）-车身搭铁	点火开关置于 ON 位置	11~14V

（4）检查驻车挡/空挡位置开关输出信号

① 将点火开关置于 ON 位置。

② 根据图 10-9 电路和表 10-12 中的标准值测量电压。

表 10-12 位置开关输出信号标准电压

万用表连接	开关状态	规定值
B88-4（B）-车身搭铁	点火开关置于 ON 位置	11~14V

（5）检查驻车挡/空挡位置开关至 ECM 电压

① 连接驻车挡/空挡位置开关插接器。

② 断开 ECM 插接器。

③ 将点火开关置于 ON 位置，使用万用表 20V 直流电压挡测量，然后根据图 10-9 电路和表 10-13 中的标准值，测量变速杆移至各挡时的电压。

表 10-13　位置开关至 ECM 标准电压

万用表连接	变速杆位置	规定值
B31-73（P）-车身搭铁	P	11~14V
	除 P 外	低于 1V
B31-54（N）-车身搭铁	N	11~14V
	除 N 外	低于 1V
B31-53（R）-车身搭铁	R	11~14V*
	除 R 外	低于 1V
B31-56（D）-车身搭铁	D 和 3	11~14V
	除 D 和 3 外	低于 1V
B31-55（2）-车身搭铁	2	11~14V
	除 2 外	低于 1V
B31-74（L）-车身搭铁	L	11~14V
	除 L 外	低于 1V

（6）检查驻车挡/空挡位置开关至换挡锁止控制单元电压

① 断开换挡锁止控制单元总成的变速器控制开关插接器。

② 将点火开关置于 ON 位置，使用万用表 20V 直流电压挡测量，然后根据图 10-9 电路和表 10-14 中的标准值，测量变速杆移至各挡时的电压。

表 10-14　位置开关至换挡锁止控制单元标准电压

万用表连接	变速杆位置	规定值
1-车身搭铁	D 和 3	11~14V
	除 D 和 3 外	低于 1V

（7）检查换挡锁止控制单元总成

使用万用表 20Ω 电阻挡测量，当变速杆移至各个位置时，根据图 10-9 电路和表 10-15 中的标准值测量电阻。

表 10-15　换挡锁止控制单元总成标准电阻

万用表连接	变速杆位置	规定值
1-2	3 和 2	小于 1Ω
	除 3 和 2 外	10kΩ 或更大

（8）检查换挡锁止控制单元总成至 ECM 电压

① 连接换挡锁止控制单元总成的变速器控制开关插接器。

② 将点火开关置于 ON 位置，使用万用表 20V 直流电压挡测量，然后根据图 10-9 电路和表 10-16 中的标准值，测量变速杆移至各挡时的电压。

表 10-16　标准电压

万用表连接	变速杆位置	规定值
A50-26（3）-车身搭铁	3	11~14V
	除 3 外	低于 1V

二、自动变速器故障特点

自动变速器的常见故障包括汽车不能行驶、自动变速器打滑、换挡冲击、升挡过迟、不能升挡、频繁跳挡、不能强制降挡、挂挡后发动机熄火、无超速挡、无前进挡、无锁止、无倒挡和自动变速器异响等。

三、自动变速器常见故障

1. 某些挡位工作不正常

（1）没有前进挡（倒挡正常）

1）故障现象。汽车不能前进，但可后退，即倒挡正常。

2）故障原因。

① 油面低。

② 换挡拉杆松动、损坏或失调。

③ 阀体失效（手控制阀或轴损坏，或 1-2 挡换挡阀卡滞）。

④ 后离合器失效和单向离合器失效。

⑤ 输入轴密封圈磨损或损坏等。

3）故障检修。

① 检查油面高度并查找泄漏部位。

② 修理或更换拉杆零部件。

③ 分解或更换阀体。

④ 检修后离合器，更换单向离合器、密封圈等零件。

（2）有前进挡无倒挡，或有倒挡无前进挡。

1）故障现象。汽车能前进，不能后退；能倒车不能前进。

2）故障原因。

① 油面低。

② 换挡拉杆松动、损坏或装配错误。

③ U 形万向节叉、半轴、分动器零部件损坏。

④ 变速器油泵磨损或损坏造成油压低。

⑤ 变速器内部零部件损坏。

⑥ 阀体失效（阀卡死、换挡拉杆损坏、阀体螺钉松动或过紧导致变形和卡滞）等。

3）故障检修。

① 检查变速器油有无泄漏。

② 如果不能行驶应进行基本检查，包括检查、调整和装配换挡拉杆，更换磨损或损坏的零件。

③ 进行油压试验确认是否油压低，按需要更换油泵体或油泵齿轮。

④ 解体变速器，按需要修理或更换损坏的零部件。

⑤ 检修或更换阀体。

（3）没有 1 挡

1）故障现象。变速器没有 1 挡，汽车只能在 2 挡或 3 挡行驶。

2）故障原因。

① 调速器阀在部分开启位置时卡滞，阀体损坏。

② 前伺服缸活塞在缸孔内卡滞。

③ 前制动带推杆失效。

④ 节气门阀杆或手动拉杆调整不正确等。

3）故障检修。

① 检查调速器阀弹簧是否断裂、卡滞。

② 1-2 挡阀、2-3 挡阀和调速器阀是否堵塞。

③ 检修伺服缸机构。

④ 查看阀杆拉杆是否卡住，并调整其长度。

（4）没有倒挡（前进挡正常）

1）故障现象。汽车不能后退，但前进挡正常。

2）故障原因。

① 换挡拉杆失调或损坏。

② 后制动带调整不当。

③ 阀体失效（手控制阀、调压阀、单向球阀发卡或损坏）。

④ 后伺服缸或前离合器失效等。

3）故障检修。

① 更换拉杆零件。

② 调整后制动带。

③ 维修或更换阀体。

④ 解体变速器，按需要更换伺服缸和离合器零件。

（5）前进挡和倒挡都没有

1）故障现象。汽车在前进挡或倒挡都不能行驶。

2）故障原因。

① 换挡拉杆失调。

② 阀体或主调压阀、液力变矩器、停车锁止棘爪、变速器或液力变矩器驱动盘损坏。

③ 变速器油泵吸油滤网堵塞。

3）故障检修。

①调整拉杆。

②检修阀体、停车锁止棘爪加速器。

③清洗滤网。

④更换驱动器和液力变矩器。

2. 变速器"打滑"

（1）在 D 位的 1 挡打滑

1）故障现象。在 D 位的 1 挡打滑，其他挡均正常。

2）故障原因。单向离合器失效，不能锁止。

3）故障检修。更换单向离合器。

（2）在前进挡打滑

1）故障现象。在各前进挡都打滑，而在倒挡正常。

2）故障原因。

①油面低；油中含有空气（如油呈泡沫状），造成换挡时有"海绵"感。

②换挡拉杆或节气门拉杆失调。

③变速器油泵磨损。

④控制压力调整不正确，阀体变形或失效，调速器阀卡滞。

⑤密封圈泄漏，离合器油封泄漏，伺服缸泄漏，滤清器或冷却管路堵塞，造成油压低。

⑥储能器活塞破裂，弹簧折断或油封磨损。

⑦离合器或伺服缸失效及油封泄漏或离合器盘磨损。

⑧单向离合器磨损，不能（仅在 1 挡是打滑）锁止。

3）故障检修。

①查找泄漏部位，若变速器油泵密封垫损坏、螺栓松动或加油管 O 形圈损坏，应予以更新或拧紧。

②适当调整换挡拉杆长度。

③进行液压、气压试验确定油压低的原因。

④检修或更换离合器。

（3）在倒挡打滑

1）故障现象。前进挡正常，只有倒挡打滑

2）故障原因。

①油面低；油内含有空气（参见在前进挡位打滑）。

②换挡拉杆或后制动带调整不当。

③变速器油泵磨损，密封圈磨损，离合器或伺服缸油封泄漏，造成油压过低和前离合器磨损、后伺服缸泄漏或后制动带磨损，制动带推杆卡滞等。

3）故障检修。

①查找泄漏部位排除油内有空气的故障（同前进挡打滑）。

②调整换挡拉杆、制动带。

③ 进行液压试验查找油压过低的原因。

④ 用气压实验检查离合器和伺服缸是否正常。

（4）打滑并抖动

1）故障现象。在1-2挡、2-3挡或3-OD挡升挡时打滑，从这些挡换到空挡时还有抖动现象。

2）故障原因。

① 阀体损坏。

② 电磁阀损坏。

③ 变速器损坏。

3）故障检修。

① 检修阀体。

② 更换电磁阀。

③ 解体检修变速器。

3. 锁止不良

（1）在2挡、3挡或超速挡没有锁止

1）故障现象。在2挡、3挡或超速挡没有锁止，其他挡正常。

2）故障原因。

① 电控系统工作不良。

② 阀体、电磁阀、变速器损坏。

3）故障检修。

① 用诊断仪检查电控系统的工作。

② 维修阀体。

③ 更换电磁阀。

④ 解体、维修变速器。

（2）阻滞或锁止

1）故障现象。随机锁止，且挡位变换时阻滞。

2）故障原因。

① 前、后制动带调整不当。

② 伺服缸制动带或推杆失效（比如推杆卡滞，制动带变形，伺服缸活塞卡滞）。

③ 离合器阻滞（不能全都分离）。

④ 行星齿轮断裂或卡住。

⑤ 单向离合器磨损、断裂或卡住等。

3）故障检修。

① 调整制动带。

② 用空气压力试验检查伺服缸，查看油盘内有无离合器和其他碎片。

③ 检查离合器等并酌情维修。

4. 换挡延迟

换挡延迟，即车速升高一级或降低一级挡位时，变速器不能随之换挡。

（1）个别挡延迟

1）故障现象。汽车在行驶中，由 1-2 挡、2-3 挡或 3-OD 挡升挡延迟，由 OD-3 挡回到 OD 挡或由 3-2 挡回到 3 挡延迟。

2）故障原因。

① 电控部分有问题。

② 阀体损坏。

③ 电磁阀损坏。

3）故障检修。

① 用专用测试仪找出失效零件。

② 检查或维修阀体及电磁阀。

（2）啮合延迟

1）故障现象。由空挡到前进挡或倒车挡，汽车不能马上随之起动。

2）故障原因。

① 发动机怠速过低。

② 油面过低。

③ 手动换挡杆及后制动带调整不当。

④ 阀体滤清器堵塞。

⑤ 油泵齿轮磨损或损坏，油泵体或油封损坏，使得油泵吸进空气，产生混气现象。

⑥ 油液压力过低。

⑦ 调速器轴油封磨损或断裂。

⑧ 调速器卡滞、阀轴松动或损坏。

⑨ 离合器、制动带或伺服缸损坏等。

3）故障检修。

① 调整怠速。

② 调整油面高度并查找泄漏部位。

③ 调整换挡拉杆长度，若换挡拉杆磨损，应修理或更换。

④ 调整制动带。

⑤ 更换变速器油底壳和滤清器，清除变速器油底壳和油中破碎的离合器片材料或金属颗粒。

⑥ 拆卸变速器油泵，更换密封圈、油泵。

⑦ 检查调速器，更换磨损的零件。

⑧ 进行压力试验。

⑨ 拆卸变速器，接需要修理。

5. 在停车挡（P 位）或空挡（N 位）发动机不能起动

（1）不能自动减挡

1）故障现象。汽车滑行时，不能自动减挡。

2）故障原因。

① 阀体损坏。

② 电磁阀损坏。

③ 电控系统工作不良。

3）故障检修。更换电磁阀，用专用诊断仪检查电控系统并按需维修。

（2）滑行时降挡过慢或过快

1）故障现象。汽车滑行时，减挡过慢或过快，乘车人有"后挫"的感觉。

2）故障原因。节气门拉索损坏、阀体损坏、变速器损坏、电磁阀损坏、电控系统工作不良。

3）故障检修。

① 更换节气门拉索，维修阀体。

② 分解和维修变速器。

③ 更换电磁阀，用专用诊断仪检查电控系统并按需维修。

（3）滑行时 1-2 挡无发动机制动

1）故障现象。汽车 1-2 挡滑行时，发动机与变速器有"分离"的感觉。车速无明显下降，没有发动机制动。

2）故障原因。电磁阀、电控系统、阀体、变速器等损坏。

3）故障检修。用专用诊断仪确定故障原因，并按需要换或维修。

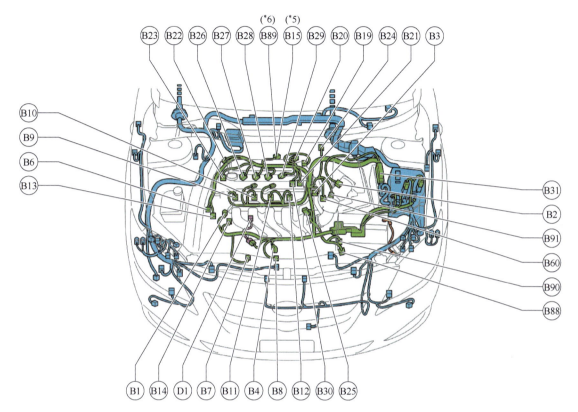

图 2-12 发动机线束

B1、B14—发电机总成　B2—质量空气流量计　B3—E.F.I.发动机冷却液温度传感器　B4—起动机总成　B6—发动机机油压力开关总成　B7—压缩机带轮总成　B8—起动机总成　B9—1号喷油器总成　B10—2号喷油器总成　B11—3号喷油器总成　B12—4号喷油器总成　B13—曲轴位置传感器　B15—氧传感器（B1 S1）　B19—清污VSV　B20—VVT传感器（排气侧）　B21—VVT传感器（进气侧）　B22—凸轮轴正时机油控制阀总成（排气侧）　B23—凸轮轴正时机油控制阀总成（进气侧）　B24—氧传感器（B1 S2）　B25—带电动机的节气门体总成　B26—1号点火线圈总成　B27—2号点火线圈总成　B28—3号点火线圈总成　B29—4号点火线圈总成　B30—静噪滤波器（点火）　B31—ECM　B60—倒车灯开关总成　B88—驻车挡/空挡位置开关总成　B89—空燃比传感器（B1 S1）　B90—电子控制变速器电磁阀　B91—变速器转速传感器　D1—爆燃控制传感器（B1）

＊5—1ZR-FE

＊6—2ZR-FE

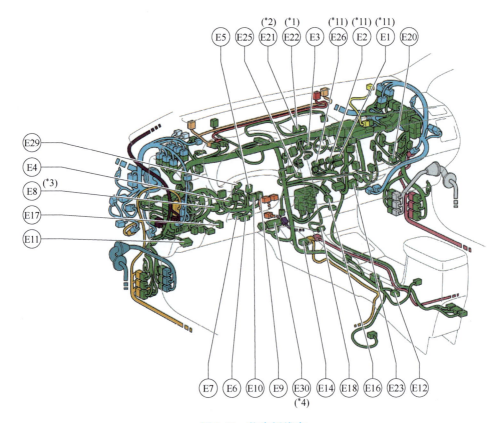

图 2-13　仪表板线束

E1、E2—导航接收器总成　E3—放大器天线总成　E4—点火或起动机开关总成
E5—未锁止警告开关总成　E6、E7—螺旋电缆分总成　E8—前照灯变光开关总成
E9、E10—风窗玻璃刮水器开关总成　E11—DLC3　E12—驻车制动开关总成
E14—中间气囊传感器总成　E16—加热器或辅助通风装置控制总成　E17—2 号车
外后视镜开关总成　E18—点烟器总成　E20—杂物箱灯总成　E21—收发器钥匙
ECU 总成　E22—识别码盒　E23—带风扇的鼓风机电动机分总成　E25—车内温
度传感器　E26—导航接收器总成　E29—收发器钥匙放大器　E30—空调放大器
总成

＊1—带智能上车和起动系统

＊2—不带智能上车和起动系统

＊3—带自动灯控

＊4—自动空调

＊11—带导航系统

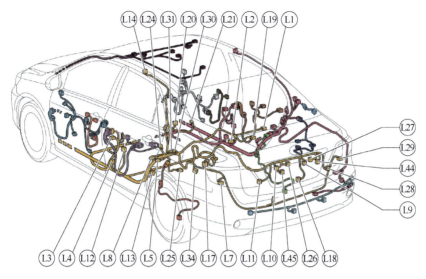

图 2-14　车身线束

L1—右后扬声器总成　L2—左后扬声器总成　L3—左前车门门控灯开关总成　L4—左前座椅外安全带总成　L5—左后车门门控灯开关总成　L7—左后组合灯总成　L8—中央制动灯总成　L9—右侧牌照灯总成　L10—左侧牌照灯总成　L11—左后灯总成　L12—左前侧气囊传感器总成　L13—左后侧气囊传感器总成　L14—左侧窗帘式安全气囊总成　L17—燃油泵燃油表传感器总成　L18—行李舱门锁总成　L19—1 号行李舱灯总成　L20—静噪滤波器（制动灯）　L21—后窗除雾器（背窗玻璃）　L24—二极管（1 号行李箱灯总成）　L25—后电子钥匙振荡器　L26—行李舱门开启器开关总成　L27—行李舱门锁锁芯总成　L28—右后灯总成　L29—右后组合灯总成　L30、L31、L34—接线插接器　L44—中央制动灯总成　L45—电视摄像机总成

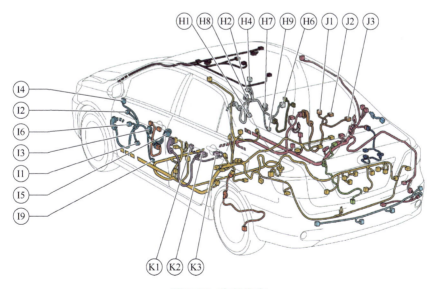

图 2-15　车门线束

H1—右前 1 号扬声器总成　H2—右侧车外后视镜总成　H4—右前 2 号扬声器总成　H6—右前车门门锁总成　H7—右前电动车窗升降器开关总成　H8—右前电动车窗升降器电动机总成　H9—右前车门门控灯总成　I1—左前 1 号扬声器总成　I2—左侧车外后视镜总成　I3—电动车窗升降器主开关总成　I4—左前 2 号扬声器总成　I5—左前车门门锁总成　I6—左前电动车窗升降器电动机总成　I9—左前车门门控灯总成　J1—右后电动车窗升降器开关总成　J2—右后车门车窗升降器分总成　J3—右后车门门锁总成　K1—左后电动车窗升降器开关总成　K2—左后车门车窗升降器分总成　K3—左后车门门锁总成

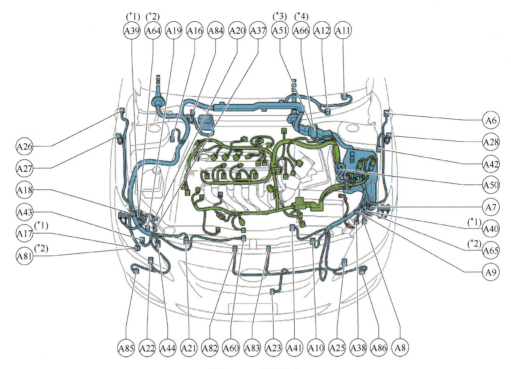

图 2-16　前围线束

A6—左侧转向信号灯总成　A7—左前转向信号灯（左侧前照灯总成）　A8—左前示宽灯（左侧前照灯总成）　A9—左侧前照灯光束高度调整电动机（左侧前照灯总成）　A10—左前气囊传感器　A11—风窗玻璃刮水器电动机总成　A12—制动液液位警告开关（制动主缸储液罐分总成）　A16—空调压力传感器　A17—风窗玻璃清洗器电动机和泵总成　A18—右前转向信号灯（右侧前照灯总成）　A19—右前示宽灯（右侧前照灯总成）　A20—右侧前照灯光束高度调整电动机（右侧前照灯总成）　A21—右前气囊传感器　A22—右侧雾灯总成　A23—环境温度传感器　A25—左侧雾灯总成　A26—右侧转向信号灯总成　A27—右前转速传感器　A28—左前转速传感器　A37—右侧前照灯总成（远光）　A38—左侧前照灯总成（远光）　A39—右侧前照灯总成（近光）　A40—左侧前照灯总成（近光）　A41—冷却风扇 ECU　A42—遥控门锁蜂鸣器　A43—前照灯清洗器控制继电器　A44—前照灯清洗器喷嘴电动机和泵总成　A50—ECM　A51—制动器执行器总成　A60—发动机盖锁总成　A64—右侧前照灯总成（近光）　A65—左侧前照灯总成（近光）　A66—制动器执行器总成　A81—风窗玻璃清洗器电动机和泵总成　A82—低音喇叭总成　A83—高音喇叭总成　A84—警报喇叭总成　A85—1 号右前超声波传感器　A86—1 号左前超声波传感器

*1—HID 型

*2—除 HID 型外

*3—带 VSC

*4—不带 VSC

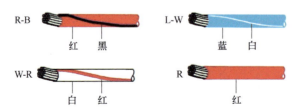

图 2-17　双绞线